课程思政"三金"优秀教学设计案例

楚国清 孙善学 ◎ 主编
北京电子科技职业学院 ◎ 编

首都经济贸易大学出版社
Capital University of Economics and Business Press
·北京·

图书在版编目（CIP）数据

课程思政"三金"优秀教学设计案例/楚国清，孙善学主编．
--北京：首都经济贸易大学出版社，2020.9
ISBN 978-7-5638-3101-2

Ⅰ.①课… Ⅱ.①楚… ②孙… Ⅲ.①思想政治教育—教学设计—高等职业教育 Ⅳ.①G711

中国版本图书馆 CIP 数据核字（2020）第 155110 号

课程思政"三金"优秀教学设计案例
楚国清　孙善学　主编
北京电子科技职业学院　编

责任编辑	何　力	
封面设计	砚祥志远·激光照排 TEL：010-65976003	
出版发行	首都经济贸易大学出版社	
地　　址	北京市朝阳区红庙（邮编 100026）	
电　　话	（010）65976483　65065761　65071505（传真）	
网　　址	http：//www.sjmcb.com	
E-mail	publish@cueb.edu.cn	
经　　销	全国新华书店	
照　　排	北京砚祥志远激光照排技术有限公司	
印　　刷	北京九州迅驰传媒文化有限公司	
开　　本	710 毫米×1000 毫米　1/16	
字　　数	351 千字	
印　　张	20	
版　　次	2020 年 9 月第 1 版　2023 年 7 月第 1 版第 8 次印刷	
书　　号	ISBN 978-7-5638-3101-2	
定　　价	60.00 元	

图书印装若有质量问题，本社负责调换
版权所有　侵权必究

参 编 人 员

主　编：楚国清　孙善学

参　编：周国烛　龚　雯　贾俊良　吕世霞　栗　军
　　　　　张华磊　牛雅丽　张　芸　王明杰　王　萍
　　　　　谢国莉　马冬宝　董丽丽　秦　涵　李　宙
　　　　　杨冬清　左文燕　刘婷婷　董华丽　郝继红
　　　　　苟维杰　赵　凯　陈金梅　李　君　张冬颖
　　　　　杜　鹃　詹莹莹　叶少敏　陈俊杰　周海君
　　　　　耿慧慧　胡明强　赵　娜　裴春梅　孙红梅
　　　　　周　芬　高倩茹　陈海燕　张维婷　邢斐斐
　　　　　李倚天　田维娜　李红伟　高　岩　孙　磊
　　　　　李志刚　王　雪　范海涛　赵婉芳　贾　敏
　　　　　管小清　张　强

前　　言

　　习近平总书记在全国高校思想政治工作会议上强调，要用好课堂教学这个主渠道，各类课程都要与思想政治理论课同向同行，形成协同效应。高校的育人方向是德字当头，怎样全面做好立德树人工作是我们每位人民教师应该思考的问题，尤其是教师在授课的过程中怎样把思政元素融入课堂，既可以活跃课堂气氛，增强教学的趣味性，又达到育人的目的，需要我们深入思考。每一门学科、每一节课都蕴含丰富的思想政治教育素材。课程思政不是一门课，而是一种教育理念，就是把思想政治教育元素和思想政治教育功能融入课堂教学各环节，即把理想信念、职业道德、工匠精神、奉献社会等思想政治教育核心元素纳入专业课程体系中，它打通了全员育人的"最后一公里"，巧妙地进行价值引领与知识传授的融通，实现立德树人润物无声，是一种"接地气"的思想政治教育形式。

　　北京电子科技职业学院作为全国职业教育先进单位，国家高职示范校，国家高等职业教育综合改革试验区建设单位，全国首批百所现代学徒制试点院校之一，同时荣膺教育部全国职业院校实习管理50强、教学管理50强、学生管理50强三项50强的全国7所高职院校之一，特别是2019年又成功进入教育部中国特色高水平高职学校和专业建设计划项目（"双高"）全国A类院校前十行列，学校秉持"建在开发区，服务开发区"的办学理念，与世界一流产业综合新城共发展，长期以来始终坚持以党建为引领，以立德树人为根本，以教育教学为中心，走内涵式发展的办学路线。进入新时代，学校党委更加重视"课程思政"工作，班子成员带头上讲台、进课堂，深入教学一线开展调研，围绕"思政课程"与"课程思政"的"难点、痛点、堵点"进行专题研究和诊断工作。在学校党委的统一领导下，全校开展了"征集课程思政教学设计案例"评选活动，评选活动是根据学校"课程思政"教学改革工作总体目标，遵循思想政治工作规律、教书育人规律和学生成长规律，抓住青少年价值观形成和确定的关键时期，引导青少年扣好人生第一粒"扣子"；全面加强习近平新时代中国特色社会主义思想教育，扎实推进"三进"工作，在学生内心深处播下习近平新时代中国特色社会主义思想的"种子"，并将教学设计案例分为"金扣子""金种子""金点子"，简称"三金"教学设计案例。为持续提高我校课程思政质量和水平，常态化推进课程思政建设，学校将"三金"评选活动中的优秀"课程思政"案例汇集成册，使各专业课程与思想政治理论课程同向同行，形成协同效应，实现"知识传授"和"价值引领"有机统一，对提高教师课程思政育人能力、促进学校课程思政教育体系建设具有积极意义。同时，也为各高职院校"课程思政"建设工作提供参考、借鉴。

楚国清　孙善学

2020 年 6 月于北京

目　　录

上篇　"金点子"课程思政优秀教学设计案例

网络应用程序开发：ListBox 列表框控件使用 …………………………… 3
生物药物分析：药物的鉴别试验与鉴别方法 …………………………… 8
期货业务：金融期货交易流程演练 ……………………………………… 14
移动电子商务运营：详情页产品描述策划
　　——营销策划，法治先行 …………………………………………… 18
信号与系统：信号的频谱 ………………………………………………… 24

中篇　"金扣子"课程思政优秀教学设计案例

移动通信网络建设与维护：TD-LTE 基站开通调测 …………………… 31
电子产品设计与制作：数控电源原理设计 ……………………………… 36
时尚媒体与趋势：认识时尚媒体 ………………………………………… 44
汽车发动机构造与维修：检测发动机冷却系统 ………………………… 51
体育：蹲踞式跳远助跑起跳 ……………………………………………… 58
会计文化：丝绸之路上汉代简牍的会计印迹 …………………………… 64
语文：登高 ………………………………………………………………… 67
基础语文：历史长河险象丛生中，孰是英雄？
　　——《鸿门宴》节选 ………………………………………………… 74
跨境电子商务理论与实务：跨境产品 listing 诊断 ……………………… 80
互换性与公差配合实践：零部件配合尺寸精度设计 …………………… 84
奔驰车模制作与装配：学习任务 1 车模铭牌制作 ……………………… 89
生产工艺实施与检验：平面类零件加工工艺 …………………………… 95
传统装饰艺术："传统装饰艺术"基础概念 …………………………… 101

程序设计概要：循环嵌套的使用 …………………………………… 106
CAD/CAM 技术应用：三维建模软件应用基础 ………………… 112
影视服装设计：电影《我和我的祖国》人物造型设计 ………… 119
贯通通识美术：彩绘英雄人物 …………………………………… 125
通风与空调工程：建筑防火排烟 ………………………………… 131
工业机器人应用与维护：走近工业机器人 ……………………… 137
自动化生产线安装与调试：分拣单元 PLC 侧输入输出设备接线与
　调试 …………………………………………………………… 144
汽车保险与理赔：汽车保险原则
　——保险利益原则以及最大诚信原则 ……………………… 148
机床结构与控制：钻床与孔加工 ………………………………… 153
专业英语：公司及新产品展示、推介 PPT 的制作 …………… 158
材料创新：蓝白之美
　——蓝印花布工艺传承与创新 ……………………………… 163
大数据互联网营销：为电商网站设置 SEO 关键词 …………… 168
水环境监测：水质总硬度的测定 ………………………………… 175
数学：常用逻辑用语 ……………………………………………… 179
有机分析技术：食醋总酸度的测定 ……………………………… 183
大学英语：Unit 2 Conspicuous Consumption ………………… 188
大学体育：排球的正面上手发球 ………………………………… 194
CAD/CAM 技术应用：三维建模软件应用基础之装配体建模 … 200
军用车辆底盘构造：膜片弹簧离合器 …………………………… 206
网络综合应用：学习情境 1
　——PHP 开篇 ………………………………………………… 213
印刷设计：中国辉煌印刷七十年 ………………………………… 218
广域网互联技术：OSPF 路由协议的配置 ……………………… 224
网络基础：严谨踏实　做社会主义的建设者和接班人 ………… 231
电力网络与能源实践：电力的传输 ……………………………… 237
PLC 控制技术：交通灯控制系统设计与调试 ………………… 243
语文：喜看稻菽千重浪 …………………………………………… 247

下篇 "金种子"课程思政优秀教学设计案例

雅思英语：Reading Section 2 & Listening Section 1 …………… 255
经济法：竞争法 …………………………………………………… 261
财务会计：固定资产加速折旧助力抗疫并稳促经济发展 ………… 265
摄影摄像基础：镜头的运动 ……………………………………… 277
食品营养与卫生：青少年及大学生一周食谱设计 ……………… 280

附　录

中共北京电子科技职业学院委员会关于印发《北京电子科技职业学院
　"课程思政"建设实施方案》的通知 …………………………… 287
中共北京电子科技职业学院委员会关于印发《北京电子科技职业学院
　加强思想政治理论课建设实施方案》的通知 ………………… 294
北京电子科技职业学院关于征集课程思政教学设计案例的通知 ………… 301
中共北京电子科技职业学院委员会关于公布 2019 年课程思政教学设计
　优秀案例评选结果的通知 ……………………………………… 305

上篇

"金点子"课程思政优秀教学设计案例

网络应用程序开发：
ListBox 列表框控件使用

教师信息：赵婉芳　职称：副教授　学历：本科
研究方向：计算机应用
授课专业：计算机网络技术
课程类别：理实一体化课程
课程性质：专业模块化课

第一部分　设计思路

一、本次设计的课程思政目标

本次课的思政目标是让学生能够了解马克思主义实践思维方式，具备基本的马克思主义辩证思维方法，提升学生思想政治素质。

二、课程思政教学设计内容

1. 课前：课程思政引入

提出大学生成才目标之一是必须具备马克思主义辩证思维方法。要求学生在课程实践学习过程中，积极体会并践行马克思主义实践思维方式，达到具备基本的马克思主义辩证思维方法、提升思想政治素质的要求。

2. 课中：课程思政贯穿授课过程

在教师讲解专业课程内容及要求的过程中，通过穿插讲解马克思主义实践思维方式的形成过程和核心理念，结合专业课程的具体案例实践演练，让学生清楚意识到具备实践思维的重要性，注重培养自己的马克思主义辩证思维方法。

3. 课后：课程思政总结反思

要求学生课后反思回顾，根据课堂所学所思，记录收获及体会，进一步思考如何能完善马克思主义辩证思维方法，并在今后的学习生活中努力践行马克思主义实践思维方式，进一步提高自己的政治思想觉悟。

第二部分　案例描述

ListBox 列表框控件使用

【思政导入】

1845 年，马克思在《关于费尔巴哈的提纲》中首次提出了"实践"这一基本概念，并提出了从实践出发、以实践为基点认识人的本质以及社会发展规律的科学思路。实践是认识和改造世界的一种社会活动，实现了物的客观性和人的精神能动性的高度统一。

1846 年，马克思和恩格斯在《德意志意识形态》中深入分析了实践的丰富内涵，提出了实践的基本形式，其中最根本的是物质生产实践。以实践为基点，最根本的就是以物质生产实践及其矛盾运动即生产力与生产关系、经济基础与上层建筑的矛盾运动为基点，认识社会和人的本质及其发展规律，从而创立了唯物史观，实现了哲学历史观的变革和突破。

一、ListBox 列表框控件理论基础

ListBox 控件用于显示一组列表项，用户可以从中选择一项或多项。如果列表项的总数超出可以显示的项数，则 ListBox 控件会自动添加滚动条。

（1）ListBox 列表框控件常用属性如下：

①ID：控件名称。

②DataSource：数据源。

③DataTextField：数据字段。

④Rows：显示行数。

⑤SelectionMode：Single 只能选择一项；Multiple 允许选择多项。

⑥Items：数据项集合。

⑦AutoPostBack：控制是否自动将控件状态发送到服务器，设为 True 便能正常运行。

(2) 常用事件如下：

①SelectedIndexChanged 事件：改变列表中的索引时，将激活 SelectedIndexChanged 事件。

②ItemCheck 事件：更改列表框中选项的选中状态，将激活 ItemCheck 事件。

(3) 列表项编辑方法如下：

①选中 ListBox 控件，在属性窗口，单击 Items 属性后面的按钮，会弹出"ListItem 集合编辑器"对话框。

②在"ListItem 集合编辑器"对话框中，用户可以通过单击"添加"按钮为 ListBox 控件添加列表项，也可以选中该列表项，在属性窗口中修改该列表项的属性值。当为 ListBox 控件添加完列表项后，还可以选中列表项，单击"↑"和"↓"按钮更改列表项的位置，单击"移除"按钮可从列表项中将该项删除。

ListItem 集合编辑器使用界面如图 1 所示。

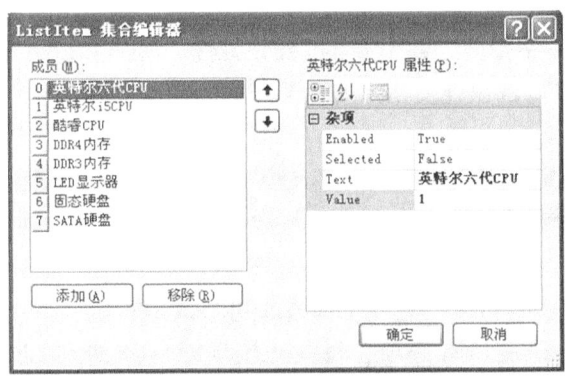

图 1　ListItem 集合编辑器界面

【思政贯穿】

1848 年，马克思和恩格斯运用唯物史观，立足物质生产实践及其矛盾运动这一认识基点，着重分析了资本主义社会的形成过程及共产主义发展趋势，深刻阐述了无产阶级的解放以及人的解放的途径和方法，创立了马克思主义。在此后的理论活动中，马克思和恩格斯始终坚持从实践出发，立足实践的发展变化来分析回答各种问题，不断丰富和发展自己的学说。可以说，离开了实践观点和实践思维，马克思主义的形成、丰富和发展是不可想象的。实践思维集中反映了马克思主义的认识基点及其思想逻辑的展开方式。

二、ListBox 列表框控件案例实现

案例实现：配件选择清单。

要求使用 ListBox 列表框等控件实现一个配件选择清单，在左侧列表框中选择需要的配件，单击相应按钮放入右侧的列表框中，具体实现效果如图 2 所示。

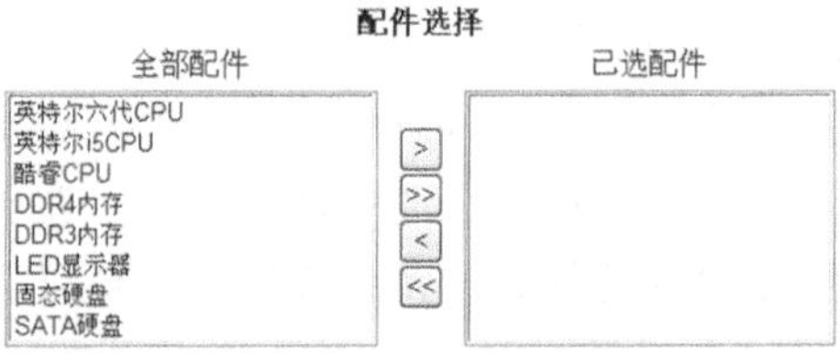

图 2 配件选择清单效果图

实现过程如下。

(1) 界面设计：三行三列表格。

三个 label 标签控件，四个 botton 按钮控件、两个 Listbox 列表框控件。

(2) 列表框属性设计：指定列表框宽度。

AutoPostBack = " true"

SelectionMode = " Multiple"

(3) 功能分析实现。

逻辑分析 1。

≫按钮：将 ListBox1 的选项全部添加到 ListBox2 中。

遍历 ListBox1 的所有选项，每一个选项对应添加到 ListBox2 中，使用 Items.Add 方法为 ListBox2 控件添加列表项。同时清除 ListBox1 中的全部选项，使用 Items.Clear（）方法。

ListBox2.Items.Add（xx）；

ListBox1.Items.Clear（）；

代码实现 1。

```
protected void Button2_ Click（object sender, EventArgs e）
    {
        foreach（ListItem it in ListBox1.Items）
            ListBox2.Items.Add（it.Text）；
        ListBox1.Items.Clear（）；
    }
```

逻辑分析 2。

> 按钮：将 ListBox1 中选中的选项添加到 ListBox2 中，同时在 ListBox1 中删除该选项。

删除选中选项，使用 ListBox1.ClearSelection () 方法。

代码实现 2。

```
protected void Button1_Click (object sender, EventArgs e)
    {
        ListBox2.Items.Add (ListBox1.SelectedItem);
        ListBox1.Items.Remove (ListBox1.SelectedItem);
        ListBox1.ClearSelection ();
    }
```

【总结反思】

实践是马克思主义哲学首要的和基本的概念，是马克思主义哲学创新及实现伟大变革的出发点和源泉。正是从人的现实生活和实践出发，马克思主义哲学才得以产生，并超越传统哲学，实现伟大变革。只有在学习和生活中不断思考，深入体会理论和实践的相互关系，坚持做到从实践出发、以实践为基点来认识社会及科学的发展规律，才能科学领会马克思主义哲学的精神实质和现实意义，并最终提升自己的马克思主义思想理论水平。

生物药物分析：
药物的鉴别试验与鉴别方法

教师信息：范海涛　**职称：**副教授　**学历：**研究生
研究方向：药物化学
授课专业：生物技术及应用
课程类别：理实一体化课程
课程性质：专业模块化课

第一部分　设计思路

一、本次设计的课程思政目标

课程思政内容按照"金点子"要求进行设计，体现"3.6　法治思维"和"3.8　实践思维"在药物分析工作中的重要作用。以"齐二药事件"为切入点，教育学生既要学习专业知识技能，也要培养自身职业素养，在工作中体现"法治思维"和"实践思维"，重视药品分析检验工作特别是对原料进厂检验的法规要求，以此培养学生的法律意识，提高其职业素养，并使其具备严谨的工作态度。

二、课程思政教学设计内容

总体思路：本次课程思政以"齐二药事件"为例，体现"金点子"教学设计案例中的"3.6　法治思维"和"3.8　实践思维"，同时培养学生规范、严谨的工作作风。

1. 课前：课程思政引入

提出药品管理相关法规内容，要求药品生产、检验等工作必须按照法规要求开展；要求学生具有法治思维，避免违反法律法规造成危险后果。

2. 课中：课程思政贯穿授课过程

在教师讲解专业课程内容及要求的过程中，让学生清楚意识到具备法治思维的重要性,并且在实验过程中积极开展实践操作,注重培养学生的规范意识和职业素养,养成严谨的工作作风。

3. 课后:课程思政总结反思

要求学生课后反思回顾,根据课堂所学所思,思考自己如何在药品检验相关工作中运用法治思维解决问题,提高自己的知识技能和职业素养。

第二部分 案例描述

药物的鉴别试验与鉴别方法

课程导入阶段

问题1:如何对两瓶无色透明溶液进行鉴别?

展示样品(学生可能会回答"看标签")。

问题2:如何确保试剂瓶中的药品与其标签一致?

(学生的答案会五花八门。引导学生讨论,最终要落到按照分析检验岗位的 SOP 要求进行检验。)

启发学生思考,鼓励学生想出新办法,适当引导,鼓励创新,保持学生创新创造的激情。

问题3:为什么要对药品进行鉴别?

(体现"3.6 法治思维":哪些法律法规或 SOP 对药品鉴别工作做出了明确规定?)

引导学生理论学习阶段

药物鉴别试验的目的是判断药物的真伪。

一、鉴别项目

1. 性状

药物的性状反映了药物特有的物理性质,一般包括外观、嗅、味、溶解度以及物理常数等。

2. 一般鉴别试验

以药物的化学结构及其物理化学性质为依据,通过化学反应来鉴别药物的真伪。

无机药物：以其组成的阴离子和阳离子的特殊反应为依据。

有机药物：采用典型的官能团反应。

3. 专属鉴别试验

根据每一种药物化学结构的差异及其所引起的物理化学特性的不同，选用某些特有的灵敏定性反应，来鉴别药物的真伪。

专属鉴别试验是证实某一种药物的依据，达到最终确证药物真伪的目的。

二、鉴别试验需要考虑的试验条件

（1）溶液的浓度；

（2）溶液的温度；

（3）溶液的酸碱度；

（4）干扰成分的存在；

（5）试验时间。

三、忽略药物鉴别的后果

【思政导入】

A. 案例介绍（约1分钟视频播放——焦点访谈"齐二药事件"片段）。

2006年4月起，中山大学附属第三医院有患者使用齐齐哈尔第二制药厂生产的亮菌甲素注射液后出现急性肾衰竭临床症状，事件中有多名患者使用了亮菌甲素注射液后出现死亡或受到严重伤害。

广东省药品检验所紧急检验查明，某批号亮菌甲素注射液中含有毒有害物质二甘醇。经当时卫生部、国家食品药品监督管理局组织医学专家论证，二甘醇是导致事件中患者急性肾功能衰竭的元凶。

经食品药品监管部门、公安部门联合查明，齐齐哈尔第二制药厂原辅料采购、质量检验工序管理不善，相关主管人员和相关工序责任人违反有关药品采购及质量检验的管理规定，购进了以二甘醇冒充的丙二醇并用于生产亮菌甲素注射液，最终导致严重后果。

B. 提问，引导学生思考。

如此假药，为何能够从生产企业最终进入医院？（约1分钟视频播放——每周质量报告"齐二药假药事件追踪"片段）

在药物生产过程中的原料采购、检验、生产的各个环节，监管部门有关人员是否真正尽到了责任，居然让"二甘醇"能堂而皇之地进入生产线，制成"毒药"送入市场,成为致人死亡的杀手?

【思政贯穿】

体现"法治思维":违反《药品管理法》等相关法律法规,未按照要求对原料丙二醇进行鉴别检验,错过了从源头堵截问题药的时机,导致不合格药品的生产。此处补充介绍药品检验程序的一致性问题,突出药品质量是生产出来的,不是检验出来的,达到思政育人的目的和效果。

C. 组织学生讨论。

＊药厂工作人员会不会检验?

＊药厂工作人员有没有按规定完成检验工作?

【思政贯穿】

体现社会主义核心价值观。

国家如何富强,药品在保证人民健康中的作用。

社会和谐与健康、药害事件等的关系。

敬业——职业道德。

诚信——实事求是。

(约1分钟视频播放——焦点访谈"齐二药假药事件调查"片段)

D. 得出结论:药物检验工作意义重大。

人才培养核心竞争力——学生的水平(知识+素质)。

大工匠要求——专业知识技能+严谨态度+法治思维。

四、原料药检验的实验操作方法 ("做中学")

【思政贯穿】

体现"实践思维":本次课程检验含丙二醇和二甘醇的药品,对两种药品进行鉴别检验,同时按照生产工作规范进行工作记录,帮助学生提高工作技能和培养严谨认真的工作态度,推广和培养"工匠精神",达到思政育人的目的和效果。

五、原料药检验工作的注意事项

(组织学生讨论,教师总结)

★ 再次向学生强调以下内容,明确学习目标:

(1) 以分析仪器对标准品进行鉴定和分析,熟悉操作——要求会规范开展检验工作。

(2) 会按照要求对待测盲样进行检测,并得出合适的结论。

（3）会规范做好实验记录。
（4）实验过程中注意安全，避免浪费。

六、分组开始实验

各组按照教师下发的 SOP 完成药品鉴别检验工作——标准品+盲样。

★ 特殊注意：

（1）在实验开展过程中，学生不得使用手机做与课堂无关的事情，避免分心，督促其集中注意力，专心工作。

（2）各组中若有实验不积极的同学，安排自律意识强的同学带领其共同完成实验任务。

（3）对于学习能力强的学生，适当向其介绍深层次内容，做到分层次教学。

七、本节教学内容小结

（1）药物鉴别检验的意义——质量的源头。
（2）药物鉴别检验的方法和注意事项。
（3）学生实验总结。
（4）各组学习效果评价。
A. 过程评价：教师在学生实验过程中进行指导和检查，同时要求各组同学上传实验过程照片。
B. 结果评价：各组的实验结果。
C. 实验报告评价：实验报告规范、严谨、真实、整洁。

八、答疑及作业

（1）答疑：统一答疑及个别辅导。
（2）作业：
A. 按照要求完成实验报告：真实、完整、准确、规范。
B. 通过互联网，检索因为药物检验工作问题导致的药害事件。

【总结反思】

药品的特殊性决定了药品相关工作具有特殊的工作要求。学生从事药品分析工作，应时刻以"法治思维"要求自己，按照岗位 SOP 开展工作，并做好记录。这既是保证人民用药安全的先决条件，也是和谐社会的有力保障，是社会主义核心价值观中敬业与诚信的具体体现。教师的本次教学过程，是马克思主义理论在课堂上的具体实践。经过本次课程的学习和训练,特别是通过对"齐二药事件"的学习和思考,实现了学与做的统一,学生的专业知识技能、思想意识、工作态度将走上新台阶。

期货业务：金融期货交易流程演练

教师信息： 贾敏　**职称：** 讲师　**学历：** 研究生
研究方向： 金融
授课专业： 国际金融
课程类别： 理实一体化课程
课程性质： 专业模块化课

第一部分　设计思路

一、本次设计的课程思政目标

本次课的思政目标是让学生能够用辩证唯物主义认识论看待中国金融期货发展历程，同时培养学生客户风险管理识别的职业能力。

二、课程思政教学设计内容

1. 课前：课程思政引入

提出大学生成才目标之一是必须具备马克思主义辩证思维方法，要在课程学习中体会马克思主义辩证思维方法，理解认识过程的反复性。

2. 课中：课程思政贯穿授课过程

"金融期货开户流程"源自"期货业务"中学习情境2——期货柜台业务，项目1——期货交易流程。

本节课的学习内容为：

（1）分析"327国债事件"的始末，得出国家对金融期货投资开户做出严格要求的必要性，以及学会运用辩证思维看待问题的方法——认识事物发展的反复性。

（2）对比股票开户、商品期货开户、金融期货开户流程，协助客户准确完成金融期货开户，严格把控风险防范，明确金融期货开户流程的严谨性。

（3）通过金融期货开户流程的学习，准确掌握金融期货开户需要客户准备的各项资料及材料的有效期，对客户进行投资适应性评判70分以上，对客户进行金融知识测评80分以上，才可协助客户填写《期货交易风险说明书》《客户须知》《开户申请书》《期货经纪代理合同》《手续费收费标准》《银期转账协议》，有效完成开户；掌握高效服务客户的能力和风险控制的职业要求。

3. 课后：课程思政总结反思

要求学生课后反思回顾，根据课堂所学所思，有效服务客户。培养学生对客户风险管理识别的职业能力，做事始于初心成于坚守的职业素养，以及运用辩证唯物主义认识论看待事情的能力。

第二部分　案例描述

金融期货交易流程演练

【思政导入】

认识过程反复性的原因：①从客观方面看，事物的各个侧面及其本质的暴露有一个过程；②从主观方面看，人的认识能力有一个提高的过程。

认识过程的反复性是指人们对于一个复杂事物的认识往往要经过由感性认识到理性认识、再由理性认识到实践的多次反复才能完成。

中国金融期货的发展史也有一个反复的认识过程。

【思政贯穿】

一、"327国债事件"对2010年金融期货重新开展的影响

通过播放视频《3分钟了解327国债事件》，向学生提出知识点：

（1）国债期货是什么时候开始的？是在哪家交易所？当时产生的背景是什么？

（2）国债期货是什么时候终止的？终止的原因是什么？

（3）中国金融期货交易所什么时间成立？国债期货在什么背景下重登历史舞台？对中国经济的影响是什么？

中国金融期货发展的艰难历程。我国在20世纪90年代初曾开展金融期货交易试点，推出了外汇期货、国债期货和股票期货等金融期货品种，但由于当时市场调节工具有限，除国债期货外，另外两类期货都未形成规模。然而国债期货也因以 1995 年发生的"327 国债事件"为代表的一系列恶意违规事件，导致正常交易无法进行，监管部门宣布暂停国债期货。至此，中国的金融期货交易品种夭折。2010 年重新组建了中国金融期货交易所，适应经济发展，上市了股指期货、国债期货，丰富了投资品种，促进了经济发展。但是为了防范过度投机，对中金所开户交易的客户审核严格，采取宁缺毋滥的方式，保证金融期货健康发展。

通过播放视频，学生了解到我国曾经因为制度不健全、一味追求金融创新，导致发行的国债期货夭折，后因国家高度重视、分析原因、等待经济发展到适应后，为促进金融服务实体经济，组建中国金融期货交易所，发行股指和国债期货合约。

二、金融期货开户材料及有效期

教师下发金融期货开户流程学习单，指导学生分组讨论，画出金融期货开户流程图，标注开户材料及有效期等风控点。最后教师给出参考流程图。

使学生掌握金融期货开户应该提前准备的材料，提示有意愿开户的客户现场一次性带齐材料，提升客户满意度。

培养学生团队协作、管理风险识别的职业要求以及公正严谨的工作态度。

三、审核客户材料情景模拟

布置情景模拟要求，给定客户材料，由学生审核材料的齐全和有效性。小组点将打擂台，推荐组内分析能力强的同学一分钟审核教师给定的材料。检验学生掌握审核材料的能力，考查学生业务实操能力和职业能力。

四、评价客户适当性

教师下发金融期货客户适当性综合评估表，根据给定的客户资料，小组派另外一位同学在一分钟内进行客户评分，要求做到公正有效评价客户。评分不足 70 分的客户没有资格开立金融期货账号。培养学生风险管理识别的职业要求。

五、分析金融期货开户知识水平

依据中国金融期货交易所目前在售的 7 类金融期货合约对客户进行金融

期货知识培训，完成客户的金融知识评测。

在此过程中，教师下发 7 种金融期货合约，学生类比商品期货合约自学，并进行云班课 30 题的测试。评价学生类比学习的能力，客户金融知识测评达到 80 分才准许开户。

六、识别客户完成开户表单

教师下发开户文件，解读专业术语，指导学生填写开户表格。

学生紧跟教师步伐，理解专业术语，学会填写各类开户表格，如《期货交易风险说明书》《客户须知》《开户申请书》《期货经纪代理合同》《手续费收费标准》《银期转账协议》，有效完成开户。培养学生解读专业术语和指导客户准确填单的能力，达到有效服务客户的职业要求。

【总结反思】

要求学生课后反思回顾，根据课堂所学所思，有效服务客户。培养学生对客户风险管理识别的职业能力，做事始于初心成于坚守的职业素养，以及运用辩证唯物主义认识论看待事情反复性的能力。

移动电子商务运营：
详情页产品描述策划
——营销策划，法治先行

教师信息：李志刚　**职称**：副教授　**学历**：研究生
研究方向：经济学
授课专业：电子商务
课程类别：理实一体化课程
课程性质：专业模块化课

第一部分　设计思路

一、本次设计的课程思政目标

"移动电子商务运营"是电子商务专业的核心课程，旨在培养学生专业领域的核心技能，对接电子商务运营岗位。该岗位要求员工在团队工作中遵纪守法，诚信经营。在学情分析的基础上，结合教学内容的特点，将增强学生的集体主义观念和社会主义法治观念，强化依法经营、诚信运营的经营理念，确定为本次课的思政目标，帮助学生在市场竞争中，特别是在互联网竞争环境下，严守法律底线，秉承诚信经营的原则，做守法诚信的经营者。本案例属于"金点子"与"金扣子"相结合的教学设计案例，教学时长为2课时。

二、课程思政教学设计内容

1. 课前：课程思政引入

布置学习任务，给出学习资料，引导学生以小组学习的方式讨论产品详情页描述与企业营销策略之间的内在关联，重点了解产品详情页描述应该体现哪些营销元素，为课堂教学打下基础，应用翻转课堂教学法激发学生学习的积极性。在课前探索阶段，培育学生实事求是的工作态度、深入细致的研究精神和相互协作的集体主义精神。

2. 课中：课程思政贯穿授课过程

步骤一

小组汇报课前学习成果，由此创设学习情境，并提出本次课的第一个学习任务：利用"STP"三步法分析自然堂爽肤水某一系列产品，明确企业营销意图，为设计产品详情页奠定了理论基础。在这个过程中，学生利用大数据工具分析整理各种市场信息，并通过团队协作实现共同目标。这既开拓了学生的视野，也培养了实事求是的工作态度，并提升了学生的研究能力。

步骤二

给出第二个任务：针对自然堂某一产品，策划产品详情页描述方案。在开始策划之前，先给出产品详情页设计过程中两个真实的企业负面案例，其中一个是违反诚信经营原则的，另一个是因违反《广告法》被行政机关处罚的，并分析两个负面案例产生的原因，辩证地得出诚信和守法之间的关系——违法未必不诚信，诚信未必不违法！依法经营是一种能力！培养学生诚信经营与合法经营的意识，增强社会主义法治观念。

之后给出一个正面案例——自然堂雪域精粹系列爽肤水产品描述文案，简要分析该文案的优点，强调其诚信与合法。引导学生以小组活动的形式，在自然堂系列产品中另选一种产品作为分析对象，策划详情页产品描述文案，之后进行汇报和测评。在测评环节设计互评表，其中"产品描述合法"占20%的分值权重，强化诚信经营和法治观念。

3. 课后：课程思政总结反思

引导学生总结详情页产品描述策划的一般原则：诚信经营原则、合法经营原则、与营销目标一致性原则。拓展学习内容，要求学生阅读《广告法》，并总结出在电子商务环境下容易触犯的法律条文，之后再次优化课上完成的描述方案，培养学生精益求精的工匠精神。最后，引出另一个专业性问题，即"关键词"如何融入产品描述之中，由此引出下一节翻转课堂的内容，布置课后作业，并结束本次授课。

第二部分　案例描述

详情页产品描述策划——营销策划，法治先行

【思政导入】

产品详情页描述策划是一种企业营销活动，请学生以小组形式，讨论这一策划活动与企业营销战略之间有什么样的内在关联。在阅读讨论教师给定案例之后，形成各组的结论，并在上课时由一名学生负责陈述原因和结论。

【思政贯穿】

步骤一

请每个小组派一名学生进行汇报：产品详情页描述策划活动与企业营销战略之间有什么样的内在关联？

学生总结了两者之间的内在关联后，接下来请学生完成第一个学习任务：利用"STP"三步法，分析自然堂爽肤水某一系列产品，并明确写出该产品的营销重点。

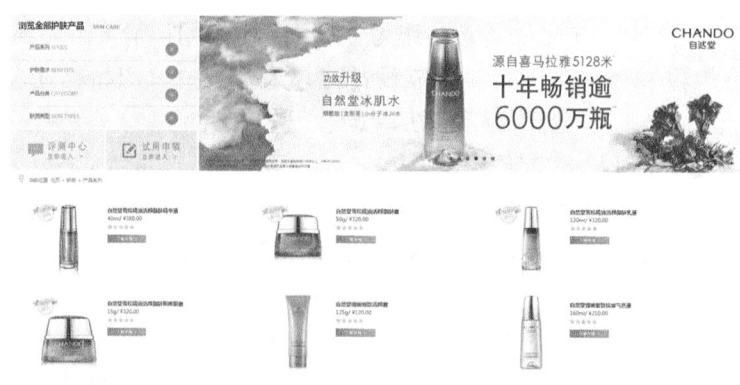

图1

步骤二

给出第二个学习任务：请各组在步骤一的基础上，策划选定产品的详情页描述。在正式策划之前，先给出两个企业真实案例。

案例一：某平台苹果手机虚假宣传案例。

通过对质保条款的分析，引导学生发现这一真实案例中的"非诚信"元素，从分析案例细节着手，找到问题所在，帮助学生发现商家的"陷阱"，并总结出产品描述的第一个原则：诚信原则。学生会很自然地接受这样一种观点：不诚信的产品描述是不道德的，甚至可能是非法的！

图 2

案例二：上海纽顿美容仪器设备有限公司爽肤水案例。

通过这一案例，引导学生思考一个更深层次的问题：诚信经营就一定合法吗？虽然从该公司的详情页产品描述中看不出明显的"非诚信"元素，但这的确是个违法案例！2018 年 5 月，该公司被有关部门处以 10 万元行政罚款！究其原因是法治观念淡薄，违反了《广告法》。通过这个案例，我们可以共同总结出产品描述的第二个原则：合法性原则。

"上海纽顿"非法详情页描述案例

产品描述文案：本品为含医学级玻尿酸含量 5%的爽肤水，"BICELLE 全球知名皮肤医学专家共同研发"、"修护敏感肌肤屏障必备"……

案例分析：

问题：上海纽顿美容仪器设备有限公司为了增加商品销量，在其网店上发布的化妆品广告中使用了"医学级玻尿酸含量 5%的爽肤水，全球知名皮肤医学专家共同研发""BICELLE 全球知名皮肤医学专家共同研发""修护敏感肌肤屏障必备"等易使推销的商品与药品、医疗器械相混淆的用语。当事人行为违反了《中华人民共和国广告法》第十七条的规定。依据《中华人民共和国广告法》第五十八条规定，2018 年 5 月，上海市嘉定区市场监督管理局作出行政处罚，责令停止发布违法广告，并处罚款 10 万元。

图 3

通过上述两个案例的分析，学生会对"诚信"与"合法"之间的关系有一个辩证的认识：违法未必不诚信，诚信未必不违法！想要做到既诚信又合法，就要不断地进行专业学习，树立法治观念，增强法治意识，全方位提升自己的职业素养。

案例三：自然堂雪域精粹冰肌水案例。

在给出上述两个负面案例后，给出一个正面案例——自然堂雪域精粹冰肌水案例。教师与学生共同分析这一策划案是如何将营销意图、合法性、诚信经营进行有机结合的。并引导学生总结产品描述的第三个原则：营销目标一致性原则。

自然堂正品爽肤水，雪域精粹冰肌水（清润型）【适合油性/混合型肤质】；（凝润型）【适合中性/干性肤质】，补水保湿化妆水来自喜马拉雅冰川水，补水保湿滋润柔肤！

图 4

引导学生以小组活动的形式，在自然堂系列产品中另选一种产品作为分析对象，策划详情页产品描述文案，之后进行汇报和测评。在测评环节，采用互评表的方式，其中"产品描述合法"占 20% 的分值权重。

表 1　详情页描述组间互评表　　　被测评对象：第××组

打分项	分值范围	测评分数（满分 100）
产品描述合法	0~20 分 明显违法，得 0 分；存在夸大产品现象，酌情扣分	
产品卖点突出	0~20 分 卖点突出，得 15~20 分；卖点有所展现，但不够充分，得 10~14 分；卖点不清，0~9 分	
细分领域明显	0~20 分 细分领域清晰，得 15~20 分；具备市场细分意识，但不够清晰明确，得 10~14 分；未有任何细分体现，得 0~9 分	

续表

语言准确体现细分策略	0~20分 语言与细分领域非常吻合，得15~20分；语言与细分领域基本吻合，得10~14分；语言与细分领域不吻合，得0~9分	
语言简洁生动	0~20分 语言简洁生动，得15~20分；语言达意，但特征不明显，得10~14分；语言啰唆，含义模糊，得0~9分	
分值合计		

【总结反思】

请学生再次总结产品详情页描述策划的一般原则：诚信经营原则、合法经营原则、与营销目标一致性原则。拓展学习内容，阅读《广告法》，并总结出在电子商务环境下容易触犯的法律条文，在此基础上再次优化课上完成的描述方案，在能力范围内做到尽善尽美。

最后，给学生提一个问题："关键词"在网络营销中至关重要，在设计产品详情页描述时，如何巧妙地把关键词融入其中呢？请学生课下分组讨论，并在下次课上汇报。

信号与系统：信号的频谱

教师信息：王雪　**职称**：讲师　**学历**：本科
研究方向：电子与通信工程
授课专业：通信技术
课程类别：理论课
课程性质：专业群技术基础课

第一部分　设计思路

一、本次设计的课程思政目标

了解马克思主义辩证思维方法，运用辩证思维的分析和综合法学习信号的频谱。

二、课程思政教学设计内容

1. 课前：课程思政引入

通过案例教学，启发学生思考马克思主义辩证思维方法，指出辩证思维是指从变化发展视角认识事物的思维方式。

2. 课中：课程思政贯穿授课过程

在指导学生学习信号频谱的过程中，运用辩证思维方法，打破时域分析的思维模式，尝试从频域的角度重新认识信号。

3. 课后：课程思政总结反思

对本次课的课程思政进行总结与提升，使学生在马克思主义哲学的指导下，把辩证思维方法与现代科学思维方法有机地统一起来，学会运用辩证思维方法学习科学知识。

第二部分 案例描述

信号的频谱

【思政导入】

以制作珍珠奶茶为例（见图1），启发学生思考马克思主义辩证思维方法，指出辩证思维的特点是从对象的内在矛盾的运动变化中，从其各个方面的相互联系中进行考察，以便从整体上、本质上完整地认识对象。同时引入信号频域的概念。

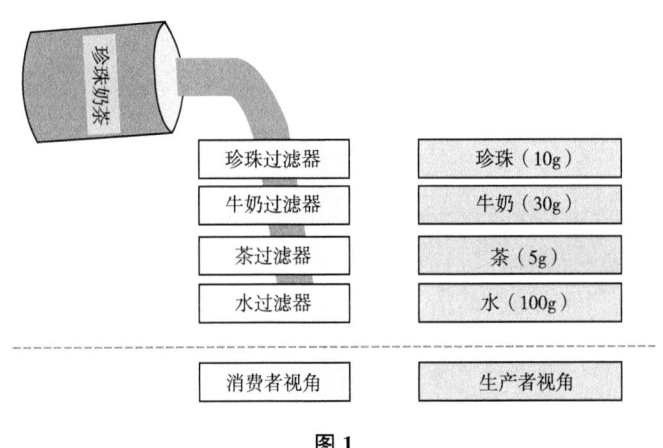

图1

一、周期信号的分解与合成

观看动画，了解矩形脉冲信号的分解，建立频域的概念（见图2）。

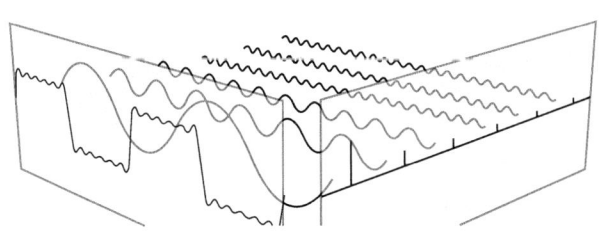

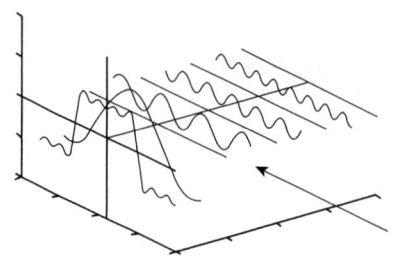 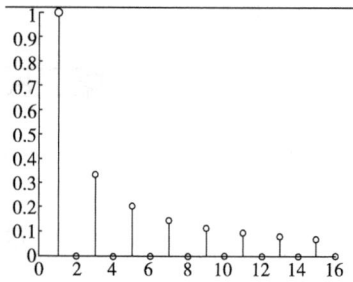

从这个方向看过去

图 2

1. 周期信号分解为三角级数

$$f(t) = a_0 + \sum_{n=1}^{\infty}(a_n \cos n\omega_1 t + b_n \sin n\omega_1 t) = a_0 + \sum_{n=1}^{\infty} A_n \cos(n\omega_1 t + \varphi_n)$$

ω_1：基波角频率；a_0：直流分量；a_n：余弦幅度；b_n：正弦幅度。

$$a_0 = \frac{1}{T}\int_0^T f(t)\,\mathrm{d}t$$

$$a_n = \frac{2}{T}\int_0^T f(t)\cos n\omega_1 t\,\mathrm{d}t$$

$$b_n = \frac{2}{T}\int_0^T f(t)\sin n\omega_1 t\,\mathrm{d}t$$

例题：求信号的周期

$$f(t) = 10\cos t + 2\cos(2t) + 0.5\cos(0.5t)$$

2. 周期信号分解为指数级数

$$f(t) = \sum_{n=-\infty}^{\infty} F_n \mathrm{e}^{jn\omega_1 t}$$

傅里叶系数：$F_n = \dfrac{1}{T}\int_0^T f(t)\mathrm{e}^{-jn\omega_1 t}\mathrm{d}t$

例题：周期信号求傅里叶系数

$$f(t) = 3\cos t + 2\sin 2t$$

【思政贯穿】

分析和综合方法是辩证思维的一种基本方法。分析是在思维中把认识的对象分解为不同的组成部分、方面、特性等，分别加以研究，认识事物的各个方面，从中找到事物的本质。综合则是把分解出来的不同部分、方面按其客观的次序、结构组成一个整体，从而达到对事物整体的认识。引导学生利用分析和综合方法，分析信号的频谱。

二、周期信号的频谱

1. 频谱的概念

将周期信号各次谐波分量的分布画成图形——信号的频谱图。

幅度频谱,简称幅度谱:$c_n\text{-}\omega$,或 $|F_n|\text{-}\omega$;相位频谱,简称相位谱:$\varphi_n\text{-}\omega$,或 $\arg F_n\text{-}\omega$。小组探究:利用仿真软件绘制周期方波信号的时域图像与频谱图。

2. 周期信号频谱的特点

(1) 离散性:周期信号的频谱是一条条离散的谱线。

(2) 谐波性:周期信号的频谱是在基频频率 ω_1,n 次谐波 $2\omega_1$,$3\omega_1$,…,$n\omega_1$ 上的频谱值,谱线间隔为 ω_1。

(3) 收敛性:周期信号的频谱理论上有无限多次谐波,但高次谐波的幅度总的趋势是逐渐变小的——信号的高频分量是逐渐衰减的。

【总结反思】

总结怎样运用马克思主义辩证思维方法研究时域分析与频域的问题。希望学生在今后的学习中,把辩证思维方法与现代科学思维方法有机地统一起来,学会运用辩证思维方法学习科学知识。

中篇

"金扣子"课程思政优秀教学设计案例

移动通信网络建设与维护：
TD-LTE 基站开通调测

教师信息： 陈海燕　　**职称：** 副教授　　**学历：** 研究生
研究方向： 无线通信
授课专业： 通信技术
课程类别： 理实一体化课程
课程性质： 专业模块化课

第一部分　设计思路

一、本次设计的课程思政目标

本次课的思政目标侧重于价值观层面，注重学生社会主义核心价值观的引领，激发学生的家国情怀，坚定理想信念；培育学生的科学精神、工匠精神、探究意识等，同时进行真善美的教育。

二、课程思政教学设计内容

1. 课前：课程思政引入

通过课前自主学习，养成认真思考、自主学习、刻苦钻研的科学精神；通过观看自主学习平台上的岗位典型任务分析、V-Lab 企业工程师开站教学指导视频、基站开通手册、任务书等学习资源，培养学生严谨、认真的职业精神和责任意识。

2. 课中：课程思政贯穿授课过程

通过课上实践使用的大唐移动 LTE 虚拟仿真实验系统，引入我国第一个世界无线通信标准、5G、华为事件等思政元素，激发学生的家国情怀，坚定理想信念，坚定为中国梦付诸努力和行动的决心，坚定"四个自信"。

结合 TD-LTE 基站开通调测训练，学生分组进行基站开通、故障问题发现、探究、调测，并提出解决方案。同时，对学生进行科学精神、工匠精神、沟通能力、合作意识、探究意识、劳动教育等思政内容教育。

3. 课后：课程思政总结反思

布置拓展任务，让学生科学思考并自主学习；下课前让学生整理工位，将指导手册放回原位、摆放整齐，打扫实训室卫生，养成良好的职业习惯，培养职业精神，进行劳动教育。

第二部分　案例描述

TD-LTE 基站开通调测

【思政导入】

党的十九大报告提出："建设知识型、技能型、创新型劳动者大军，弘扬劳模精神和工匠精神，营造劳动光荣的社会风尚和精益求精的敬业风气。"党的十九届四中全会《中共中央关于全面推进依法治国若干重大问题的决定》提出："完善科技创新体制机制。弘扬科学精神和工匠精神，加快建设创新型国家，强化国家战略科技力量，健全国家实验室体系，构建社会主义市场经济条件下关键核心技术攻关新型举国体制。"

科学精神和工匠精神是一种严谨认真、精益求精、追求完美、勇于创新的精神。在职业教育中，更要大力弘扬奋斗精神、科学精神、劳模精神、工匠精神，汇聚起向上向善的强大力量。

一、课前回顾，总结分享

活动 1：教师总结前导入相关的知识，引入本次课程内容（基站的开通调测），说明本次课程的重要性（见图 1）。

活动 2：学生分享课前自主学习情况，总结基站开通流程，教师点评分析（见图 2）。

图 1　课前任务完成情况总结

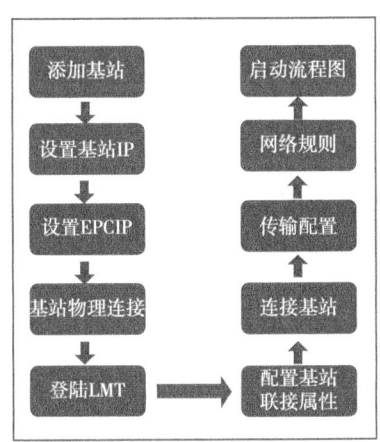

图 2　基站开通流程

二、TD-LTE 基站开通任务实战——学生实战训练，教师巡视指导

活动 1：教师梳理基站开通流程及方法，提示配置过程中的关键环节，下发任务书。

活动 2：学生两人一组，根据任务书，利用项目载体——大唐移动 LTE 虚拟仿真实验系统，分组实施 TD-LTE 基站开通调测任务（见图 3~图 5）。

图 3　LTE 仿真系统

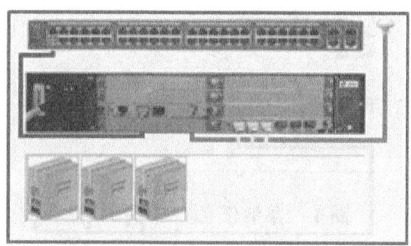

图 4　基站配置

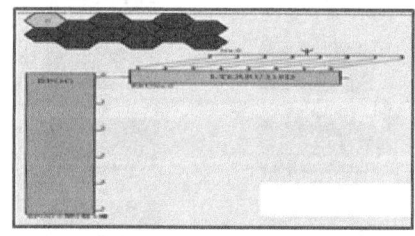

图 5　基站开通

【思政贯穿】

（1）在基站配置开通过程中会遇到各种问题，培养学生"执事敬""事思敬"的敬业精神；培养学生专注、精益求精、善于发现和解决问题的工匠精神。

（2）分组进行训练，互相学习，通力配合，通过合理分工提高工作效率的同时，培养学生的沟通能力和合作意识，合作探究共同解决问题。

三、分析总结故障，突破教学难点和重点

活动 1：学生分组进行总结分析，提出遇到的故障及解决方案。

活动 2：教师引导学生，共同进行故障分析，让学生知其然，更知其所以然。深刻理解故障问题的成因，并提出解决问题的思路和方案。

【思政贯穿】

（1）对问题进行及时总结，并分析原因，提出解决思路和方案，培养学生认真思考、勤于探究、勇于创新的科学精神。

（2）所使用的 V-Lab 软件及实训室设备为我国自主研发的大唐移动设备，即我国第一个世界无线通信标准——TD-SCDMA 标准的提出者，增强学生的民族自豪感。同时，通过 5G 标准、华为事件的引入，进一步激发学生的家国情怀，坚定理想信念，坚定为中国梦付诸努力和行动的决心，坚定"四个自信"。

【总结反思】

活动 1：布置拓展任务，让学生科学思考并自主学习。

活动 2：下课前让学生整理工位，将指导手册等放回原位，摆放整齐，打扫实训室卫生，养成良好的职业习惯，培养职业精神，进行劳动教育。

电子产品设计与制作：数控电源原理设计

教师信息：裴春梅　　**职称**：副教授　　**学历**：研究生
研究方向：信号与信息处理
授课专业：电子信息工程技术
课程类别：理实一体化课程
课程性质：职业技术技能课

第一部分　设计思路

一、本次设计的课程思政目标

本次课程的思政目标是培养学生的创新精神和创新思维，提升学生的思想政治素质。

二、课程思政教学设计内容

1. 课前：课程思政引入

提出大学生成才目标之一是必须具备创新精神和创新思维。创新思维由相反相成的发散思维与聚合思维所组成，是发明或发现一种新方式用以处理某种事物的思维过程。它可以使学生顺利解决新的问题，深刻地、高水平地掌握新知识，并能将这些知识广泛地迁移到学习新知识的过程中，使学习活动顺利完成。

2. 课中：课程思政贯穿授课过程

在教师讲解专业课程内容及要求的过程中，引导学生通过已学知识固定稳压电路，进行可调稳压电路分析，进而创新设计数控电源，培养学生的创新精神和创新思维。

3. 课后：课程思政总结反思

要求学生课后根据原理设计完成数控电源硬件电路制作，并进行反思回顾，记录收获及体会。同时，进一步思考如何利用创新思维方法完善电路设计，并在今后的学习中努力践行创新精神和创新思维方式，提高自己的政治思想觉悟。

第二部分 案例描述

数控电源原理设计

【思政导入】

创新是一个国家、一个民族进步的灵魂。正因为有创新精神和创新思维，科技才不断发展。

1997年，美国IBM公司的"深蓝"（Deep Blue）超级计算机以2胜1负3平的成绩，战胜了当时世界排名第一的国际象棋大师卡斯帕罗夫。"深蓝"的运算能力当时在全球超级计算机中居第259位，每秒可运算2亿步棋。在今天看来，"深蓝"还算不上足够智能，主要依靠强大的计算能力穷举所有路数来选择最佳策略；"深蓝"靠硬算可以预判12步，卡斯帕罗夫可以预判10步，两者高下立现。而围棋一直被看作是人类最后的智力竞技高地，据估算，围棋的可能下法数量超越了可观测宇宙范围内的原子总数，显然，"深蓝"式的硬算在围棋上行不通。

人类并没有停下前进的脚步。正是由于一群年轻人的创新精神和创新思维，人类进行了新的创造，开发了人工智能程序。阿尔法围棋（AlphaGo）是第一个击败人类职业围棋选手、第一个战胜围棋世界冠军的人工智能程序，这个程序由谷歌（Google）旗下DeepMind公司戴密斯·哈萨比斯领衔的团队开发。其主要工作原理是时下最火的基于神经网络的深度学习：模拟人脑神经网络，通过大量数据分析学习了3000万步的职业棋手棋谱，再通过增强学习的方法自我博弈，寻找比基础棋谱更多的打点来击败人类。阿尔法围棋通过策略网络和价值网络来决定棋路，不去计算每一步的可能性，颇有人类棋手"我感觉这样会赢"的味道。2016年3月，阿尔法围棋与围棋世界冠军、职业九段棋手李世石进行围棋人机大战，以4比1的总比分获胜；2016年末到2017年初，该程序在中国棋类网站上以"大师"（Master）为注册账号与中日韩数十位围棋高手进行快棋对决，连续60局无一败绩；2017年5月，在中国乌镇围棋峰会上，它与排名世界第一的世界围棋冠军柯洁对战，以 3 比 0 的总比分获胜。

一、数控电源原理设计基础

数控电源原理设计见图 1。

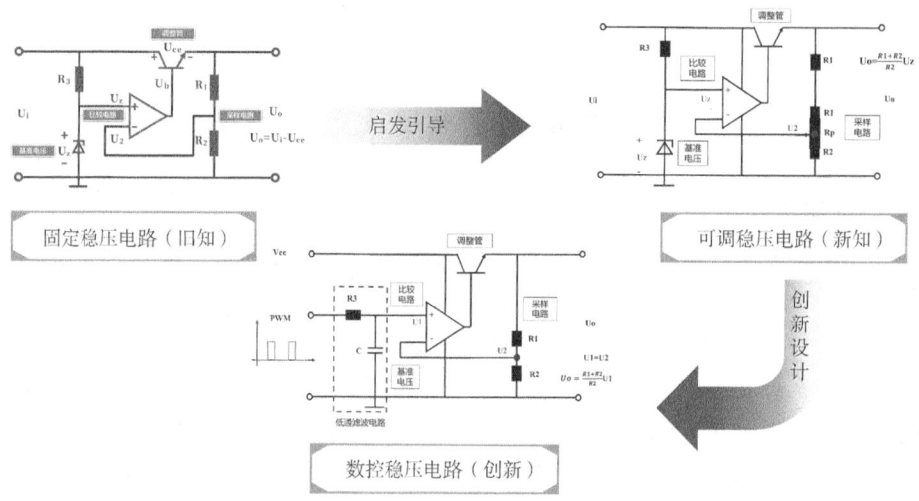

图 1　数控电源原理设计

1. 固定稳压电路原理设计

固定稳压电路原理设计见图 2。

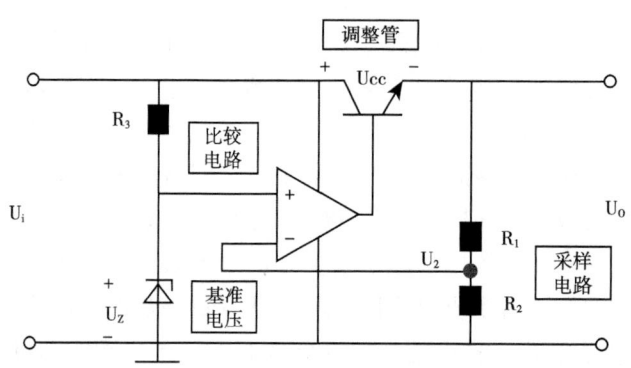

图 2　固定稳压电路原理图

引导学生进行固定稳压电路原理分析，如图 3 所示。

38

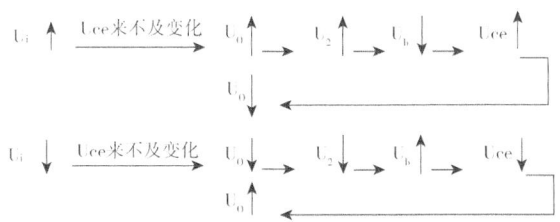

图 3　电压稳定分析

温故而知新，利用已有知识引导创新，培养学生的创新精神和创新思维。

2. 可调稳压电源原理设计

引导学生利用 Multism 仿真软件分别改变固定稳压电路中的参数，设计可调稳压电路。

方案 1：改变采样电阻 R_1（见图 4）。

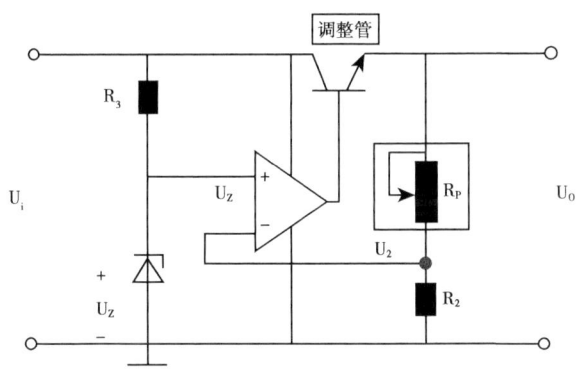

图 4　可调稳压电源方案一（改变 R_1）

方案 2：改变采样电阻 R_2（见图 5）。

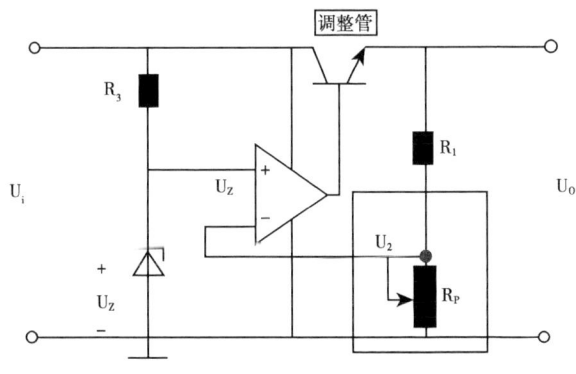

图 5　可调稳压电源方案二（改变 R_2）

方案 3：改变基准电压 U_Z（见图 6）。

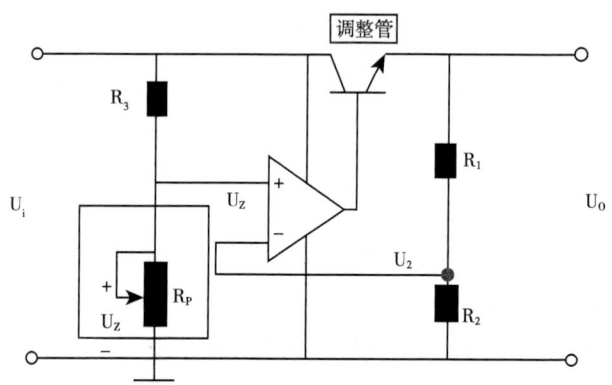

图 6 可调稳压电源方案三（改变 U_Z）

学生自行创新设计可调稳压电源电路，利用仿真软件进行原理仿真，并修改电路参数，直观认识修改对电路输出的影响，为下一步创新设计打下基础。

【思政贯穿】

创新，是一个民族甚至国家赖以生存的灵魂，是成为高新人才所应具备的素质。因此，创新的重要性不容忽视。"中国导弹之父"钱学森，早年从国外回国，投入科研工作，他摒弃了国内传统陈旧的思想，积极引入了外国先进的思想理念，并将这些理念融入科研之中，为我国的国防科技事业做出了巨大的贡献，同时也诠释了创新的重要性。"杂交水稻之父"袁隆平深知中国人口众多、粮食供应不足，钻研杂交水稻以打破传统水稻种植模式，在他的刻苦钻研下，产量远高于传统水稻的杂交水稻问世。

二、数控电源原理设计

（1）启发学生思考如何通过改变基准电压实现数控稳压电源，引入 PWM 信号实现基准电压 U_Z 可调。

（2）指导学生思考如何利用低通滤波电路提取 PWM 信号中的直流成分，提供变化的基准电压。

◆ PWM 信号：就是脉冲宽度调制，也就是占空比可变的脉冲波形（见图 7）。

◆ 设计电路，将 PWM 信号转化为模拟量信号，采样 RC 低通滤波电路（见图 8）。

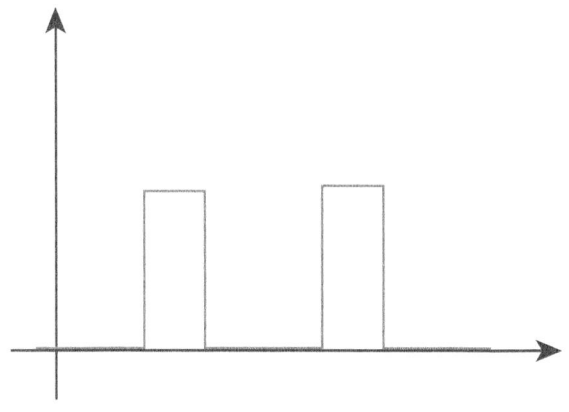

图 7　PWM 信号

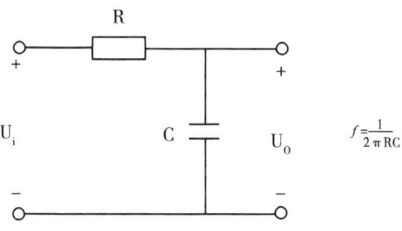

图 8　低通滤波电路和截止频率公式

根据傅里叶变换公式，方波信号可以由直流量和不同频率的谐波分量组成。利用低通滤波电路，选择合适的参数，滤掉谐波信号，只保留直流分量作为基准电压 Uz，此时 Uz 是可调的基准电压（见图 9）。

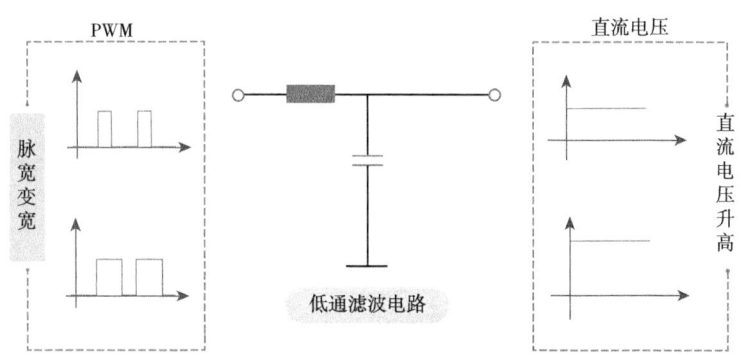

图 9　信号通过低通滤波电路滤掉谐波分量

（3）启发学生利用 PWM 信号中提取的直流量作为稳压电路的基准电压，

实现输出电压数控可调。

（4）指导学生进行仿真设计，并进行电路演示。在原有知识的基础上进行分析、思考，循序渐进，数控电源电路原理设计水到渠成（见图10），从而解决教学重点问题，进一步培养学生的创新思维和创新精神。

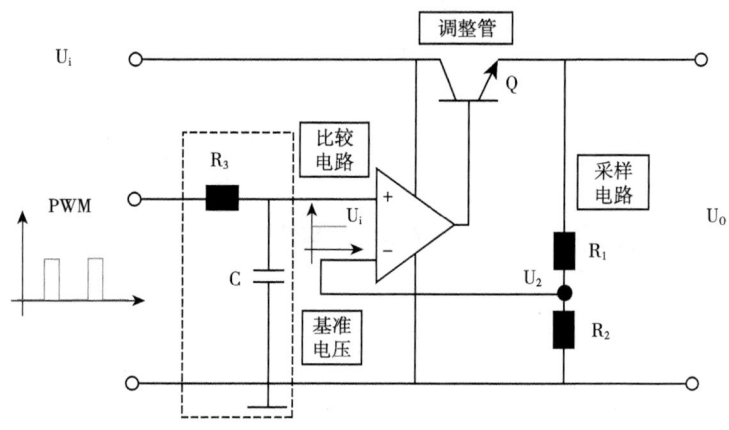

图10　数控电源原理设计图

【总结反思】

本节课内容是利用已学的固定稳压电路，设计可调稳压电路，进而创新设计数控稳压电路，创新精神教育贯穿始终。创新是一个民族进步的灵魂，是一个国家兴旺发达的不竭动力。通过观看视频（见图11），让学生了解中国高科技企业华为公司依靠自主创新敢于面对来自西方国家的挑战和打压，并取得了主动权。培养学生的创新精神，激发学习动力。

图11　学生观看思政教育小视频

思想升华：带领学生共同学习习总书记对于创新的指示，引导学生成为新时代的奋斗者（见图12）。

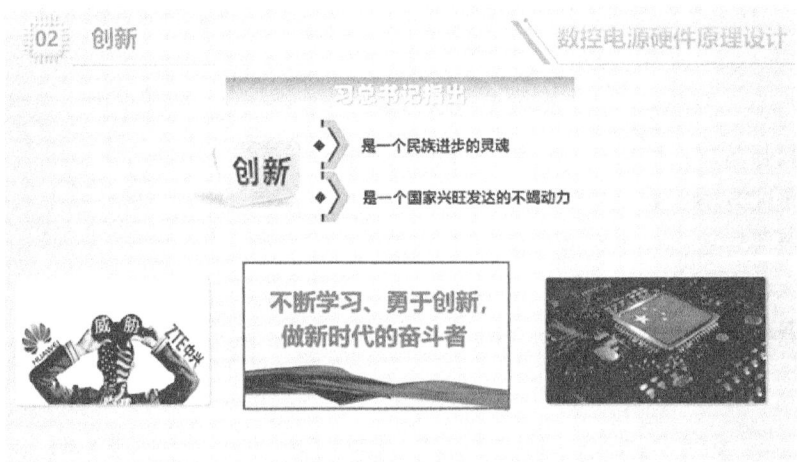

图 12　课程思政总结

时尚媒体与趋势：认识时尚媒体

教师信息：陈金梅　**职称：**副教授　**学历：**研究生
研究方向：数字媒体设计
授课专业：数字媒体设计
课程类别：理实一体化课程
课程性质：专业群技术基础课

第一部分　设计思路

一、本次设计的课程思政目标

本次课的思政目标是让学生在认识时尚媒体的同时，了解中国梦和创新、科技教育的关系，学习中华优秀传统艺术文化和传统美德，使学生具备较高的艺术审美素养，培养学生正确的人生观和价值观，树立做大国工匠的理想。

二、课程思政教学设计内容

1. 课前：课程思政引入

对学生提出"民族的就是世界的"，民族文化自信来源于真正对本民族优秀传统文化的深度了解，来源于国家科技的发展和实力的增强。因此，要在学习中加强对中国传统艺术文化的学习，掌握当前新科技和新媒体的发展趋势。

2. 课中：课程思政贯穿授课过程

在教师讲解专业课程内容的过程中，通过运用优秀传统艺术文化元素进行的经典设计案例和习近平同志关于"四全媒体"的解读，让学生真正了解中国传统艺术文化的精华，了解信息技术时代下我国新媒体的发展趋势，鼓励学生努力学习新知识、新技术，不断获得新本领、新能力，在工作实践中富于创造性、把握时代性、增强规律性。

3. 课后：课程思政总结反思

要求学生课后及时反思、总结。除了通过网络、书籍等媒介搜索、学习更多的中国传统优秀艺术文化，还要鼓励学生走出去，通过"走、看、临、学、知"的方法对传统经典、现代科技和现代媒体进行学习，真正提高自己的审美艺术修养，将传统艺术文化变成自己"基因"的一部分。把握当前现代信息技术下媒体融合的必然发展趋势，争做具有极高艺术审美和素养的、了解新型科学技术的高级人才。

第二部分　案例描述

认识时尚媒体

【思政导入】

习近平总书记在党的十九大报告中指出："中国特色社会主义文化，源自中华民族五千多年文明历史所孕育的中华优秀传统文化，熔铸于党领导人民在革命、建设、改革中创造的革命文化和社会主义先进文化，植根于中国特色社会主义伟大实践。"党的十八大以来，习近平总书记在多个场合谈到中国传统文化，表达了自己对传统文化、传统思想价值体系的认同与尊崇。习近平同志将中华优秀传统文化提升为"中华民族的基因""民族文化血脉""中华民族的精神命脉"，有力增强了民族自信心、民族自豪感和民族凝聚力。2015年5月4日，习近平总书记与北京大学学子座谈时也多次提到核心价值观和文化自信。习近平总书记在国内外不同场合的活动与讲话中展现了中国政府与人民的精神气志，提振了中华民族的文化自信。

一、什么是时尚

时尚的缘起——时尚"国潮风"。

一股时尚潮流"国潮风"近两年大热，从参加纽约时装周的李宁以"悟道"为主题，推出一系列红底白字类似印章的"中国李宁"卫衣，到故宫文创打破传统束缚，一跃成为中国最耀眼的存在。

1. 故宫文创产品设计：口红设计、书签设计、APP 设计及 H5 设计

故宫文创产品以故宫及故宫博物院院藏各种文物为元素，进行了各种文创产品的开发设计,从产品到新媒体,无不将古老、传统的中国优秀艺术文化和元素演绎得淋漓尽致。如图1所示的故宫文创产品——口红设计、图2所示的H5设计及图3所示的APP产品设计。

"一抹朱红,胭脂江山。

　唇岱轻扫,霓裳红妆。

　如鱼得水,如鸟乘风。

　故宫口红,倾国倾城。"

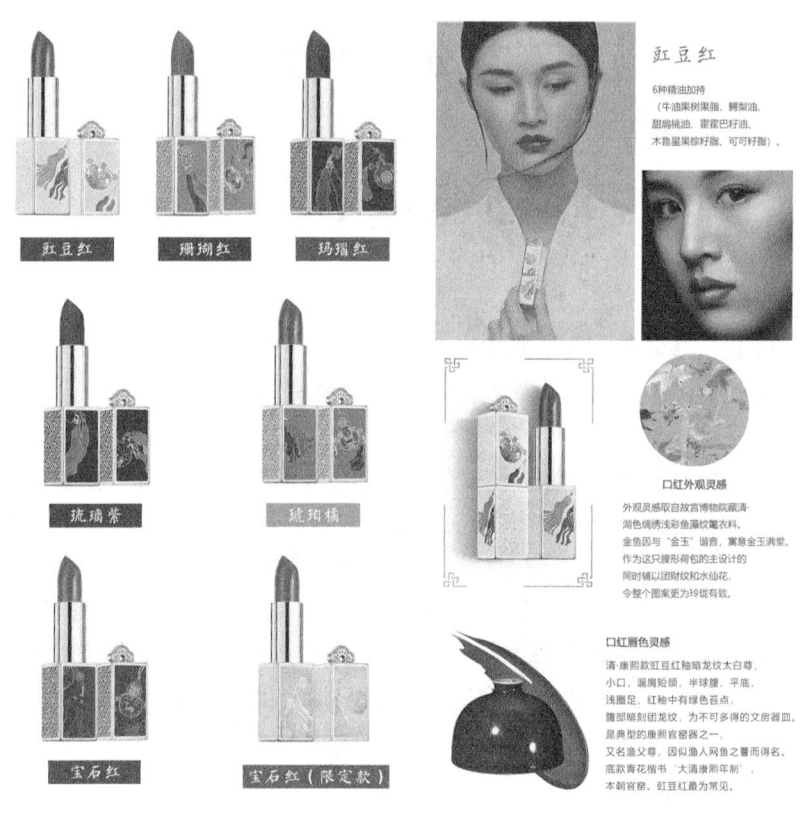

图1　故宫文创产品——口红设计

从故宫元素——产品设计灵感来源的解读,到通过H5和APP视频的真实体验和感受,讲解故宫传统元素的创新设计,故宫传统内容题材与现代时尚新媒体结合的新方式,以此介绍中国优秀的传统艺术文化,并以此为例说明传统的也可以是时尚的,民族的也是世界的。让学生懂得中国有着悠久的历史文化和优秀的传统,作为中国人,尤其应该有民族的文化自

图 2　故宫文创产品——H5 设计

图 3　故宫文创产品——APP 设计

信。而日趋流行的"国潮热"一方面说明国人已经具有较高的民族文化自信，另一方面也说明了极高的中国设计水平和设计师极深的中国底蕴。

2. 冷酸灵牙膏系列设计：海报设计、包装设计、博物馆设计

以新国潮、新"国宝"为主题，结合"冷热酸甜，想吃就吃"的广告语，冷酸灵牙膏新包装分为"冷热酸甜"四种口味，分别以不同的色调区分不同的口味（见图4）。

图 4　冷酸灵牙膏包装设计

新包装的设计将新潮的插画形式和带有文化底蕴的瓷器相结合，呈现出雅致、富有韵味的画面，以此呼应"国潮"的主题。带有暖调的橙色系包装画面采用沙漠、骆驼、绿植、高塔，并结合击鼓说唱陶俑的形象，描绘出大漠壮丽山河的奇特景色，传递出源远流长的西域文化。绿色系的则是清润薄荷型的牙膏包装，将带有鸟语花香的插画场景和铜绿的后母戊鼎相结合，呈现一幅春意盎然的山水画。紫色调的包装则是结合了华封三祝图轴，以墨、竹、鹤、祥云等元素组成了一个富有诗意、带有美好祝愿的画面。蓝色调的包装则结合了青花竹石芭蕉纹梅瓶、卷轴、屏障、书台、兰花等元素，呈现了一个充满才气、儒雅的画面氛围，做到笔墨纸砚和国潮文化中的本土文化相符合。

此外，还开设了国潮风的"牙膏博物馆"（见图5）。

图 5　冷酸灵"牙膏博物馆"

逐一对冷酸灵四款牙膏的设计进行解读，分析每款牙膏设计运用的中国元素，为学生解读中国传统艺术文化，从而使学生懂得现代产品设计与中国传统文化元素的结合；分析每款牙膏的色彩设计、图文设计等，提高学生的艺术修养和审美能力。

【思政贯穿】

2019年1月25日，中共中央政治局在人民日报社就全媒体时代和媒体融合发展举行第十二次集体学习。中共中央总书记习近平主持学习并发表"全媒体时代和媒体融合发展"的重要讲话。随着信息社会的不断发展，新兴媒体的影响力越来越大。我们推动媒体融合发展，是要做大做强主流舆论，巩固全党全国人民团结奋斗的共同思想基础，为实现"两个一百年"奋斗目标、实现中华民族伟大复兴的中国梦提供强大的精神力量和舆论支持。网络空间已经成为人们生产生活的新空间，也应该成为我们党凝聚共识的新空间。移动互联网已经成为信息传播主渠道。随着5G、大数据、云计算、物联网、人工智能等技术的不断发展，移动媒体将进入加速发展新阶段。要坚持移动优先策略，建设好自己的移动传播平台，管好用好商业化、社会化的互联网平台，让主流媒体借助移动传播，牢牢占据舆论引导、思想引领、文化传承、服务人民的传播制高点。

二、时尚媒体——"四全媒体"

"四全媒体"是指全程媒体、全息媒体、全员媒体和全效媒体。

互联网作为现代信息技术的集大成者，就传播的角度而言，对于媒体的影响无疑是革命性和颠覆性的，它使得多种媒体技术实现了有效的融合，极大地推动了媒体的发展。"四全媒体"是习近平总书记面对媒体格局新变化提出的一个新概念，首次对全媒体时代下的媒体形态从不同层次和不同角度予以十分形象的阐释，明确指出了今后一段时间媒体融合发展的方向目标。"四全媒体"建设是传统媒体转型升级、破茧成蝶的一次难得的发展机遇，研究探讨"四全媒体"的建设对策，无疑对推动媒体高质量融合具有重要的理论研究意义和现实指导作用。

进入21世纪，依托互联网技术，媒介间的融合逐渐向全媒体时代过渡。目前，以网络为载体的媒介融合技术实现了在广度、深度和高度上的整合，并可以通过各种类型的终端设备进行传播，而相应催生的媒体形态被称为全媒体形态。"四全媒体"是我国大力推进传统媒体和新媒体进行无缝隙融合的实践产物，是媒体融合发展的必然趋势，也是将媒体融合战略不断向纵深推进的必由之路。

通过学习习近平总书记发表的"全媒体时代和媒体融合发展"的重要讲话，让学生明白，在当今新媒体为主流的情况下，必须掌握最新的发展趋势和技术，占领思想舆论的阵地，为实现中国梦而奋斗；同时，在科技迅猛发展的今天，必须要有创新、实干的精神，才能更好地工作，更好地为祖国添砖加瓦。

【总结反思】

习近平同志在第十三届全国人大第一次会议上说:"中国人民的特质、禀赋不仅铸就了绵延几千年发展至今的中华文明,而且深刻影响着当代中国发展进步,深刻影响着当代中国人的精神世界。"他讲到,中国人民的伟大创造精神、伟大奋斗精神、伟大团结精神、伟大梦想精神,这种伟大精神是一代一代中华儿女创造和积淀出来的,也需要一代一代传承下去。我们要深入挖掘中华优秀传统文化蕴含的思想观念、人文精神、道德规范,结合时代要求继承创新,让中华文化展现出永久魅力和时代风采。我们还要以更大的力度、更实的措施加快建设社会主义文化强国,培育和践行社会主义核心价值观,推动中华优秀传统文化创造性转化、创新性发展,让中华文明的影响力、凝聚力、感召力更加充分地展示出来。

汽车发动机构造与维修：
检测发动机冷却系统

教师信息：陈俊杰　**职称**：讲师　**学历**：研究生
研究方向：信息化教学
授课专业：汽车检测与维修
课程类别：理实一体化课程
课程性质：职业技术技能课

第一部分　设计思路

一、本次设计的课程思政目标

本次课的思政目标是让学生能够了解马克思主义认识论，培养学生尊重客观实际，凡事从实际出发，能够透过现象分析车辆故障本质问题。同时，在开展教学活动的过程中，培养学生专注、严谨、敬业、求精的工作态度和职业精神。

二、课程思政教学设计内容

1. 课前：课程思政引入

学生以小组形式调研汽车冷却系统的一般故障有哪些，并统计冷却系统故障的一般原因。通过调研，一方面从专业上让学生了解冷却系统故障的原因，并进行课中分享；另一方面，培养学生具备"凡事要从实际出发，没有调查就没有发言权"的马克思主义认识论。

2. 课中：课程思政贯穿授课过程

在学生检测冷却系统液位及泄漏任务的时候，通过和学生分享北京奔驰赵郁大师的工作故事，培养学生专注、严谨、敬业、求精的工作态度和职业精神。在学习温度传感器工作原理的时候，借助温度传感器数据分析软件，培养学生的启发性思维和创新意识。

3. 课后：课程思政总结反思

根据课堂学习的知识，让学生总结检测冷却系统的方法。再次向学生强调，检测冷却系统故障时，要以马克思主义认识论指导自己，要从实际故障出发，细心研究，从故障表象分析找到故障真实的内在原因。

第二部分　案例描述

检测发动机冷却系统

【思政导入】

课前，教师通过学习通平台发布任务："学生以小组形式调研汽车冷却系统的一般故障有哪些，并统计冷却系统故障的原因有哪些？"形成小组调研报告，并在课中选代表进行分享。

思政点：通过让学生实际调研，培养学生"凡事要从实际出发，没有调查就没有发言权"的马克思主义认识论。

【思政贯穿】

一、情境导入

课中，教师首先通过播放一段视频作为课程引入，一辆奔驰 C200 汽车由于冷却系统故障，车辆发生自燃，严重影响行车安全，如图 1 所示。教师告诉学生通过本节课的学习可以解决上述故障，让学生认识到检测发动机冷却系统是以后走向工作岗位必须掌握的核心能力。同时，告知学生，只有现在掌握好科学知识，用技术服务好客户，才能保障客户行车安全。

图 1　奔驰 C200 汽车冷却系统故障引发车辆自燃

思政点：通过情境介绍，让学生知道自己以后的工作会影响客户的行车安全，从而培养学生的责任意识。

二、任务分析

首先，教师让每个小组挑选一名学生作代表，汇报课前的调研情况，如图2所示。然后，教师对每组进行评价，总结冷却系统故障的原因。本次课只讲冷却系统部件功用及位置查找、冷却系统液位及泄漏检测、温度传感器检测3项任务。

图2 学生展示

思政点：学生以小组形式进行学习，可以培养学生的团队合作精神；通过汇报，培养学生的表达沟通能力。

三、开展任务

任务一：冷却系统部件功用及位置查找。

教师引导学生利用平台中的视频资源库（如图3所示），学习汽车冷却系统各部件的功用。然后每名学生登录学习通平台进行测试，对于未能完成测验的，教师要对其进行单独辅导。学生利用奔驰车间维修信息系统（WIS）查找各个部件的位置（如图4所示），并把相对应的部件名字写到卡片上，然后在车辆上找到对应位置，贴上卡片，拍照上传到学习通平台。教师查看学生的上传结果，总结大家的任务完成情况，并在平台中针对学生的任务表现进行打分。

图 3　视频资源库

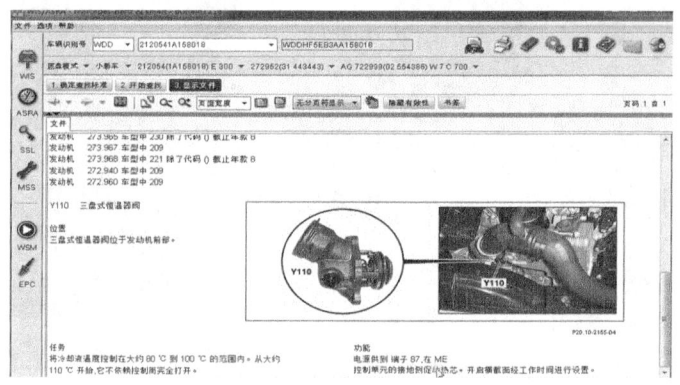

图 4　WIS 系统

思政点：让学生自主查询奔驰 WIS 系统，可以培养学生自主学习、独立思考的能力。利用卡片教学法，可以培养学生的团队合作、细心观察等职业能力。

任务二：冷却系统液位及泄漏检测。

学生首先利用奔驰的 WIS 系统自主查找冷却系统液位及泄漏检测方法，并以小组为单位制订检测计划，如图 5 所示。然后按照检测计划，实施任务。因为系统泄漏有时候比较隐蔽，需要细心观察，教师要教育学生检查过程中不放过任何一个细节，细心观察，培养学生严谨、认真、细心、负责的职业精神。同时，引入奔驰首席技师赵郁的故事（如图 6 所示），赵师傅开始工作的时候负责安装风挡玻璃，工作虽然简单，但是赵师傅一开始就养成了严谨认真的工作态度，以至于从业几年来实现了安装风挡玻璃零差错的非凡业绩，现在成为奔驰的首席技师，荣获"中华技能大奖"。

图 5　学生分组讨论

图 6　赵郁技师

思政点：本环节学生要进行冷却系统液位及泄漏的检测。冷却系统管路多且有时候泄漏并不明显，这就要求学生在检测过程中具备严谨、认真、细心、负责的工作态度和职业精神。此时，引入北京奔驰赵郁大师的工作事迹教育学生，学院有赵郁大师工作室，学生也是奔驰班的学生，用学生身边大师的事迹可以很好地影响学生，培养学生耐心、细心、认真、负责的职业精神，实现思政点和教学点的充分结合。

任务三：温度传感器的检测。

学生首先借助 WIS 系统学习温度传感器的工作原理。然后，以小组为单位在温度试验台上进行试验，并记录温度传感器的温度值与传感器的电阻值，如图 7 所示。然后，借助温度传感器数据分析软件，把数据输入软件中，教师引导学生分析温度传感器电阻值和环境温度值的数据关系，如图 8 所示。由于数据软件能够拟合出两者的关系曲线，因此，在教师的引导下，学生可以方便地分析出温度传感器电阻值和环境温度值呈反比关系。

思政点：借助温度传感器数据分析软件，培养学生的启发性思维和创新意识。

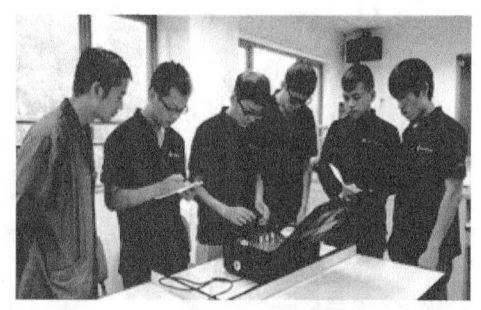

图 7　温度传感器试验

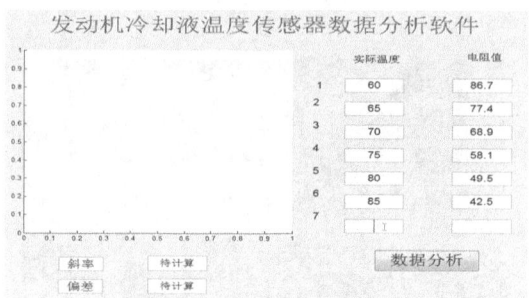

图 8　温度测试分析软件

四、教学评价

在学生执行任务的过程中，采集学生的知识、实操、非专业能力测试数据，建立学生职业能力数据平台，通过分析数据，可以看到学生的个性特点，进行个性化教学，如图 9 所示。

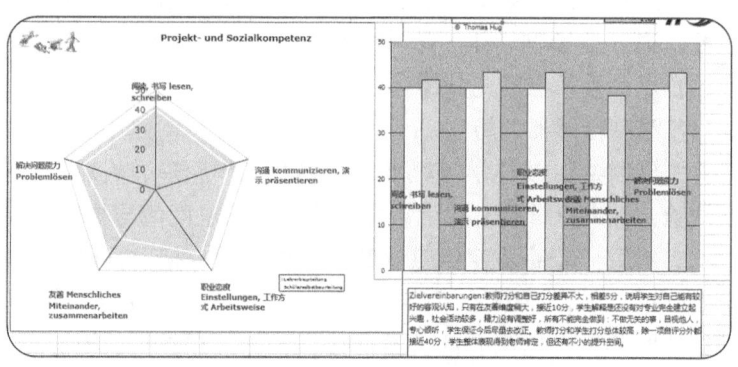

图 9　学生职业能力分析数据平台

【总结反思】

课后,根据课堂学习的知识,让学生以小组为单位总结检测冷却系统的方法,并画在海报上,学生派代表上台总结。教师对每组学生的学习成果进行点评,并再次向学生强调,检测冷却系统故障时,要以马克思主义认识论指导自己,要从实际故障出发,细心研究,从故障表象入手直到找到故障的真实原因。

思政点:培养学生团队合作、沟通表达的能力及用马克思主义认识论指导实践的思维能力。

体育：蹲踞式跳远助跑起跳

教师信息：董华丽　职称：副教授　学历：本科
研究方向：学校体育
授课专业：体育
课程类别：实践课程
课程性质：公共基础课

第一部分　设计思路

一、本次设计的课程思政目标

本次课的思政目标是在体育教学过程中，培养学生的爱国热情和爱国情怀；培养学生良好的组织纪律性和集体意识；增强学生的团队意识和自信心；培养学生遇到困难永不言弃，敢于克服困难的精神。

二、课程思政教学设计内容

1. 课前：课程思政引入

（1）通过对国庆相关问题的提问，加强学生对国家重要节日的记忆，增强学生的爱国热情和爱国情怀。

（2）队列队形练习，培养学生良好的组织纪律性、服从意识和集体意识。

2. 课中：课程思政贯穿授课过程

（1）通过慢跑、徒手操的练习，加强对学生组织纪律性、合作意识和集体意识的培养。

（2）通过游戏——翻山越岭的练习，培养学生遇到困难不服输的精神，让学生感受自己在团队中的重要作用，加强学生自信心和团队意识的培养。

（3）在蹲踞式跳远学习过程中，通过对中国女排故事和精神的讲述，激发学生的学习热情，在练习中敢于克服困难，发扬团队精神，团结协作，完成课堂学习任务。

3. 课后：课程思政总结反思

鼓励和表扬在学习过程中表现优秀的学生，让学生在平时的学习生活中，要相信自己，加强自律，学习女排精神，团结协作，不畏困难，勇于拼搏，在各方面取得更大进步。

第二部分　案例描述

蹲踞式跳远助跑起跳

【思政导入】

用提问的方式让学生知道2019年10月1日是中华人民共和国成立70周年纪念日，在国庆当天天安门广场要举行阅兵仪式。国庆阅兵仪仗方队要做到动作整齐划一，需要有良好的组织纪律性、服从意识和集体意识，还需要自身刻苦努力的训练。

一、开始部分

1. 常规部分

（1）体委集合整队并报告人数（见图1）。

图1

(2)师生问好。

(3)宣布本课内容。

(4)检查服装并安排见习生。

2. 队列练习

(1)原地三面转法。

(2)行进间齐步走与跑步。

学生：集合整队，报告人数，向老师问好！

教师：向学生问好，并向学生提问。

提问1：同学们知道2019年10月1日是中华人民共和国成立多少周年吗？在国庆当天天安门广场要举行什么仪式？

提问2：怎样才能把仪仗方队走齐？

学生：认真思考，回答问题。

教师：鼓励、表扬回答问题的学生，引导学生进行队列练习。

思政内容：了解国家大事，增强学生的爱国热情，激发学生的爱国情怀。通过队列的练习，培养学生的组织纪律性、服从意识和集体意识。

【思政贯穿】

在体育教学过程中，通过慢跑和徒手操的环节，强化学生的组织纪律性、合作意识和集体意识。通过翻山越岭游戏，让学生在活动中感受自己在团队中的重要性，遇到困难不退缩，敢于战胜困难，提高学生的自信心。在蹲踞式跳远学习中，通过对女排故事和精神的讲述，培养学生团结协作、永不放弃的精神和敢于战胜困难的信心。

二、准备部分

1. 慢跑：400米

队形：慢跑时全班成两路纵队

组织：如图2所示。

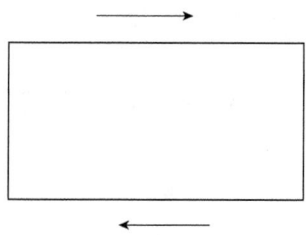

图2

学生：队列跑

教师：跟随学生一起跑，并在跑步过程中对学生提出要求。

要求：步伐一致，队伍整齐，队列中保持安静。

思政内容：强化学生的组织纪律性和集体意识。

2. 徒手操

第一节　上肢运动

第二节　体侧运动

第三节　体转运动

第四节　腹背运动

第五节　正侧压腿

第六节　膝部运动

第七节　踝腕运动

教师：带领学生做双人徒手操，并示范。

学生：在教师的带领下，两人一组做双人操。

要求：动作有力，双人配合，节奏感强。

思政内容：加强学生合作意识的培养。

3. 游戏：翻山越岭

方法：全班平均分成四组，每组学生跑步行进 5 米后，跨越直立的体操垫，继续前行至下一平铺体操垫，完成跨越，继续前行至下一标志线，采用单腿起跳，双脚落地的方式，跳跃到体操垫上。

组织：如图 3 所示。

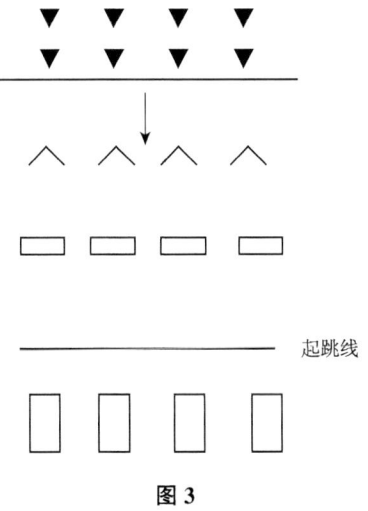

图 3

要求：游戏过程中，发扬团队精神、顽强的意志品质，为小组最后到达安全地带积极努力完成任务。在跳跃障碍物时，采用单腿起跳的方式完成跳跃。

思政内容：假设战时遇到紧急情况的情景，让学生体验战时紧急情况下自己在团队中的重要性，遇到困难敢于战胜困难，不向困难低头，培养学生战胜困难的自信心。

三、基本部分

学习蹲踞式跳远助跑起跳技术（见图4）

图4

学习内容：（1）一步起跳单跳双落。
　　　　　（2）三步助跑起跳。
　　　　　（3）五步助跑起跳。
教师：（1）示范完整蹲踞式跳远动作。
　　　（2）教师讲解助跑起跳动作。
　　　（3）讲解一步起跳单跳双落动作。
　　　（4）讲解三步起跳动作。
　　　（5）讲解五步助跑起跳动作。
学生：（1）认真观看教师示范，听教师讲解助跑起跳动作。
　　　（2）跟随教师做一步起跳动作。
　　　（3）跟随教师口令做三步起跳动作和五步起跳动作。
　　　（4）五步助跑起跳落入沙坑。

教师：中国女排曾在世界级比赛中取得过五连胜的骄人战绩。她们为什么能取得冠军呢？（女排精神：勇于拼搏、团结一心、敢打敢拼……）希望同学们在下面的练习中，能够学习女排精神，敢于拼搏，相互配合，完成任务。

方法：设置3个不同的起跳线，分别为2米、1.5米、1米，学生根据自己的情况选择起跳线，采用反向丈量步点法将步点跑准，并能落入沙坑。

组织：如图5所示。

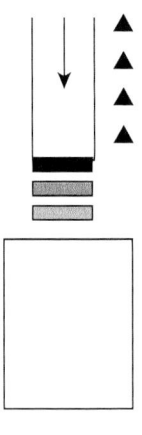

图 5

要求：(1) 以小组为单位进行练习，每人能够准确踏板。
(2) 练习过程中，小组成员之间相互看步点，调整助跑距离。
教师：(1) 讲解反向丈量步点方法和练习方法。
(2) 将学生进行分组，指导学生练习。
(3) 请学生讲解练习过程中出现的问题。
学生：分小组练习，采用反向丈量步点方法丈量，把步点量准。

思政内容：在实践中，让学生体验女排精神，体会团队的力量和团结协作的重要性，遇到困难永不言弃，要敢于战胜困难，增强学生学习的自信心。通过小组成员之间相互看步点，增进学生之间的信任，强化学生之间的配合，激发学生的学习兴趣。

四、结束部分

(1) 集合整队。
(2) 放松练习。
(3) 小结本课。
教师：集合整队，小结本课。
学生：谈本节课的感受。
通过课上的练习，学生的收获是什么，自己在哪些方面还可以做得更好。

【总结反思】

鼓励和表扬在学习过程中表现优秀的学生，让学生们在平时的学习生活中要相信自己，加强自律，不畏困难，勇于拼搏，团结协作，在各方面取得更大进步。

会计文化：
丝绸之路上汉代简牍的会计印迹

教师信息：董丽丽　　**职称**：讲师　**学历**：研究生
研究方向：会计
授课专业：会计文化
课程类别：理实一体化课程
课程性质：专业模块化课

第一部分　设计思路

一、本次设计的课程思政目标

本次课的思政目标是让学生能够了解古代的丝绸之路和当代的"一带一路"，让学生更深入地了解中国梦的内涵是实现中华民族的伟大复兴，启发学生将个人梦与中国梦结合起来，锤炼身心，志存高远。

二、课程思政教学设计内容

1. 课前：课程思政引入

历史赋予使命，时代要求担当。作为大学生，在课程的学习中要融会贯通，以今知古，以古通今。作为新青年，应志存高远，锤炼身心，努力成长为新时代德智体美劳全面发展的社会主义建设者和接班人。

2. 课中：课程思政贯穿授课过程

在教师讲解专业课程内容及要求的过程中，让学生深刻认识到中华民族自古以来不断开拓进取的精神，以及一直以来开放融合的态度，增强民族自豪感和个人使命感。

3. 课后：课程思政总结反思

梦想从学习开始、事业靠本领成就。要求学生课后反思回顾，根据课堂所学所思，思考作为当代大学生如何才能将个人梦与中国梦结合起来，以实现中华民族的伟大复兴。

第二部分　案例描述

丝绸之路上汉代简牍的会计印迹

【思政导入】

古丝绸之路，简称丝路，是指西汉时，由张骞出使西域开辟的以长安（今西安）为起点，经甘肃、新疆，到中亚、西亚，并联结地中海各国的陆上通道。丝绸之路既是横贯欧亚大陆的贸易交通线，促进了各国间商品和物种的流动，也是东西方文化交流的纽带，影响了科技与文化的发展进程。

"丝绸之路经济带"和"21世纪海上丝绸之路"，简称"一带一路"，是2013年9月和2013年10月由中国国家主席习近平分别提出的合作倡议。依靠中国与有关国家既有的双多边机制，借助既有的、行之有效的区域合作平台，"一带一路"旨在借用古代丝绸之路的历史符号，高举和平发展的旗帜，积极发展与沿线国家的经济合作伙伴关系，共同打造政治互信、经济融合、文化包容的利益共同体、命运共同体和责任共同体。

一、万里丝绸之路

1. 课程引入

播放《丝绸之路经济带》（优酷视频）。

2. 课堂讨论

议题：

（1）丝绸之路产生的原因是什么？后期为什么会不断发展延伸？

（2）丝绸之路带来了哪些影响？有什么意义？

形式：

根据课前学生自主学习情况和视频引入内容，学生自由讨论，回答问题，通过讨论相互启发，加深理解。教师点评，概括总结古丝绸之路的起源与发展，讲解古丝绸之路对经济、文化、物种等方面的促进作用。

【思政贯穿】

通过学习，学生了解古丝绸之路的起源与发展，思考古丝绸之路的意义与影响，认识到中华文明源远流长，中华文化灿烂辉煌，中国人民智慧勇敢。一方面增强学生的文化自信和民族自豪感，另一方面也让学生更深入地了解中华民族伟大复兴中"复兴"一词的含义。

通过让学生自主学习"一带一路"提出的背景、目标、发展现状，思考"一带一路"的意义，学生进一步明确中华民族伟大复兴总任务，了解中国在国际舞台上所起的作用，理解人类命运共同体的含义。

二、会计的主要载体——简牍

1. 丝绸账簿——简牍

（1）什么是简牍？

（2）简牍的起源与发展。

2. 简牍中的会计

（1）简牍记载的主要内容。

（2）简牍记载反映的当时会计发展状况。

①西汉时单式会计记录法已成定式。

②统计已经出现。

③汉政府在财政收支中采取钱粮分管政策。

④汉朝采用"上计制"考核地方军政长官的绩效及财务状况。

三、拓展与总结

1. 汇报与学习——新丝绸之路："一带一路"

全班分成 4 个小组，每个小组按照课前分配的具体学习任务，准备课件和视频等资源，按照顺序在本次课上派代表为大家讲解对应任务内容。

2. 思考与分享

通过本次课你有哪些收获或体会？

【总结反思】

根据课堂所学所思，引导激励学生作为当代大学生和新青年，应志存高远、敢于担当，努力做新时代具有远大理想和责任意识的建设者；应勤奋学习、锤炼身心，努力做新时代具有过硬本领和高尚品格的接班人；应将个人梦想与时代梦想相结合，从长远着眼，从小处入手，遵守校规校纪，提高知识技能，为实现中华民族的伟大复兴而努力学习、努力奋斗！

语文：登高

教师信息：杜鹃　**职称**：副教授　**学历**：本科
研究方向：语文教学
授课专业：贯通实验项目
课程类别：理论课
课程性质：公共基础课

第一部分　设计思路

一、本次设计的课程思政目标

（1）引导学生通过分析诗歌的思想内涵，理解杜甫忧国忧民的家国情怀，启发学生联系新时代，激发学生弘扬爱国主义精神，主动将自我融入祖国发展的情感。

（2）引导学生通过鉴赏诗歌的语言艺术，学会感知美、欣赏美，领悟古诗中蕴含的丰富的中国传统文化，激发对祖国语言文字的热爱之情，进而传承中国优秀传统文化。

二、课程思政教学设计内容

本案例是"金扣子"课程思政案例，将课程思政融入点与教学过程进行了一体化设计，穿插在教学环节中，贯穿整个教学过程，使课程思政教学时长有机融入整体教学时长。

1. 课前：课程思政引入

【课程思政融入点一】位于导入环节。通过一副关于杜甫的对联导入新课，目的在于让学生在浓浓的中国文化氛围中感受杜甫忧国忧民的伟大情怀，点拨学生树立将个人与社会、与国家紧密联系在一起的意识，这正是爱国主义精神的传承和发扬。

2. 课中：课程思政贯穿授课过程

【课程思政融入点二】 位于课中知人论世环节。目的在于通过总结杜甫的生平进一步理解他忧国忧民的伟大情怀，而这正是爱国主义精神的一种体现，让学生深刻理解爱国精神早已融入了中华民族的血脉之中，所以杜甫才会被后世尊为"诗圣"。

【课程思政融入点三】 位于课中合作感悟环节。在对全诗进行了鉴赏感悟，学生明确杜甫所表达的"悲"的内涵后，引导学生得出他所有"悲"的根源正是国家的苦难命运，更是因为他心系国难民殇，进而能够受到杜甫这种忧国忧民情怀的感染，能够自觉地将个人与伟大的新时代联系起来，弘扬爱国精神，树立建设祖国、造福人民的思想信念。

3. 课后：课程思政总结反思

【课程思政融入点四】 位于结课品评艺术环节。目的在于完成全诗鉴赏、总结艺术特色后，通过诵读感受中国古典诗歌的语言魅力，进而能够激发学生感知美、欣赏美的心理倾向，能够感受汉语的魅力，热爱祖国的语言文字，自觉传承和发扬中华优秀传统文化。

第二部分　案例描述

登高

请学生先看一副对联，说说指的是哪位历史人物？

上联：世上疮痍，诗中哲圣　　下联：民间疾苦，笔底波澜

引出唐代诗人杜甫，进而进入诗歌学习。

【课程思政融入点一】 这是悬挂在杜甫草堂的一副对联，为中国现代文学家、历史学家郭沫若所题，这 16 个字歌颂的正是杜诗感怀天下、忧国忧民的境界。读杜甫的诗歌，透过优美庄重的文字同他对话，既能穿越千年了解当时的社会情况，又能激发起我们对当代社会的思考，以便更好地明确自己的位置与责任。

一、走近诗人　知人论世

1. 杜甫简介

杜甫（712—770），字子美，自号少陵野老，世称"杜工部""杜少陵"

等，河南府巩县（今河南省巩义市）人，唐代伟大的现实主义诗人，杜甫被世人尊为"诗圣"，其诗被称为"诗史"。杜甫与李白合称为"李杜"。杜甫忧国忧民，人格高尚，约1400余首诗被保留了下来，诗艺精湛，在中国古典诗歌中备受推崇，影响深远。代表作品有：

"三吏"：《新安吏》《潼关吏》《石壕吏》。

"三别"：《新婚别》《垂老别》《无家别》。

2. 杜甫的生平

（1）年轻时，曾有"会当凌绝顶，一览众山小"的豪情壮志。

（2）曾有"朝叩富儿门，暮随肥马尘"的10年忍辱和辛酸。

（3）曾有"举家吃草度日，幼儿因饿而夭折"的大悲痛。

（4）曾经历过"安史之乱"，并因之流亡了4年。

（5）曾被叛军扣留9个月，曾因直谏而被贬。

（6）晚年，曾漂泊他乡11年，生活只能靠朋友救济。

（引入背景介绍：此诗作于大历二年的夔州，"安史之乱"之后，地方军阀相互争夺地盘，造成社会动乱，民不聊生。在这种形势下，诗人"漂泊西南天地间"。他的郁闷是由多种因素造成的，这里有时代的苦难，也有家道的艰辛，个人多病和壮志未酬，再加上好友李白、高适、严武的相继辞世，为了排遣心头的郁闷，这年九月重阳节他抱病登台，我们看看诗人眼前的秋景会引起怎样的情感。①）

（7）59岁时，客死舟中。

【课程思政融入点二】杜甫出身官宦世家，深受儒家"修身齐家治国平天下"思想的影响，他的一生随着国家的命运起起伏伏，是唐王朝由兴而衰的见证者，"穷年忧黎元"是他的中心思想，"济时肯杀身"是他的一贯精神，他将自我与国家、人民紧密地联系起来，用自己的诗歌创作记录了那个多灾多难的时代，穿越千年，我们仍然可以感受到他永不衰退的政治热情、坚韧不拔的顽强性格和胸怀开阔的乐观精神，正因为如此，他才会被后人尊为"诗圣"。

二、诵读激趣

问答法（复习诗歌知识）：诗歌至唐代始有近体诗（今体诗）与古体诗之分。近体诗对格律有严格要求，主要分为：律诗（五言、七言）和绝句

---

① 出自百度文库 https：//wenku.baidu.com/view/cf46ca1eb9f67c1cfad6195f312b3169a551eaf5，2019-11-5日。

（五言、七言）。律诗在字句、押韵、平仄、对仗各方面都有严格规定。其常见的类型有五言律诗和七言律诗。以八句完篇的律诗，每二句成一联，计四联，分别为首联、颔联、颈联、尾联。本诗为一首七言律诗，请学生标出四联。

诵读法：七言诗读法。注意节拍与停顿，通过诵读，体味诗人的感情。

（1）老师范读。

（2）学生自由读、范读（师、生评价）。

（3）学生齐读。

（4）设问激趣：大家在诵读中体会到了作者的什么情感？他是怎么表达这种情感的？

三、鉴赏诗歌

1. 学生鉴赏

（1）个人鉴赏：在整体感知的基础上，每个人挑一联鉴赏。

设问：结合背景介绍，你认为通过哪一联最能理解当时杜甫的内心世界，作者是如何表达情感的？

（2）全班分享。通过这一环节，初步引导学生感受诗歌情感集中在"悲"字之中。

2. 师生合作鉴赏

分析的顺序依据律诗四联的顺序，教师通过设问引领学生的发言和讨论，并总结。

首联：风急天高猿啸哀，渚清沙白鸟飞回

设问1：写了哪些景物？景物的特点，设身处地想想，给你什么感觉？

1. 景物

风、天、猿啸、渚、沙、鸟飞（两句六景——语言凝练）

2. 特点

（1）风急：身在夔州，高台秋风猎猎。

（2）天高：在广阔的天地间，更使人感到渺小和孤独。

（3）猿啸哀：为景物蒙上了一层悲怆、凄凉的色彩。

（4）渚清。

（5）沙白：颜色上给人一种清冷的感觉。

（6）鸟飞回：是什么样的鸟？（找不到食物、找不到家、飞不出急风的、失群的——总之是孤独、痛苦、不开心的鸟，恰似作者漂泊他乡的写照）

设问2：概括首联的景与情。

诗人站在高天之下，急风之中，面对清渚、白沙，耳听猿啸声，内心万分孤独，仿佛就是一只孤鸟，凄楚、忧伤、悲哀、绝望。读出哀婉、孤独的感情。

颔联：无边落木萧萧下，不尽长江滚滚来

设问1：与前六种景相比，境界是渐大还是渐小？从哪里看出？由无边落木和不尽长江，我们会想到什么？

（1）渐大。

（2）无边和不尽。

（3）境界越阔大，人就越渺小；长江越无穷，人生就越短暂。

设问2：概括颔联的景与情

"无边""不尽"，使"萧萧""滚滚"更加形象化，空间在横向纵向无限扩大，不仅使世人联想到无边落木之声，不尽长江汹涌之状，也传达出韶光易逝、壮志难酬的感慨，气势磅礴，沉郁悲凉。读出：沉郁、高昂的感情。

颈联：万里悲秋常作客，百年多病独登台

设问1：诗人悲什么？（方法指导：从诗歌中找一找，用笔画一画）

"万里"：（空间上）离家万里，有家难归（交通不发达，诗人的潦倒处境）。

"悲秋"：季节上给人悲凉的感觉。

"常"：（时间上）说明诗人多年漂泊他乡。

"作客"：寄居别处，漂泊他乡。

"百年"：即暮年，此时诗人已经55岁。

"多病"：在多年的漂泊生活中，诗人身患肺病等多种疾病。

"独"：独自一人，朋友高适、救济他的朋友严武等都已经离开人世。

"登台"：即登高，高处不胜寒，高处不胜悲①。

补充：宋人罗大经评颈联十四字之间含八意："万里，地之远也；秋，时之惨凄也；作客，羁旅也；常作客，久旅也；百年，暮齿也；多病，衰疾也；台，高迥处也；独登台，无亲朋也。十四字之间含八意，而对偶又极精确。"

设问2：概括本联的感情。

"悲秋"已让人黯然神伤，"万里悲秋"更是让人凄怆不已。一个"常"字更是道出"万里悲秋"时常与我相伴，悲哀之感强烈浓重，令人心神寂寥，

---

① 出自百度文库 https://wenku.baidu.com/view/cf46ca1eb9f67c1cfad6195f312b3169a551eaf5，2019-11-5日。

无可排遣。"万里悲秋"与我相伴，年老多病，拖着残躯"独登台"，独在异乡的孤独惆怅感与深秋景色之荒凉凄冷水乳交融，达到出神入化的境界，寄托诗人悲秋伤己的伤感情怀，心中苦闷跃然纸上，可谓"字字含悲"。读出：愁苦、沉痛之感。

尾联：艰难苦恨繁霜鬓，潦倒新停浊酒杯

设问1："苦恨"是非常恨，诗人恨什么？诗人仅为自己的身世而悲吗？

因为"艰难"使作者非常恨，也是作者"悲秋"的根源。"艰难"：常年作客他乡的羁旅之苦，晚年多病缠身的孤独之感，日渐白发增多而壮志未酬之虑，以及战争带来的国难家愁（此时"安史之乱"已经过去4年，可国家仍动荡不安，这对于杜甫来说是极其悲痛的！）。

"繁霜鬓"：恨自己人到暮年，不能为国家效力；恨自己壮志难酬！

设问2："潦倒"指的是什么？作者怎样才能排遣自己的"悲秋"之苦？

"潦倒"：可以指人生潦倒，可是人生潦倒又何尝不是国事艰难所赐呢！

"新停"：可能因病不能喝，可能因穷困潦倒、无朋友的救济；那么这种愁苦、悲愁排泄不了，只能郁积心头！消愁无途①！

设问3：概括本联的感情。

尾联连用四个字"艰""难""苦""恨"组合在一起，极尽笔墨，突出诗人内心的痛苦和郁闷程度之深，愁肠百结，愁绪万千，以至于白了头发，伤了身体，失了流年，壮志未酬身先老，悲秋之情、愁苦之绪绵延不绝，令人哀悸。读出忧愤、无奈之感。

【课程思政融入点三】结合杜甫的生平经历和本诗的写作背景，我们可以感受到杜甫人生愁苦的根源正是时事艰难。"安史之乱"带给国家的创伤、人民的苦难深深地印在他的心中、诗中，此时已经"多病""繁霜鬓"的他仍然不忘忧国忧民，为国尽忠，只恨自己暮年壮志难酬，更加重了他的悲痛。这首诗体现了杜甫积极入世、忧国忧民的情怀，以及把个人命运与国家命运紧紧结合的思想。由古及今，祖国70年风雨兼程，如今的我们，身处于伟大的新时代，更应该将个人与社会、与祖国紧密联系起来，弘扬爱国主义精神，树立服务国家、造福人民的思想信念，不辜负这个伟大的时代，这个伟大的时代也将成就你！相信古代的杜甫一定会羡慕新时代的你，你、我、他将一起建设他和无数先辈们想要的可爱的中国。

---

① 出自百度文库 https://wenku.baidu.com/view/cf46ca1eb9f67c1cfad6195f312b3169a551eaf5，2019-11-5日。

四、总结归纳　品评艺术

设问：大声朗读诗歌，体会诗歌语言美在哪些方面？发挥想象和联想，感受诗中之景，诗中之情，在语言之美中升华自己的情感体验（学生诵读诗歌）。

1. 对仗工整

明确：此诗八句皆对。首联不仅上下相对，而且句中自对，如上句"天"对"风"，"高"对"急"；下句"沙"对"渚"，"白"对"清"，读来富有节奏感。颔联、颈联不仅上下两句相对，而且"无边""不尽"和"万里""百年"还有相互呼应的作用。仔细玩味，"一篇之中，句句皆律，一句之中，字字皆律"。本诗被誉为"古今七言律诗之冠"。

2. 情景交融

明确：诗前半写景，后半抒情，在写法上各有错综之妙。首联着重刻画眼前具体景物。次联着重渲染整个秋天气氛，让读者用想象补充。三联表现感情，从纵（时间）、横（空间）两方面着笔，由异乡漂泊写到多病残生。四联又从白发日多，护病断饮，归结到时世艰难是潦倒不堪的根源。这样，杜甫忧国伤时的情操便跃然纸上。

【课程思政融入点四】让我们随着富有音乐性的诗歌语言感受中国古诗语言凝练、意蕴丰富的艺术魅力，加深对杜甫诗歌艺术的认识，进一步掌握诗歌鉴赏方法，能够欣赏更多的诗篇，进而传承和发扬中国优秀传统文化。

学生再次诵读诗歌，感受诗歌语言之美、情境之美、情怀之美！

【总结反思】

通过本课的学习，学生不仅要有意识地从诗人生平、诗歌创作背景、艺术特色的角度理解诗歌思想的内涵，还要通过诵读走进诗人的情感世界，进而理解诗人忧国忧民的家国情怀。通过对诗歌的学习鉴赏，学生在感受语言美、情感美的同时，能够主动进行古今对照，联系新时代，激发自己在新时代以国家发展为己任的责任感。

基础语文：
历史长河险象丛生中，孰是英雄？
——《鸿门宴》节选

教师信息： 高倩茹　　**职称：** 助教　　**学历：** 研究生
研究方向： 应用语言学
授课专业： 贯通培养
课程类别： 理论课
课程性质： 公共基础课

第一部分　设计思路

一、本次设计的课程思政目标

课程思政目标：以习近平总书记向国家勋章和国家荣誉称号获得者颁授勋章奖章时发表的重要讲话"崇尚英雄才会产生英雄，争做英雄才能英雄辈出"为切入点，同学生探讨英雄的概念，培养学生的中华民族精神和社会主义核心价值观，弘扬忠诚、执着、朴实的品格。

二、课程思政教学设计内容

本次课程思政主题以国家勋章和国家荣誉称号颁奖大事作为切入点，重新定义新时代英雄的概念，培养学生民族奋进的精神和执着朴实的品格。

1. 课前：课程思政引入

以美国塑造的虚拟漫威英雄引起学生对"英雄"的关注，从而引入中华民族真实的战争英雄及建功立业的事迹，探讨"英雄"的品质。

2. 课中：课程思政贯穿授课过程

在教师讲解《鸿门宴》课程内容及要求的过程中，让学生清楚意识到不同的时代塑造不同的"英雄"，其所显现的品质与责任亦不同，注重培养学生对"英雄"的客观评价及启发学习"英雄"品格的重要性。

3. 课后：课程思政总结反思

要求学生课后反思回顾，根据课堂所学，思考自己如何能站位于大国工匠的角色，承担新时代"英雄"的责任，提高自己的政治思想觉悟和社会责任担当意识。

第二部分　案例描述

历史长河险象丛生中，孰是英雄？——《鸿门宴》节选

【思政导入】

《鸿门宴》节选主要通过课文情节的把握和人物性格特点的分析分别对历史人物刘邦与项羽的成败原因进行客观评价，为学生的终生学习和个性发展奠定基础，丰富他们的国学底蕴，形成正确的人生观、价值观和家国情怀。

本课节选《鸿门宴》高潮第三段内容，"项庄舞剑意在沛公"，宴会上三起三落，险象环生，对学生理解"鸿门宴"的历史史实材料有借鉴学习的价值，激发学生丰富的想象力，培育学生健全的人格。课文侧面反映了时代塑造英雄的重要性，伟大出自平凡，平凡造就伟大。只要有坚定的理想信念、不懈的奋斗精神，脚踏实地地把每件平凡的事做好，一切平凡的人都可以获得不平凡的人生，一切平凡的工作都可以创造不平凡的成就。

图1

一、回顾前文,铺垫陈述

(1)教师利用云班课信息化手段对所学内容进行线下检测。

(2)教师创设问题情境,引导学生回顾鸿门宴前情提要,以图片配文形式简要概述鸿门宴的故事情节,引导学生掌握相关的背景知识,为下文故事情节的推动和人物特征的分析做铺垫。

二、讲解新课,情境导入

1. 情景导入

教师利用影视剧视频对下文展示讲解,以活动教学法让学生感受身临其境的险象环生,引发学生探究人物的形象特点与个性特征,解决教学重点问题。

2. 学生总结文言文基础知识。

(1)通假字。

令将军与臣有郤(郤通"隙")

因击沛公于坐(坐通"座")

(2)古今异义词。

将军战河北,臣战河南

古:黄河以北、黄河以南

今:河北省、河南省

(3)重点文言实词释义。

①因击沛公于坐:击,动词,杀。坐通"座",名词,座位。

②项王、项伯东向坐:动词,坐下。

③举所佩玉玦以示之者三:动词,举起。

(4)词类活用。

①名词作动词:范增数目项王。目:原义为眼睛,此处义为使眼色。

②名词作状语:项伯亦拔剑起舞,常以身翼蔽沛公。翼:像鸟儿张开翅膀那样。

(5)特殊句式。

①判断句:亚父者,范增也。

②倒装句:籍何以至此(宾语前置)。

③被动句:若属皆且为所虏("为所"表示被)。

学生根据影视剧视频和文本内容,模仿重点人物的动作和表情,体会人物的心理活动，项羽阵营个个虎视眈眈，刘邦身处杀机四伏、危机重重的楚营，面露紧张感。

三、提炼关键词，分析形势

利用问题探究法和讨论法实现学生主体课堂思想理念。教师在学生活动的基础上提出问题，学生分组讨论，主动探究。

（1）第三段一共写了哪几件事？

刘邦谢罪；项王留饮；范增举玦；项庄舞剑；项伯翼蔽。

（2）宴会上，席间座次是怎样的，你从中可以看出什么？

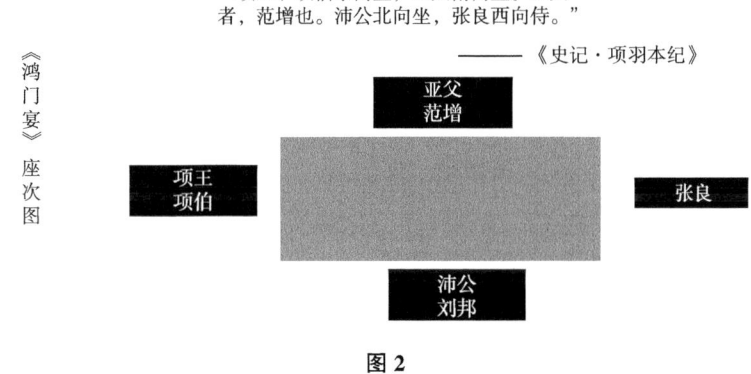

图2

（3）席上有三次峰点和落点，本段出现两次峰点，是哪两次？

一次是"范增数目项王，举所佩玉玦以示之者三"，暗示项羽动手杀刘邦，气氛趋于紧张。另一次是范增见项羽"默然不应"，乃叫项庄以舞剑为由，乘机刺杀刘邦，形势极为严峻。

学生通过前文的情境体验进行自我归纳总结。

（4）人物性格特征分别是什么？

项羽——沽名钓誉、轻敌自大、寡谋轻信、不善用人、刚愎自用、优柔寡断的一介武夫。

刘邦——善于用人、善于应变、能言善辩。

范增——老谋深算、有政治远见，知道夺项王天下者必为沛公。但项羽未听取其意见，致使他的谋略失败。

项伯——项羽季父，把项羽要击沛公军的消息夜告张良。项羽知道后不但不追究，反而还"许诺"。

项庄——项羽手下武士,按范增意欲刺杀沛公,由于项伯阻挠未得逞。
(5) 找出文中的典故,并说明在情节展开上有什么作用。
"鸿门宴"。
"项庄舞剑意在沛公"。

四、联系古今,客观评价

(1) 教师提问:鸿门宴在现代生活中存有哪些历史案例?利用影视化资料和历史资料联系现代生活,剖析鸿门宴在楚汉战争中的主导性作用,解决教学难点问题,将文学文化知识踏实落地,对学生的人格塑造起指导作用,对历史的评价应客观公正。
①毛主席重庆谈判。
②1949年北平谈判。
③中美贸易谈判。

(2) 教师利用史实材料进行引导,启发学生思考英雄面对困境时所具有的品质:迎难而上,不卑不亢,善于应变。

(3) 学生根据所学内容举一反三,总结推论得出客观评价,尽管刘邦属于战乱时代的枭雄,但是不可磨灭其赴鸿门宴的勇气与能屈能伸的精神。

五、板书设计,课程结束

鸿门宴

司马迁《史记》
宴会前:刘邦被动局势突出
宴会中:{刘邦谢罪 / 范增举玦 / 项庄舞剑}
文言文知识积累:词类活用、古今异义、通假字、特殊句式
现实意义:战争时代VS和平时代

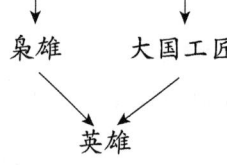

【总结反思】
(1) 学生写下他们所熟知的可以称为"英雄"的名单和偶像的名单进行

对比，探讨区别。教师利用所列名单发起网上投票，以学生视角针对"英雄"和他们感兴趣的关注点进行对比，投票加深对"英雄"的理解，对"时代英雄"的理解。

（2）引出时代英雄概念，以中华人民共和国国家勋章和国家荣誉称号颁授为切入点，强调习近平总书记的发言讲话"崇尚英雄才会产生英雄，争做英雄才能英雄辈出"。"只要有坚定的理想信念、不懈的奋斗精神，脚踏实地把每件平凡的事做好，一切平凡的人都可以获得不平凡的人生，一切平凡的工作都可以创造不平凡的成就。"

（3）培养学生发扬迎难而上的奋斗精神，提高自身作为大国工匠的角色站位，为社会创造财富的同时实现个人的人生价值。

（4）从学生的视角出发，从学生的问题出发；启发学生"辩证思维"能力，思考"刘邦胜了是英雄，如若他败了还是吗？"

跨境电子商务理论与实务：跨境产品 listing 诊断

教师信息：耿慧慧　**职称**：讲师　**学历**：研究生
研究方向：电子商务
授课专业：电子商务
课程类别：理实一体化课程
课程性质：专业模块化课

第一部分　设计思路

一、本次设计的课程思政目标

本次课将"求真、向善、尚美"思政元素沉浸式融入教学全过程，培养学生发现问题、分析问题及内化真善美的能力。

二、课程思政教学设计内容

1. 课前：课程思政引入

真善美相统一的人格精神是当代大学生的立身之本。引用习近平总书记寄语青年的话："广大青年人人都是一块玉，要时常用真善美来雕琢自己，努力使自己成为高尚的人。"将真善美的种子埋进学生的心灵，要求学生通过发现问题、分析问题，在实践过程中感知真善美，领悟真善美。

2. 课中：课程思政贯穿授课过程

教师讲解课程要求，让学生在完成工作任务的过程中深刻理解"求真、向善、尚美"的具体体现，注重培育学生认识真善美、追求真善美、弘扬真善美、践行真善美的意识。

3. 课后：课程思政总结反思

要求学生反思回顾，根据课堂所学、所做、所思，思考自己如何在日常学习、生活乃至以后的工作中认识真善美、追求真善美、弘扬真善美、增强真善美的创新能力。

第二部分 案例描述

跨境产品 listing 诊断

【思政导入】

"真善美"作为中国文化传承,受到社会各阶层人士的关注。在中外文化史上,哲学或科学求真、伦理或宗教求善、艺术求美也是思想家们关注的永恒话题。

中国出版的《汉语大词典》对"真善美"的解释为(真善美)"谓真实美好。毛泽东《在中国共产党全国宣传工作会议上的讲话》:'人们历来不是讲真善美吗?真善美的反面是假恶丑。没有假恶丑就没有真善美。'续范亭《真善美的解释》:'真是真实,美是美感,善是理性之美。'"中国台湾出版的《中文大辞典》将"真美善"解释为:"真美善(Truth, Goodness and Beauty),哲学上的一种主张,以为真、美、善三者有密切之相互关系。实现真、美、善为人生之至高目的。"毛泽东认为,真善美是与假恶丑相对立的矛盾范畴。他在《关于正确处理人民内部矛盾的问题》一文中说:"真的、善的、美的东西总是在同假的、恶的、丑的东西相比较而存在,相斗争而发展的。"[①]

一、课前自主探索

为了培养学生自主学习的能力,引导学生学会学习,教师在课前发布学习任务,学生根据各自特点选取与 listing 诊断相关的资源,采用观看视频或动画的方式,开展个性化自主学习并完成测试。教师根据自主开发的教学平台数据,了解和分析学习结果与实际要求的差距,提供有针对性的指导。

【思政贯穿】

中国文化讲真善美,注重其整合与统一。1927 年蔡元培发表的《真善

---

① 单纯."真善美"探源[J].浙江社会科学,1999 (6):120-127.

美》（一稿、二稿）认为："无论何人，总不能不有是非、善恶、美丑之批评，这因心理上有知、意、情三作用，以真善美为目的。三者之中，以善为主，真与美为辅，因而人是由意志成立的。三者有不能分的时期。因善离了真，不免以恶为善；离了美，不免见善而不能行。例如行路，要达目的地是善，然夜间不能不用灯，是真；行路易疲，不能不随口唱歌，或赏玩风景，是美。"

二、布置任务

澜创科技有限公司是 B2C 出口跨境电商公司，面向英国、法国、德国等欧洲五国市场销售生活家居、运动器材、汽修工具等产品，平均月销售额达 100 万欧元。其中，亚马逊英国站一款 BPilife 手绘滑板销售量下降，企业希望解决这个问题。

三、分析问题

为了分析出手绘滑板销售量下降的原因，教师引导学生从消费者行为理论下 AISAS 模型出发，梳理消费者一般购物行为。再结合亚马逊 A9 有效流量及销售额黄金公式，分析流量和转化率的影响因素。学生利用大数据工具 jungle scout 分析价格、排名等数据，通过小组讨论，绘制运营诊断思维导图。教师总结提炼出 listing 诊断的关键，也就是对标题、主图、五点描述内容的诊断。

流量是对销售额影响最直接的指标。依据 AISAS 模型，消费者在购物时使用关键词搜索，由于标题中包含了最重要的关键词，因此标题在引流方面具有至关重要的作用。标题的诊断需要从标题结构、数量和关键词质量三个维度开展。

为了确认标题存在的问题及问题的维度，借助亚马逊仿真平台对标题进行评测。完成标题结构及数量的诊断之后，为了帮助学生巩固知识，教师引导学生举一反三，再完成对一组不同产品的标题进行诊断，并根据诊断的结果及时进行教学策略调整；成绩不达标的学生课下继续巩固练习。通过观看企业教师的讲解视频，学生了解如何诊断标题中的关键词质量，各组讨论并分析出影响手绘滑板的标题关键词质量可能的因素。在此过程中，教师强调遵守平台规则，实事求是，不要夸大宣传。

依据 AISAS 模型和 A9 算法原理，主图是影响流量的又一原因，它的质量好坏决定了消费者是否愿意点击。对其诊断分为主图规格及主图质量两个层面,借助亚马逊仿真平台快速批量对图片的尺寸、大小、分辨率等方面进行诊断。而对于主图质量,也就是能否吸引用户,采用对比教学法,引导学生查看研究大卖主图亮点,并总结汇报。

五点描述及详情是对产品卖点的详细介绍,影响着产品的转化率。因此,在对其进行诊断时,先研究学习大卖点产品五点描述,学生依据"产品概念五层次"进行五个维度的分析与诊断,教师借助通信工具,随机抽取一个小组的成果进行点评,对其他小组成果的评价以录像形式上传到课程平台。各组对五点进行描述,共同完成五点描述诊断。随着人工智能时代的到来,尽管很多东西被机器替代,但机器没有感情,而我们作为跨境电商人员,有传播中华文化的使命和担当。因此,在教学过程中,教师引导学生,在呈现我国优质产品的同时,要融入我们的情感元素,用中国故事来感人,做传统文化的传承者和传播使者。

【总结反思】

根据课堂所学、所做、所思,思考自己如何在学习、生活中深入体会真善美的相互关系,思考自己如何能在日常学习、生活乃至以后的工作中认识真善美、弘扬真善美、增强真善美的创新能力,做一个道德高尚、追求真善美的人。

互换性与公差配合实践：
零部件配合尺寸精度设计

教师信息：龚雯　**职称**：教授　**学历**：本科/博士
研究方向：机械制造技术
授课专业：机械制造与自动化
课程类别：理实一体课程
课程性质：专业群技术基础课

第一部分　设计思路

一、本次设计的课程思政目标

课程思政的目标是启蒙学生的辩证思维方法，认识科学精神对工程技术发展和实践的重要意义，熟悉职业文化对职业技术工作的作用，提升学生运用马克思主义辩证唯物思想认识事物的能力，为学生创新实践能力培养做准备。

二、课程思政教学设计内容

1. 课前：课程思政引入

阐述合格的工程技术人才的条件：具备马克思主义辩证思维能力、科学精神和相应的职业文化。要求学生在课程学习过程中，有意识地应用辩证思维方式分析问题，加强对工程技术中科学精神内涵的理解，提升对职业文化在工程技术应用层面的认识水平，促进思想政治素质的提高。

2. 课中：课程思政贯穿授课过程

应用"融入式"课程思政，即课程思政教育寓于专业教学内容之中，由相关教学内容引出课程思政教育项目。

在讲授不同配合类型的工程应用内容时，通过学习任务——学生搜索不同配合类型的工程实例，建立实例与配合类型的联系，训练学生辩证思维方法。提示学生重点关注：①事物间的联系；②用发展的眼光看问题。

讲授零部件配合尺寸设计的工程应用时，引出"山寨""仿制""反求工程"三个概念的技术内涵，进行科学精神教育。

从设计说明书编写对专业术语、内容逻辑、文件格式等方面的要求，引出职业文化和工匠精神教育。

3. 课后：课程思政总结反思

通过提问，引出美国火星气候探测者号解体的案例，使学生进一步理解科学精神、职业文化对工程技术的重要意义。要求学生课后认真思考，"山寨"或"仿制"行为如何才能转化为"再创造"？通过解决实际问题，提高学生对科学精神的认识和辩证思维方法的应用能力。

第二部分　案例描述

零部件配合尺寸精度设计

【思政导入】

辩证思维是一种世界观。世间万物之间是互相联系、互相影响的，而辩证思维正是以世间万物之间的客观联系为基础进行的对世界进一步的认识和感知。辩证思维模式要求观察问题和分析问题时，以动态发展的眼光来看问题。辩证思维的基本方法有：归纳演绎、分析综合、抽象具体、逻辑历史。

本次课需要完成的学习任务，主要使用归纳演绎法。归纳是从个别上升到一般的方法，即从个别事实中概括出一般的原理。演绎是从一般到个别的方法，即从一般原理推论出个别结论。归纳和演绎的客观基础是事物本身固有的个性和共性、特殊和普遍的关系。归纳是演绎的基础，作为演绎出发点的一般原理往往是归纳得来的；演绎是归纳的前提，它为归纳提供了理论指导和论证。在实际的思维过程中，归纳和演绎是相互推移、交替使用的。

【思政贯穿】

一、零部件配合的基准制选择

1. 基孔制

基孔制的实质是将孔的公差带的位置固定，通过变动轴的公差带位置得到各种不同的配合。基孔制的孔称为基准孔。国家标准规定基准孔的下偏差为 0,"H" 为基准孔的基本偏差。

2. 基轴制

基轴制的实质是将轴的公差带位置固定,通过变动孔的公差带位置,得到各种不同的配合。基轴制的轴称为基准轴。国家标准规定基准轴的上偏差为 0,"h" 为基轴制的基本偏差。

3. 基准制选择

(1) 优先采用基孔制。由于孔加工较轴加工更困难,所以选择基孔制,以孔为基准加工轴,便于降低加工难度,提高生产效率。

(2) 基轴制通常用于具有明显经济效果的场合。例如,零部件结构设计要求不适合采用基孔制的场合(直接采用冷拔圆形材作轴等)、与标准件配合的场合等(滚动轴承与孔配合等)。

思政点:通过分析主要矛盾和次要矛盾及其辩证关系,选择符合要求的基准制。

二、不同配合类型及其特征以及工程应用

学生搜索不同配合类型的工程实例,建立实例与配合类型的联系。

思政点:从辩证思维的方法入手,重点关注事物间的联系和用发展的眼光看问题两个方面内容;目标是逐步建立实践经验向理论转化的桥梁,为创新实践能力的培养打下基础。

三、公差带及公差等级的确定与选择

1. 公差等级的确定

公差等级确定的原则是在满足使用要求的条件下,尽量选取较低的公差等级。对于公称尺寸<500mm 的孔轴配合,由于孔比同级轴加工困难,当标准公差≤IT8 时,国家标准推荐采用孔比轴低一级相配;标准公差>IT8 或公称尺寸>500mm 的配合,推荐采用孔、轴同级相配。

2. 配合类型的选择

在基准制和孔、轴公差等级确定以后,配合类型的选择就是根据零部件工作要求(例如,间隙或过盈的大小等)来确定非基准件的基本偏差及代号。选择配合类型的方法通常有计算法、类比法、试验法,工程实践中经常使用类比法确定零部件的公差等级。

配合类型选择应考虑以下因素:

（1）相对运动情况。即配合件之间有无相对运动、速度大小等。

（2）载荷情况。即相配合的零部件承受的单位压力大小，传动力大小以及有无冲击振动等。

（3）定心精度要求。要求定心精度高时，选用过渡配合。

（4）装拆情况。有相对运动、经常装拆的配合件，采用较松的间隙配合；无相对运动，但需要经常装拆的配合件，一般用小间隙或过渡配合；不经常装拆或基本不拆的，用过盈配合等。

（5）工作温度。当配合件的工作温度和装配温度相差较大时，必须考虑装配间隙在工作时发生的变化。

思政点：用联系的观点看问题，分析影响零部件配合类型选择的因素；通过分析主要矛盾和次要矛盾及其辩证关系，选择符合要求的零部件配合类型。

四、零部件配合精度尺寸设计训练

1. 布置学习任务

一家企业正在开发一种新型食品加工设备。设备中有一对孔、轴配合，根据客户要求的使用功能，其配合间隙应在 25~110μm 之间。该孔、轴配合的公称尺寸为 Φ60mm，现已确定采用基孔制配合。

你是一名工程师助理，需要为工程师提供基础设计数据。请将该孔、轴配合的公差带代号和尺寸精度在中午下班前报送工程师办公室。

2. 实施课程思政教育

（1）科学精神教育。从零部件配合尺寸设计的工程应用领域（零部件修配、产品再制造产业、机械产品设计），引出"山寨""仿制""反求工程"三个概念。然后阐述"山寨""仿制""反求工程"三个概念的科学技术内涵，说明它们秉持的科学精神不同。

山寨——简单的功能、形状、尺寸等的模仿。

仿制——增加技术层面模仿，如对零部件性能、使用寿命等进行统筹考虑。

反求工程——增加自然环境、人文因素、技术发展等方面设计，思维方式学习、再创造等。

（2）职业文化教育。从设计说明书编写要求，引出职业文化和工匠精神教育。

书面表达要求：机械制造领域有共有的交流体系，以及独特的思维方式。

设计说明书编制要求是：首先，要使用专业术语。例如，生活中的"物体""物件"，在专业领域中称"工件"或"零件"等。其次，要有逻辑性，以反映解决问题的过程和数据、技术资料应用的正确性等。再次，规范性要求，要遵守规范性。例如，设计说明书格式。最后，要明确写出结论。内容顺序要符合工程实践习惯等，字迹要清晰工整，这是敬业、耐心、精益求精的表现。

【总结反思】

通过提问，引出美国火星气候探测者号解体案例，完成思想升华。

归纳和演绎是科学研究中运用得较为广泛的逻辑思维方法。马克思主义认识论认为，一切科学研究都必然运用到归纳和演绎的逻辑思维方法，工程技术领域也不例外。在了解了演绎归纳方法的基本应用后，今后要有意识地应用辩证思维方法分析问题和解决问题，在实践中提高认识水平和思想素质。

科学精神在技术领域的反映就是技术发展的内在要求体现在人身上的一种精神状态。例如，信念、勇气、意志、工作态度、理性思维、人文关怀和牺牲精神等。作为职业院校的学生，科学精神的培养重点要落实在热爱科学、专心致志、精益求精、百折不回、顽强拼搏等方面，这也是不同职业的职业文化的共同要求。

奔驰车模制作与装配：
学习任务 1　车模铭牌制作

教师信息：苟维杰　**职称**：副教授　**学历**：研究生
研究方向：焊接工艺
授课专业：汽车制造与装配技术
课程类别：理实一体化课程
课程性质：职业技术技能课

第一部分　设计思路

一、本次设计的课程思政目标

培养学生质量第一、严谨认真、细心负责、坚持创新的工作态度和职业精神，了解校企合作班企业文化内涵，提高职业素养。

二、课程思政教学设计内容

1. 课前：课程思政引入

课堂教学采用"六步法"过程教学。首先，提出职业精神在个人发展中的重要性，通过情境导入课程，介绍课程内容，逐步深入达到教学目标，结合本课程技术技能实训的特点，在智能制造和高度自动化制造的前提下掌握技能，为思政内容的引入埋下伏笔——成功企业家的品质及职业精神。

2. 课中：课程思政授课过程

在专业课程教学过程中融入工匠精神和质量意识。引入德国奔驰创始人戴姆勒先生的故事，提出职业素养的重要性。以奔驰车模零件的加工为例，在教学中使用任务驱动法、小组讨论等教学方法，旨在培养学生独立思考、自主学习、发散思维、沟通表达、团结合作的能力和精益求精的实操技能，实现专业能力和思政目标同向同行的协同效应和全过程育人，达到思政教育目的。

3. 课后：课程思政总结反思

要求学生展示自己的工作成果，结合"以小见大"的人物故事，讲述自己对本次课的认识；教师结合学生的学习习惯和学习沟通状态给予学生正面反馈，并对学生的职业认识进行指导。

第二部分　案例描述

学习任务1　车模铭牌制作

【思政导入】

引入奔驰创始人戴姆勒先生的故事。14岁那年，当面包师的父亲送戴姆勒去给修理枪械的工匠当学徒。戴姆勒对当时工厂生产的用城市煤气驱动的发动机的缺陷了如指掌：转速慢，又大又笨，而且必须固定在一个地方不能移动。他想制造出体积小、转速快，能任意安装在任何地方，用汽油驱动的发动机。后来在自己的努力下研制了高效率的发动机，创办了自己的汽车公司。通过戴姆勒先生的实例讲述一个人的坚持、严谨、创新精神，鼓励学生讲述听完故事的感受。

情境导入：教师通过播放乌尼莫克真实车越野视频，引发学生对课程的兴趣。通过本节课的学习，学生可以加工车模中的一部分零件。通过零件图纸的介绍引出本次课的内容"车模铭牌制作"。在钳工专业教室中，通过引用实际工作情境增加学生的学习兴趣，培养学生职业意识。通过角色扮演和小组学习，培养学生沟通、表达、自信等职业核心能力。

任务分析：根据课程内容，教师引导学生通过头脑风暴的方式讨论、制订铭牌制作方案。使用六步法教学原理，引导学生分组讨论，确定方案。

一、获取信息

学生通过读图，分析图纸要求，每组派一名代表进行图纸和分析过程讲解，教师对其讲解进行补充。结合线上线下混合教学方式，要求学生把相应的加工方案写到卡片上，按加工顺序贴好卡片，拍照上传到云班课。

二、制订计划

依据图纸（见附件1）要求制订出工作计划：工具使用、加工方法、工件毛坯。

【思政贯穿】

学生利用学习材料中的案例准备加工方案。通过独立完成方案，培养学生信息查找能力、独立思考能力，利用卡片法培养学生的小组合作、细心观察能力，同时方便教师评价。

三、方案决策

通过海报展示方案，小组讨论，然后按照检测计划，学生和老师决定是否实施加工计划。教育学生不要放过任何一个小细节，细心观察，培养学生严谨、认真、细心、负责的职业精神。

【思政贯穿】

车模制作是手工加工，加工过程中需要有严谨认真、细心负责的工作态度和职业精神。此时，引入戴姆勒先生创业过程的故事，激发学生的兴趣，培养学生的信心，让学生认识到产品质量和坚持创新对个人成功的作用，实现思政育人和技能培养同向同行的充分结合。

图1 戴姆勒

图 2　德国不莱梅奔驰工厂

四、实施计划

工具使用：划线工具、字号的使用，测量工具的使用。

学生：要求学生独立完成操作，出现问题相互探讨，对加工过程步骤进行记录，对发现的问题进行修正和记录。

教师：观察学生的工作过程，巡视直到记录学生的优缺点，同时保证学生工作现场的安全。

五、产品检测

学生依据产品标准（见附件2）和加工标准对自己制作的产品进行检查，依据标准进行改进和修复，直到产品达到合格标准。

育人环节：质量第一、坚持创新。

用自己的亲身体会加强对产品质量重要性的认识，在原有产品的基础上进行创新提高。

六、课后总结评价

实操加工后，首先学生进行自评，陈述对思政课程的认识。然后由两位教师和企业师傅对学生在实操过程中的专业能力和非专业能力进行评价。最后，学生总结产品加工过程记录文件，并优化方案，提升产品质量。

【总结反思】

立德树人是教育的根本。在专业培养中，要坚持"先成人、再成才"的方针。在教学中使用"六步法"，使学生掌握问题分析的工具和处理问题的方法。通过教学项目，培养学生自主学习的能力；通过课程思政内容教学，加强学生对职业的理解和职业素养、职业精神的培育。

附件1：工件图纸

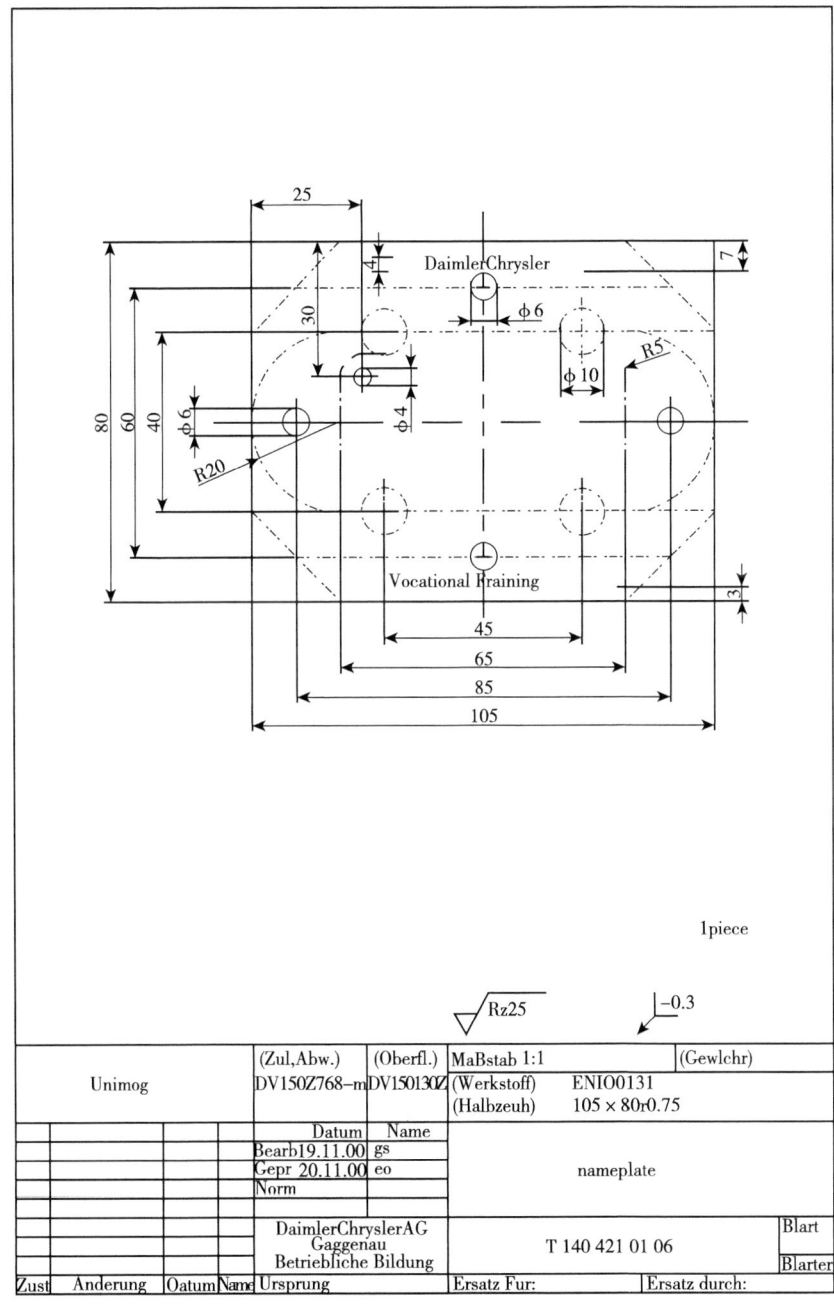

附件2：质量评价表

 汽车制造与装配技术专业奔驰定向班
质量评价表

Theme: Stamping, Marking, Corning

课题：字头打印、划线、冲眼

Class 班级：_____ Name 姓名：_____ Student-No 学号：_____ Date 日期：_____

A measure is within the tolerance: 10 Points
尺寸在公差范围内：10 分
A measure is outside the tolerance: 0 Points 140 421 0106 Nameplate 铭牌
尺寸超出公差范围内：0 分
The other criteria could be evaluated with 0 / 3 / 5 / 7 / 9 / 10 points.
其他评判以 0/3/5/7/9/10 打分

Pos. 序号	Denomination 考核内容		Valuation 评分	
			Self 自检	Supervise 复验
1	Overall impression	总体印象		
2	Parallelism of counts	数字是否整齐		
3	Parallelism of letters	字母是否整齐		
4	Uniformity of number and letters	数字和字母间隔均匀性		
5	Flatness of number r row	数字是否平整		
6	Flatness of letter row	字母是否平整		
7	Symmetry to vertical axle	打印的对称性		
8	Uniformity of corn points	冲眼的均匀性		
9	Centerline of the center axle	中心线的对称性		
10	Size 40 mm ±0,2	尺寸 40 mm ±0,2		
11	Size 30 mm	尺寸 30 mm		
12	Size 65 mm	尺寸 65 mm		
13	Size 60 mm	尺寸 60mm		
14	Radius 20 mm	半径 20 mm		
15	Radius 5 mm	半径 5 mm		
		Total: 总分		

Points 分数 = Total 总分 × 10 / 15

self 自检：：_____ × 10/ 15 = _____ Points 分

supervice 复验：_____ × 10/ 15 = _____ Points 分.

Signature instructor 指导教师签字：_____

生产工艺实施与检验：
平面类零件加工工艺

教师信息： 郝继红　**职称：** 讲师　**学历：** 本科
研究方向： 机械制造
授课专业： 数控技术
课程类别： 理实一体化课程
课程性质： 专业模块化课

第一部分　设计思路

一、本次设计的课程思政目标

本次课程思政设计的目标是注重培养学生的敬业精神、精益精神、专注精神和创新精神，提升学生真善美素质教育。

二、课程思政教学设计内容

1. 课前：课程思政引入

课程思政目标是培养学生的敬业精神。"勤勤恳恳为工，兢兢业业为匠"。在课程实施过程中，要求学生认真完成学业任务，注重培养学生的敬业精神，提升学生的工作责任感。

2. 课中：课程思政贯穿授课过程

课程思政目标是培养学生的精益精神和专注精神。精益就是精益求精，是从业者对每件产品、每道工序都凝神聚力、精益求精、追求极致的职业品质。专注就是内心笃定而着眼于细节的耐心、执着、坚持的精神，这是一切"大国工匠"所必须具备的精神特质。教师在课程实施过程中注意启发学生，通过引导学生完成具体的课业任务，形成过程和核心理念，结合专业课程的具体案例进行实践演练，达到培养目标。

3. 课后：课程思政总结反思

课程思政目标是培养成学生的创新精神，追求突破、追求革新的创新内蕴。古往今来，热衷于创新和发明的工匠一直是世界科技进步的重要推动力量。任何事情都不是一蹴而就的，都需要有一个养成的过程，素养是点点滴滴积累而成的。要不断地加深学生的思考训练，强化学生的大脑活跃度。要让学生学会思考和总结，在发现和解决问题的过程中提升自身的创新能力。

第二部分　案例描述

平面类零件加工工艺

【思政导入】

敬业是从业者基于对职业的敬畏和热爱而产生的一种全身心投入的认认真真、尽职尽责的职业精神状态。

一、示教零件图样识别

教师展示并讲解生产现场加工的平面类工件，让学生了解平面类零件加工的应用背景，导入本次课程的主题（见图1）。

图1　生产车间平面类工件

材料：45 钢

毛坯尺寸：206mm×64mm×24mm

生产批量：30 件

教学活动：

教师：教师带领学生识读零件图

学生：互动讨论，从零件图样的识读中获取哪些信息？

教师：零件图样识别小结

如图 2 所示，工件的长宽高基本尺寸为 200mm×60mm×20mm，尺寸公差分别为 0.04mm，0.04mm，0.03mm；上表面相对基准面 A 有 0.02mm 的平行度要求，Ra1.6μm 表面质量要求。

45 钢

毛坯 204mm×64mm×24mm

无热处理要求

无孔

30 件为小批量生产

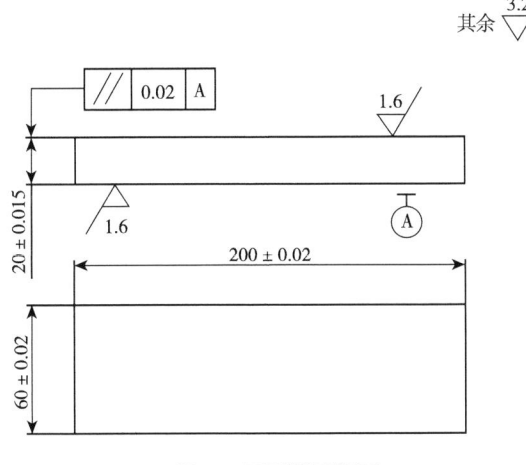

图 2 平面类零件图

【思政贯穿】

注重培养学生"敬业守信、精湛精致"的工匠精神。敬业是从业者基于对职业的敬畏和热爱而产生的一种全身心投入的认认真真、尽职尽责的职业精神状态。

二、拟定示教零件加工工艺路线

案例实现：平面类零件加工工艺路线拟定。
教学活动
教师：讲解知识点（工序的划分、工序顺序的安排、辅助工序的安排）。
学生：拟定机械加工工艺过程（小组进行）。
教师：要求各组提交工件加工工艺路线单，点评、总结。
实现过程
机械加工工艺过程是：用机械加工方法，直接改变毛坯的形状、尺寸和表面质量，使其成为产品零件的过程。

机械加工工艺过程由一个或若干个顺序排列的工序组成。

工序是组成工艺过程的基本单元，也是制订生产计划和进行成本核算的基本单元。

1. 工序的划分

工序划分主要考虑生产纲领、所用设备及零件本身的结构和技术要求等。大批量生产时，若使用多轴、多刀的高效加工中心，可按工序集中原则组织生产；若在由组合机床组成的自动线上加工，工序一般按分散原则划分。随着现代数控技术的发展，特别是加工中心的应用，工艺路线的安排更多地趋向于工序集中。单件小批量生产时，通常采用工序集中原则。成批生产时，可按工序集中原则划分，也可按工序分散原则划分，应视具体情况而定。对于结构尺寸和重量都很大的重型零件，应采用工序集中原则，以减少装夹次数和运输量。对于刚性差、精度高的零件，应按工序分散原则划分工序。

2. 工序顺序的安排

（1）上道工序的加工不能影响下道工序的定位与夹紧。

（2）一般先进行内腔加工工序，后进行外形加工工序。

（3）以相同定位、夹紧方式或同一把刀具加工的工序，最好连续进行，以减少重复定位次数与换刀次数。

（4）在同一次安装中进行的多道工序，应先安排对工件刚性破坏较小的工序。

4. 辅助工序的安排

检验——粗加工后，精加工前；转车间前后；重要工序前后；完工后。
去毛刺——钻、铣、刨、拉后，淬火前。

辅助工序——清洗、防锈、去磁、平衡等。

总之，顺序的安排应根据零件的结构和毛坯状况，以及定位安装与夹紧的需要综合考虑。

【思政贯穿】

注重培养学生的精益精神。精益就是精益求精，是从业者对每件产品、每道工序都凝神聚力、精益求精、追求极致的职业品质。

三、编写示教零件机械加工工艺过程卡

教学活动。

教师：要求学生填写机械加工工艺过程卡（见图3）。

机械加工工艺过程卡		产品型号			零件图号		
		产品名称			零件名称		
材料牌号	45钢	毛坯种类	板材	毛坯外形尺寸	206mm×64mm×24mm	备注	
工序号	工序名称	工序内容		车间	工段	设备	工艺装备	工时
1	备料	板材:206mm×64mm×24mm						
2	铣	铣削六个表面至尺寸要求		数控加工		XH714	机用平口虎钳	
3	去毛刺							
4	尺寸检验							
5	检查入库							
编制		审核				共 页	第 页

图3 机械加工工艺过程卡

学生：填写机械加工工艺过程卡（小组进行）。

教师：要求各组提交机械加工工艺过程卡并点评。

机械加工工艺过程由一个或若干个顺序排列的工序组成。

工序划分主要考虑：生产纲领（小批量生产）、所用设备（数控铣床）、零件本身的结构和技术要求等。

加工阶段的划分：

（1）粗加工阶段——尽快切除余量，高生产率。

（2）半精加工阶段——继续减少加工余量，为精加工做准备，次要面加工。

（3）精加工阶段——达到要求的加工精度和表面粗糙度。

（4）光整加工和超精密阶段——降低表面粗糙度值。

【思政贯穿】

培养学生的专注精神。专注就是内心笃定而着眼于细节的耐心、执着、坚持的精神，这是一切"大工匠"所必须具备的精神特质。从中外实践经验看，工匠精神意味着一种执着，即一种几十年如一日的坚持与韧性。

四、制定实践机械加工工艺过程卡

有句行话说:"铣工怕铣板。"在加工中要充分考虑到平板类工件的变形问题,工艺过程安排上可以考虑单独安排工艺孔的加工流程,通过生产车间实际加工产品的加工工艺处理方案来突破。

工件:支板加工。

材料:LY12CZ。

批量:200件。

机床:加工中心。

难点:装夹不当容易引起变形。

措施:应用基础板、螺钉和定位销对工件进行定位和压紧。

教学活动

教师:布置生产车间"支板"(见图4)加工任务,按小组提供产品资料

学生:以小组为单位实施工作任务

(1) 识读产品图样。

(2) 生产车间调研、资讯。

(3) 填写机械加工工艺过程卡。

图4 支板

【总结反思】

在情境教学的过程中,注重养成学生的创新精神,追求突破、追求革新的创新内蕴。古往今来,热衷于创新和发明的工匠一直是世界科技进步的重要推动力量。

传统装饰艺术："传统装饰艺术"基础概念

教师信息：胡明强　**职称**：讲师　**学历**：博士
研究方向：美术学
授课专业：广告设计
课程类别：理实一体化课程
课程性质：公共基础课

第一部分　设计思路

一、本次设计的课程思政目标

本次课的思政目标是让学生在了解"传统装饰艺术"基础概念的同时，潜移默化地受到传统文化的影响。

二、课程思政教学设计内容

1. 课前：课程思政引入

本次是"传统装饰艺术"的第一课，通过对课程名称的介绍，自然而然地引入对传统、装饰概念的讲述。

2. 课中：课程思政贯穿授课过程

在课程基础概念的讲述中，通过具体鲜活的例子，不动声色地暗含朴素做人的道理，以及对传统文化的整体认识。

3. 课后：课程思政总结反思

在本课程中的最后，总结文化、人格与艺术的关系，反思中国文化自信的社会基础，勉励学生形成处处为人着想的习惯，并在将来的学习、生活和日常行为中体现出来。

第二部分　案例描述

"传统装饰艺术" 基础概念

【思政导入】

中国的传统装饰艺术是一个取之不尽、用之不竭的宝库，学习如何将传统装饰的审美规律运用到现代的设计中去，是本课程的主要定位。在 21 世纪的今天，我们应该重新认识传统。鸦片战争之后，中国一直处在半殖民地半封建的危险境地，在历经各种战败的危境下，中国人对自己的传统文化渐失自信。直到中华人民共和国成立之后，尤其是发展到今天，中国已成为全世界第二大经济体，是全世界唯一拥有所有工业门类制造能力的国家。随着经济的发展和社会的进步，已经能够客观地看待自己的传统文化了。

【思政贯穿】

一、传统装饰艺术的概念

1. 什么是传统

在讲传统装饰艺术的概念前，首先讲什么是传统，传统的核心内涵是什么。先给学生介绍一位西方著名的历史学家、哲学家阿诺德·汤因比（介绍其生平，学生很疑惑，西方学者与中国传统文化有什么关系），他写了一部有着世界影响力的著作——《历史研究》（见图1）。

图1

在这本书中，阿诺德·汤因比比较研究了全世界先后出现过的 26 种人类文明，探讨为什么只有中华文明是唯一从没有中断过的文明。他十分看重中国在历史上和未来的作用，对中国充满了期待。他不仅对中国的历史和文化大加赞赏，而且很盼望并认为中国一定能够在未来对世界在政治上和精神上的统一做出主要贡献。汤因比很欣赏中国长久保持国家统一的政治与文化传统——尽管历经两千年的改朝换代，但直到现在仍然保持着政治和文化的统一。他认为在全世界找不到第二个这样的"大一统"的局面。他在一百年前就预言 21 世纪是中国人的世纪，只有中国传统文化能够拯救 21 世纪世界普遍存在的社会问题。

由此，让学生对中国传统文化产生自信，甚至敬畏，然后再讲传统的核心内涵。

传统的核心内涵（儒、道、释经典简介以及在美术作品中的体现），道家的"道""吾丧我"，儒家的"明明德"，佛家的"自性""常寂光"，讲述的是同一性体，而只是用词不一样。由此引出对传统文化核心的简单了解。传统不是保守，不是固化的模式，而是一种认识世界的精神。传统精神蕴含在经典中，传统是"边传边统"，传统是不断发生的。今天，我们也在创造着新的传统。

2. 什么是装饰

在介绍装饰的概念之前，先讲一下庞薰琹。因为"传统装饰艺术"这门课可以说最早是由庞薰琹创建的，他通过《说文解字》为装饰概念定义，很有深度，他最早（1956 年）在中央工艺美术学院讲传统装饰艺术，根据讲稿和后来的修改，在 1982 年出版了《中国古代装饰画研究》（见图 2）。这本书本来计划印刷成彩色版的，但是庞薰琹特意交代出版社让印成黑白版，据他当年的研究生（刘巨德教授）后来讲，庞薰琹之所以这么向出版社交代，是因为他认为黑白印刷便宜，普通学生可以买得起，为了减轻学生负担而不印彩色版。这件事，形象地说明一个人的人格魅力，处处为别人着想，润物细无声地影响学生的价值观。

装饰的概念（庞薰琹）：装，藏也，美之道的隐含；饰，文饰，另通"拭"，即擦拭，把灰尘擦拭干净，露出隐含在灰尘背后的美之道，这就是装饰。传统装饰艺术的概念是相对于文人画提出来的，包括许多民间美术形式，包括墓室壁画、剪纸、木板年画、皮影、刺绣、布艺、编制，以及青铜器、陶瓷、漆器、金银器、景泰蓝等上面的纹饰等。

图 2

二、装饰艺术的特点

以图片的形式（见图3），对文人画、装饰艺术（民间美术）、西方油画的大量经典作品进行比较，让学生自己体会装饰艺术的特点。

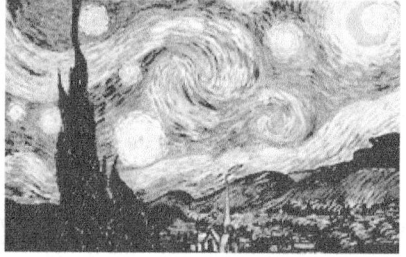

图 3

装饰艺术的特点：

(1) 装饰艺术是为了装饰某些东西，它不是一种独立的欣赏性作品。

(2) 装饰艺术的构图特点是更具有秩序感。

造型特点：更具有符号性，简化。

色彩特点：主观、大胆、强烈。

通过经典图片比较，为下一次课的深入打下基础，并结合具体作品有针对性地进行讲解，让学生在美的熏陶中达到净化心灵的目的。

【总结反思】

艺术创造的核心是爱，对生活和大自然的宽博的爱，这种爱源于超越空间（种族）、超越时间（古今）的人性深处。艺术风格源于作者对世界的认识，包括认识的角度和方式，而这主要受母体文化的影响。艺术创造是作者人格映射在作品中的过程，人格的高度决定了艺术的高度。所以，文化、做人、艺术是融为一体的。

程序设计概要：循环嵌套的使用

教师信息：季君　**职称：**副教授　**学历：**研究生
研究方向：自动化控制
授课专业：机电一体化技术
课程类别：理实一体化课程
课程性质：专业模块化课

第一部分　设计思路

一、本次设计的课程思政目标

本次课的思政目标是培养学生的爱国主义情怀，培育和践行社会主义核心价值观，让学生具备逻辑思维能力，提升学生的职业适用能力。

二、课程思政教学设计内容

1. 课前：课程思政引入

提出中国在计算机方面取得的巨大成就，培养学生的爱国主义情怀、民族自豪感，培养和增强中国特色社会主义道路自信、理论自信、制度自信、文化自信。

2. 课中：课程思政贯穿授课过程

在教师讲解专业课程内容及要求的过程中，提高学生的逻辑思维能力，培养学生分析解决实际问题的能力，锻炼他们探索规律、举一反三、融会贯通的能力；增强学生编程规范意识，进而培养学生的职业素养，提升学生职业适用能力。

3. 课后：课程思政总结反思

在整个课程中，培育和践行社会主义核心价值观；根据课堂所学，思考自己如何在学习中深入体会、认知学习规律。

第二部分　案例描述

循环嵌套的使用

【思政导入】

2019 年，中国百亿亿次超级计算机来了，提前美日部署，尖端芯片真正全国产。超级计算机以编程为基础，通过视频中对中国芯片的发展、中国巨型机在世界领先水平等知识的介绍，塑造学生的爱国主义思想、民族自豪感，培养和坚定"四个自信"（见图1）。

 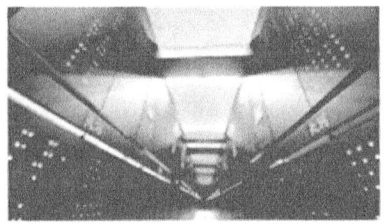

图1

一、引出循环嵌套

把课前调试好的嵌套循环的程序设计演示给学生看，激发学生的好奇心和求知欲，引起学生对本堂课的兴趣（见图2）。

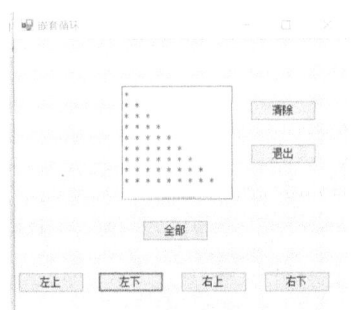

图2

1. 复习循环结构

格式：FOR 〈变量名〉= 〈表达式 1〉TO 〈表达式 2〉STEP 〈表达式 3〉
〈语句序列（循环体）〉
　　NEXT

2. 应用循环结构的具体实例

编写程序输出如下星型图案：

　　　　　　　*　　*　　*　　*　　*

3. 提出问题

上面的代码完成了在一行内输入 5 个 *，如果要得到五行同样的图形（见图 3），应该怎么写程序呢？

```
                    *    *    *    *    *

                    *    *    *    *    *

                    *    *    *    *    *

                    *    *    *    *    *

                    *    *    *    *    *
```

图 3　矩形状星型字符图

给学生 1 分钟时间自由讨论如何实现输出上面的字符图。

【思政贯穿】

二、循环嵌套结构及实例

1. 循环嵌套结构

要得到图 3 所示的图形，我们可以将上面的"FOR-NEXT"语句重复 5 次，但是如果要打印 20 行、30 行甚至更多行呢？有没有更简便的方法？我们知道循环结构能够使一段程序重复执行，如果把上面的"FOR-NEXT"语句放到另外一个循环之中，让它反复执行 5 次，能不能得到图 3 的输出呢？

执行程序，得到如图 3 所示的字符图形。

得出结论：像上面的程序那样，已经知道了循环的次数，可以再利用一个"FOR-NEXT"循环语句,这样就形成了循环中套循环的结构,称之为循环的嵌套。

2. 进一步探究、加深理解

采用探究性教学方式,启发学生,培养学生发现问题、寻找规律的能力。

问题1:再看一个由星型组成的字符图形(见图4)。

```
        *
       *  *
      *  *  *
     *  *  *  *
    *  *  *  *  *
```

图4 左下角型星型图

观察图4的特点,其规律是第一行输出1个字符,第二行输出2个字符,第 i 行输出 i 个字符。由刚才的嵌套循环例子可知,外循环控制输出的行数,内循环控制输出的列数,因此我们只需在图3程序的基础上把 For j=1 To 5 的终值5改为 i 即可。学生自己上机验证修改后的程序是否能得到图4。

问题2~问题4(见图5~图7)

采用探究性教学方式,启发学生,图5~图7该如何实现呢?

```
    *  *  *  *  *
    *  *  *  *
    *  *  *
    *  *
    *
```

图5 左上角

```
              *
            * *
          * * *
        * * * *
      * * * * *
```

图 6 右下角

```
  *  *  *  *  *
     *  *  *  *
        *  *  *
           *  *
              *
```

图 7 右上角

3. 学生编程情况检查

学生将编写的程序拍照上传云班课图片资料。老师挑选具有代表性的图片进行展示讲解。

学生程序：

```
Dim i,j As Integer
For i = 1 To 5 Step 1
For j = 1 To i Step 1
    textBox1.AppendText(" ")
    Next
For j = 1 To 5-i Step 1
      textBox1.AppendText("*" & " ")
Next
    textBox1.AppendText(vbCrLf)
Next
```

引用华为公司案例。华为是全球领先的信息与通信解决方案供应商，5G全球领先，核心部门是研发部门，研发部门的核心工作是编程。教师指出编程规范的重要性，给出编程规范标准，强调职业编程素养，提出工匠精神。工匠在自己所从事的领域中，不断追求自己技艺上的进步，日复一日，年复一年，始终专注于一件事，达到精益求精。

注意：（1）程序的可读性。

（2）程序的组织性。

4. 综合练习、探索实践

（1）效果演示。

（2）程序界面设计。

（3）程序代码编写。

学生之间相互帮助，友善对人，践行社会主义核心价值观。

5. 总结与提升

循环嵌套就是在循环体中又有循环的结构，循环体外的循环称为外循环，循环体内的循环称为内循环。如果程序需要，还可以在内循环里再嵌入另一个循环，从而构成三重循环，甚至多重循环。

6. 课后作业

课后创新小作品制作：为小学生制作美观大方的九九乘法表，要求表格中有体现社会主义核心价值观的背景素材，在下周一中午12：00前将应用程序提交网络课程公共文件夹，命名规则为"学号_九九乘法表"。要求：按时保质，独立完成。

把社会主义核心价值观方面的内容，以素材形式穿插在教学中，让学生在完成作业的过程中更加深入学习价值观的内容。按时保质完成，培养学生完成任务的执行力，通过独立完成，让学生意识到诚信，对他一生的工作、生活及其发展的重要性。学以致用，将学习的知识应用到实际中。

【总结反思】

通过课堂整个教学环节，培育和践行社会主义核心价值观，认真体会实践学习过程中的问题解决方法，摸索认知规律，培养工匠精神。

CAD/CAM 技术应用：
三维建模软件应用基础

教师信息：贾俊良　　**职称**：讲师　　**学历**：本科
研究方向：三维设计与坐标测量
授课专业：机械制造与自动化
课程类别：理实一体化课程
课程性质：职业技术技能课

第一部分　设计思路

一、本次设计的课程思政目标

（1）通过引入"洲际量子保密通信"科学案例，对学生进行真善美教育，帮助学生树立科学精神、职业精神，厚植爱国情怀。

（2）通过在文档属性中合理设置公、英制绘图标准、建模单位、材料属性，培养学生国际化视野、严谨的职业精神、务实的工匠精神。

二、课程思政教学设计内容

1. 课前：课程思政导入

通过"历史上的今天"环节，引入"洲际量子保密通信"科学案例，对学生进行真善美教育，帮助学生树立科学精神、职业精神，厚植爱国情怀。

2. 课中：课程思政贯穿授课过程

以求质量（公制）、求体积（英制）为任务目标，让师、生在学习的各个环节全程互动，在活动中培养学生严谨的职业精神、务实的工匠精神。

3. 课后：课程思政总结反思

要求学生根据完成情况，思考问题出在哪里、记录学习成长过程，思考如何才能真正树立科学精神、职业精神、工匠精神，培养爱国情怀、国际化视野。

第二部分 案例描述

三维建模软件应用基础

【思政导入】

从"历史上的今天"挖掘案例、讲述故事,是每次课程的常设育人环节,讲述"世界首次洲际量子保密通信视频通话"科学案例,展示我国科研工作的伟大成就,帮助学生理解并树立科学精神、职业精神,厚植爱国情怀。

中国科学院院长白春礼2017年9月29日下午使用量子加密视频会议系统,分别与合肥、济南、上海、新疆等地成功进行通话。随后,白春礼院士通过"墨子号"量子科学实验卫星,与奥地利科学院院长安东·塞林格进行了世界首次洲际量子保密通信视频通话。这标志着在新一轮的科研比拼中,我国的科研工作者以时不我待、艰苦奋斗、勇攀高峰的科学精神,向未来实现覆盖全球的量子保密通信网络迈出了坚实的一步,在新的通信标准制定方面具备了更多的话语权。

一、在 SolidWorks 中建模并求零件的质量

1. 教师明确技术要求

技术要求见表1。

表1 技术要求

单位系统	MMGS(毫米、克、秒)
小数位数	2
零件原点	任意(注意:应合理利用坐标原点)
材料	Q235(注意:与国外材料牌号的对应关系)
密度	7800kg/m^3
尺寸标签的参数	A=66mm,B=70mm 注意:底板厚度与侧板一致

2. 教师分析重点与难点

本题目的重点是,正确设置公制绘图标准、建模单位、材料属性;本题目的的难点是 R89 圆弧在草图中的绘制方法(见图1)。

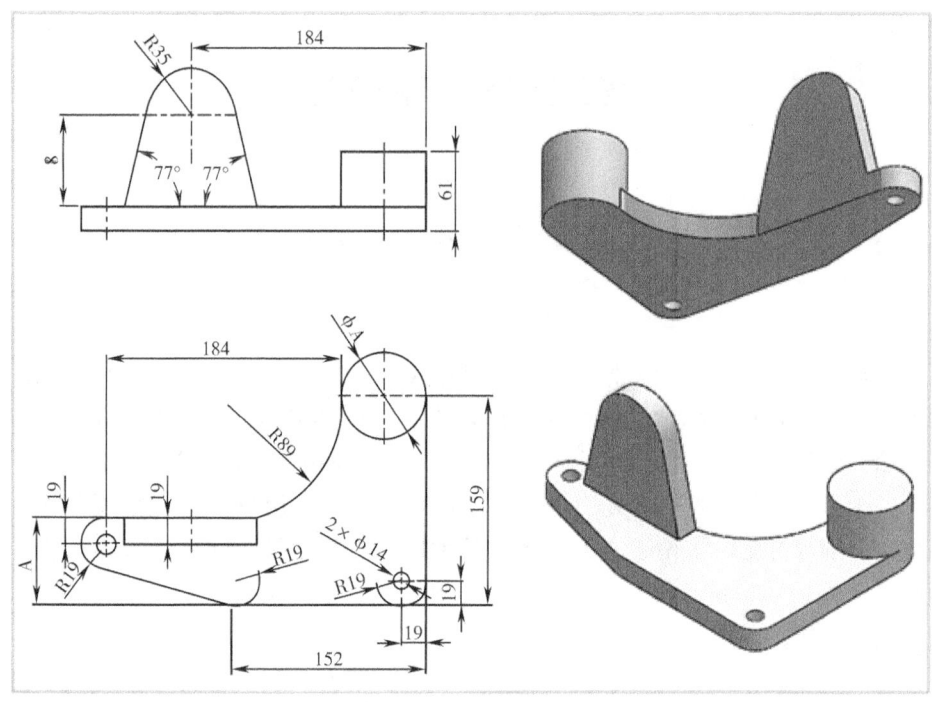

图 1

3. 教师传输图纸文件，学生设置文档属性（见图 2）

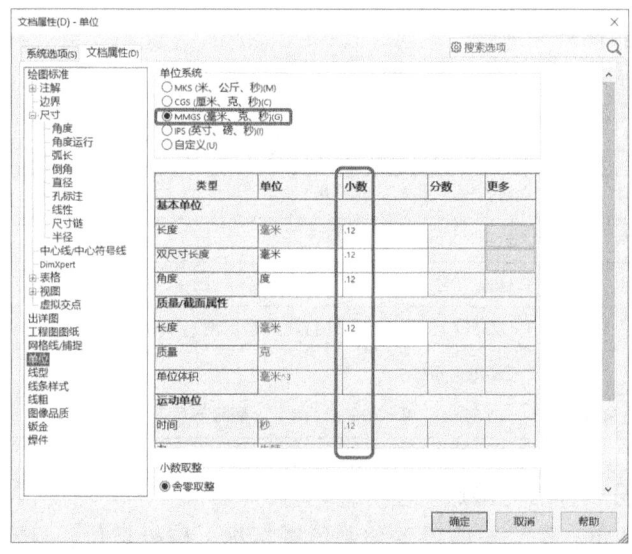

图 2

4. 学生三维建模、查询质量,教师抽查并记录

三维建模:草图1→拉伸1,草图2→拉伸2,草图3→拉伸3。

查询质量:通过"评估"→"质量属性"查询质量,见图3。

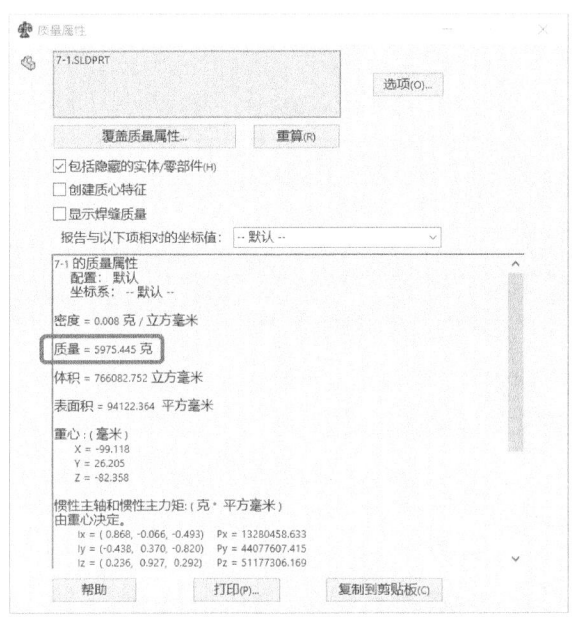

图 3

5. 教师总结点评、公布答案、集中答疑

答案:此零件的质量是5975.45克,针对提问进行解答。

【思政贯穿】

电视、电脑、手机屏幕为什么要用"英寸"来标示?

英寸为长度单位,一英寸约等于25.4毫米。电视、电脑、手机屏幕之所以要用"英寸"来标示,是因为电子产品屏幕尺寸计算时使用的是对角线长度,厂商在生产液晶面板时,多按照一定的尺寸进行切割,为了保证大小的统一,于是采用对角线长度来代表液晶面板实际可视面积。从计算的直观性上来讲,对角线长度计算也比面积计算更加简便。实际上更主要的是,英寸已成为表示屏幕的标准。

不仅如此,美国、英国、加拿大等国,在其机械零件图纸中,也经常会采用英寸表示尺寸,作为新时代的大学生,我们不仅要掌握MMGS(毫米、克、秒)公制单位系统,还要熟悉和掌握IPS(英寸、磅、秒)英制单位系统。这也是我们具备严谨的职业精神、务实的工匠精神和国际化视野的基本要求。

二、在 SolidWorks 中仅使用凸台、切除、倒角和扫描特征来构建弯管法兰接头零件，并求此零件的体积（立方英寸）

（1）教师明确技术要求（见表2）。

表 2

单位系统	IPS（英寸、磅、秒）
小数位数	2
零件原点	任意（注意：应合理利用坐标原点）
尺寸标签的参数	A=4.1，B=4.1，C=34，D=0.25，所有的孔完全贯穿

（2）教师讲解设置文档属性及英制单位系统（单位制、精度），学生按 IPS 英制要求设置文档属性（见图4）。

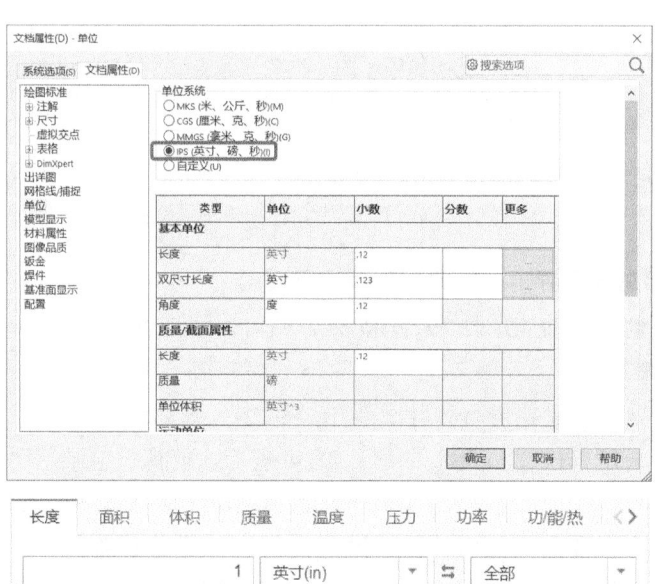

图 4

3. 教师分析重点与难点，提示应用扫描命令的要点

本题目的重点是，正确设置英制绘图标准、建模单位，应用规定方法完成零件的三维建模；本题目的难点是，扫描路径草图基准面的确定、草图绘制。教师提示扫描命令的要点（见图5）。

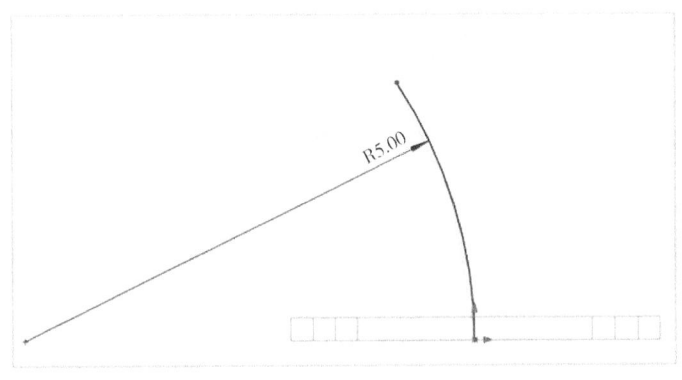

图 5

4. 学生三维建模、查询体积，教师抽查并记录

三维建模：草图 1→拉伸 1，草图 2→拉伸 2，草图 3→拉伸 3。

查询质量：通过"评估"→"质量属性"查询质量（见图6）。

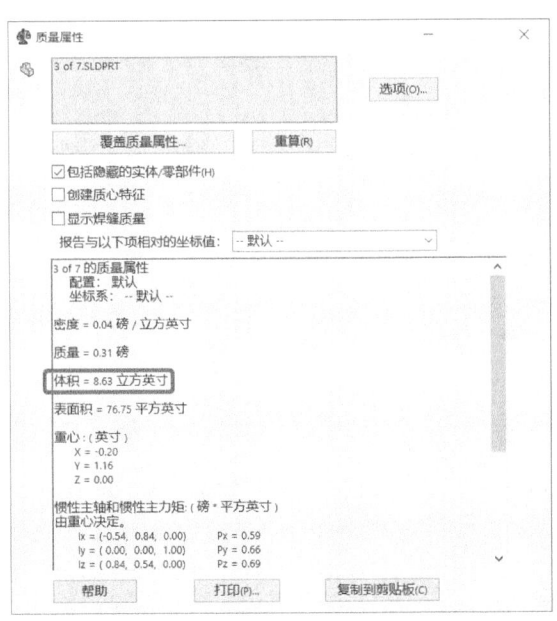

图 6

5. 总结点评、公布答案、集中答疑

答案：此零件的体积是 8.63 立方英寸。针对提问进行解答。

【总结反思】

学生通过"红蜘蛛"电子教室提交课堂任务，总结并记录完成任务一、任务二过程中遇到的问题及解决办法。通过完成两个学习任务，每位学生都对自己有了一个客观评价；大家应根据完成情况，思考问题出在哪里、记录学习成长过程，思考如何才能真正树立科学精神、职业精神、工匠精神，具备国际化视野。

影视服装设计：
电影《我和我的祖国》人物造型设计

教师信息：李宙　　职称：讲师　　学历：本科
研究方向：人物造型设计
授课专业：人物造型设计
课程类别：理实一体化课程
课程性质：专业模块化课

第一部分　设计思路

一、本次设计的课程思政目标

本次课的思政目标是让学生了解马克思主义实践思维方式，基本具备马克思主义辩证思维方法，提升学生思想政治素质。

二、课程思政教学设计内容

1. 课前：课程思政引入

提出大学生成才目标之一是必须具备马克思主义辩证思维方法。要求学生在课程实践学习过程中，积极体会并践行马克思主义实践思维方式，达到基本具备马克思主义辩证思维方法，及提升思想政治素质的要求。

2. 课中：课程思政贯穿授课过程

在教师讲解专业课程内容及要求的过程中，通过穿插讲解马克思主义实践思维方式的形成过程和核心理念，结合专业课程的具体案例实践演练，让学生清楚意识到具备实践思维的重要性，注重培养自己的马克思主义辩证思维方法。

3. 课后：课程思政总结反思

要求学生课后反思回顾，根据课堂所学所思，记录收获及体会，进一步思考如何能完善马克思主义辩证思维方法，并在今后的学习生活中努力践行马克思主义实践思维方式，进一步提高自己的政治思想觉悟。

第二部分　案例描述

电影《我和我的祖国》人物造型设计

【思政导入】

马克思、恩格斯在《共产党宣言》中指出："过去的一切运动都是少数人的或为少数人谋利益的运动，无产阶级的运动是绝大多数人的、为绝大多数人谋利益的独立的运动。"我们党从诞生起，就明确自己是中国工人阶级的先锋队，以坚持全心全意为人民服务为根本宗旨，以实现共产主义为最高理想和远大目标。

这些质的规定性，决定奉献是我们党的精神底色。《党章》明确规定，共产党员必须"坚持党和人民的利益高于一切，个人利益服从党和人民的利益，吃苦在前，享受在后，克己奉公，多做贡献"。入党誓词明确提出："为共产主义奋斗终身，随时准备为党和人民牺牲一切，永不叛党。"这说明，共产党员讲奉献不是可有可无的选择，而是必须履行的义务。

一、《我和我的祖国》人物造型设计理论基础

《我和我的祖国——前夜》在设计过程中，通过剧本分析融入世界观、人生观和价值观教育，通过对电影中林治远为了保障升旗顺利进行的情节进行分析，进行理想信念教育；赞扬林治远的同时进行中国传统教育，通过对林治远的学习进行真善美教育，以及工匠精神、不服输的精神教育；借助围绕在林治远身边一直帮助他的百姓和军官进行社会公德教育。

二、《我和我的祖国——前夜》人物设计方案分析

（1）林治远，开国大典电动科科长，电动升旗装置的设计者，为了保障祖国第一面红旗顺利升起，林治远面对巨大的困难用坚定的理想信念、巨大的爱国热情和不服输的坚韧不拔的精神，完成了艰难的任务，保障了在1949年开国大典上第一次使用电动升旗装置，在全世界人民面前顺利完成了升旗的任务。

问题探讨：

A. 林治远要确保升旗装置万无一失，他首先决定做什么？他为什么这么做，是什么样的精神支撑着他完成不可能完成的任务？林治远代表的是什么样的人，他的身份特征和成长背景决定他的整体造型应该具备什么样的特点？

B. 分组进行草图设计：每人完成1幅铅笔线稿。

C. 思考：如果"我"是林治远，"我"会怎么做，会害怕什么，会怎么克服，我们要学习林治远什么？

D. 小结：通过对电影中林治远为了保障升旗顺利进行的情节进行分析，进行世界观、人生观和价值观教育，并且加强马克思主义信仰教育。

（2）林治远的妻子，作为开国大典工作人员的妻子，她默默奉献与支持着开国大典的工作，她身上具备着中华优秀传统文化与美德，无私奉献的精神品德。

问题探讨：

A. 林治远妻子知道林治远为了升旗工作非常忙碌，为林治远送吃的，他的妻子都没有进门，她为什么没有进门呢？在林治远没有在家的情况下，她每天的工作都是什么？她是怎么支持他工作的？

B. 林治远妻子的成长环境，她的性格特征是什么，她的整体造型应该具备什么样的特点？

C. 分组进行草图设计：每人完成1幅铅笔线稿。

D. 思考：如果"我"是林治远妻子，"我"会怎么做，会怎么克服困难，我们要学习她什么？

通过对林治远妻子的学习，赞扬的同时进行中国传统教育，通过对人物的学习进行真善美教育和家庭美德教育。

（3）梁昌寿，林治远的徒弟，技术员，在发现电动升旗杆的问题之后，积极配合林治远，想出很多好点子，发动群众，捐献制作电动旗杆卷轴需要的物资，他向师傅学习，传承职业精神和工匠精神。

问题探讨：

A. 赵鹏飞和梁昌寿两个人的共同特点是什么，赵鹏飞和梁昌寿在接到任务以后他们的反应分别是怎么样的？赵鹏飞为什么一开始不情愿帮助林治远，是什么让他发生了改变，梁昌寿的哪个行为最让人印象深刻，表现了他什么品质？

两个人的成长环境、性格特征有什么区别，在造型设计中我们怎么区分这两个类型，如何让观众印象深刻，不会把两个人物混淆？

B. 分组进行草图设计：每人完成1幅铅笔线稿。

C. 思考：如果你是赵鹏飞，你会帮助林治远吗？还是只是表面上配合，你还有什么好主意可以帮助到他？

【思政贯穿】

70周年国庆典礼刚刚过去，学生们怀着激动的心情感受到祖国的强大繁荣，为身为中国人感到自豪。在国庆期间放映了几部振奋人心的影片，其中一部是电影《我和我的祖国》，电影运用新颖的手法展现了中国1949年至今的辉煌与繁荣，展现了我国人民在党的领导下迎难而上、不屈不挠的奋斗精神。

同学们假期都看了哪部电影？你的感受是什么？你最喜欢里面的哪个人物？哪段故事最打动你，为什么？在教学过程中对学生提出问题，在思考的过程中主动完成爱国主义教育。

三、根据情节进行人物设计

1. 林治远造型一

蓝色中山装，材质涤卡，胸口有日常用的钢笔，在他的口袋里还有一只怀表，因为他耳朵不好会有经常拿出怀表在耳朵上听的动作（见图1）。

图1　林治远日常便装

（1）问题探讨：1949年的服装穿着是什么样的，大家在影片中感受到了什么气氛，在哪些方面服装体现了年代感。当下的服装穿着中什么场合会穿中山装，体现了一种什么精神？

（2）分组讨论服装的色彩和款式分别体现了人物什么性格特征。

2. 林治远造型二

接到任务以后开始制作旗杆模型。

整个人物在工作状态，上半身穿着因工作获过奖而颁发的印有"奖"字的背心，下半身穿着粗布裤子和解放鞋，体现了年代感和忘我的工作状态（见图2）。

图2　林治远制作旗杆

（1）问题探讨：在工作状态中服装应该是什么样子的，大家在影片中感受到了什么气氛，为什么会穿着带"奖"字的背心？为什么没有穿外套？体现了一种什么气氛。

（2）分组讨论如何体现人物的工作状态，如何让观众能够相信工作的真实性。

3. 林治远造型三

发现问题后开始拿着工具跑向天安门。

林治远拿上所有的工具，人物已经处于高度紧张状态，完全不顾自己的形象，全力跑向广场，衣服体现出凌乱感，身上背着很多工具（见图3）。

（1）问题探讨1：在人物癫狂的状态下衣服应该怎么配合人物的行动，可以当堂找同学示范。

（2）问题探讨2：在50米高的空中衣服应该怎么配合人物的行动，可以当堂找同学模拟示范。

（3）分组讨论如何体现人物真实效果。

图3　林治远全力奔跑

【总结反思】

要求学生课后反思回顾,根据课堂所学所思,思考自己如何能具备马克思主义辩证思维方法,提高自己的政治思想觉悟。"坚持党和人民的利益高于一切,个人利益服从党和人民的利益,吃苦在前,享受在后,克己奉公,多做贡献"。思考自己如何在学习中贯彻为人民服务的无私奉献精神,坚持做到从实践出发、以实践为基点来认识社会及科学发展规律的思路,提升自己的马克思主义思想理论水平。

贯通通识美术：彩绘英雄人物

教师信息： 粟军　　**职称：** 讲师　　**学历：** 硕士
研究方向： 艺术设计
授课专业： 贯通通识美术
课程类别： 理实一体化课程
课程性质： 职业技术技能课

第一部分　设计思路

一、本次设计的课程思政目标

本课程属于"三金"元素中的 A 类（金扣子）。

（1）加强民族传统文化的意识，弘扬传统文化，培养工匠精神，厚植爱国主义情怀。

（2）彩绘脸谱艺术的特点及其历史。

（3）彩绘脸谱的绘画方法。

（4）自主创绘英雄人物脸谱。

（5）教育引导学生崇尚劳动、尊重劳动。

二、课程思政教学设计内容

1. 课前：课程思政引入

问题导入，"我心中的英雄人物"是谁？引入课程主题。

（1）你可曾想过如果生活在 1949 年以前的世界里是什么样？同样的，生活在人民当家作主的世界里呢？

（2）提问：如果没有这些英雄人物我们现在的生活会是什么样子？生活还会如此美好吗？

（3）这些英雄人物都有哪些光荣事迹？

文化背景贯入，结合特定历史图片讲述英雄人物事迹，注入革命传统理念。

2. 课中：课程思政贯穿授课过程

在教师讲解专业课程内容及要求的过程中，通过讲授英雄实例加强学生对英雄的敬仰之情，进一步描绘英雄人物高大形象，经过实践动手绘制英雄人物，从而形成核心理念，让学生清楚意识到艺术之笔对实践思维的重要性，着重培养学生的爱国主义情怀。

3. 课后：课程思政总结反思

通过彩绘英雄人物形象，学生从一笔一画描绘实践中加深了革命传统教育，厚植红色文化，激发学生爱国热情，带着真情实感进行绘制，使英雄人物的形象更加亲切而丰满，用英雄精神汇聚民族复兴的磅礴力量。

第二部分　案例描述

彩绘英雄人物

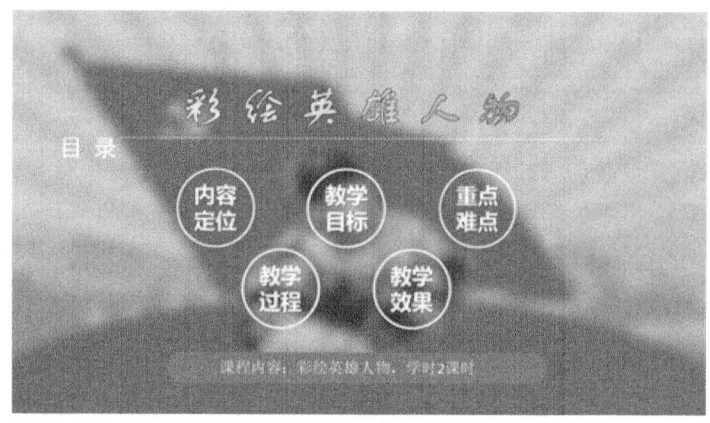

图1

【思政导入】

文化背景：

(1) 人不知历史就没有根，国淡忘历史便没有魂。

(2) 讲授抗美援朝英雄人物革命故事，激发学生的爱国情怀。

美军一直搞不明白为何输掉抗美援朝战争，看看这张图就懂了（见图2）。

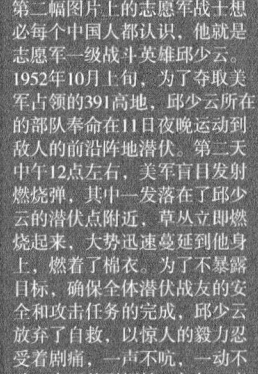

第一幅图上的美军士兵是侥幸从长津湖战役中逃生的,他的眼神空洞而又迷茫,完全丧失了一个军人应有的坚定之态,这也是整个陆战一师的真实写照。很多没有受伤的美军士兵为了登上后撤的飞机都假装受了重伤。"他们走到跑道上,裹上一条毯子,倒在担架上呻吟,等待着护兵过来把他们抬上飞机。"陆战一师师长史密斯得知这种情况后勃然大怒,称这是"十分可耻的行为"。战斗意志差,打不了硬仗,美军的这一特点在长津湖战役中表现得淋漓尽致,也贯穿了整个抗美援朝战争的始终。

第二幅图片上的志愿军战士想必每个中国人都认识,他就是志愿军一级战斗英雄邱少云。1952年10月上旬,为了夺取美军占领的391高地,邱少云所在的部队奉命在11日夜晚运动到敌人的前沿阵地潜伏。第二天中午12点左右,美军盲目发射燃烧弹,其中一发落在了邱少云的潜伏点附近,草丛立即燃烧起来,大势迅速蔓延到他身上,燃着了棉衣。为了不暴露目标,确保全体潜伏战友的安全和攻击任务的完成,邱少云放弃了自救,以惊人的毅力忍受着剧痛,一声不吭,一动不动,直至壮烈牺牲,年仅26岁。

邱少云牺牲一个星期后,志愿军中又出现了一个特级战斗英雄,他就是黄继光。1952年10月19日,黄继光所在的第2营奉命向上甘岭右翼597.9高地反击,黄继光向敌人堡垒跃进,在全身7处负伤的情况下,他拼尽全力用自己的胸膛堵住了敌人的枪眼。以如此壮烈和震撼的方式为部队胜利开辟了前进的道路!志愿军铁的纪律和顽强的毅力在邱少云、黄继光等人民战士身上得到了鲜明的体现,这也是我们赢得抗美援朝战争胜利的一个重要原因。古今中外,有许多英雄人物值得我们去敬佩,他们在这个世上奉献了自己的全部,是被人们歌颂的。

图 2

抗美援朝战争已经过去了将近70年时间,许多美国人一直想不明白他们为何会输掉这次战争。一些美国军事专家还通过沙盘推演和电脑模拟的办法来还原当时的战场,最终他们得出的结论是在当时的条件下志愿军是挡不住美军进攻的。整个抗美援朝战争期间,美军的武器装备和后勤保障都占据绝对优势,还有十几个国家的军队配合行动,怎么看都是稳赢的局面。古今中外,有许多英雄人物奉献了自己的全部,他们值得我们去敬佩和歌颂。

【思政贯穿】

红色故事进课堂,英雄人物入我心。了解红色历史,学习英雄精神,培养爱国之情。

案例实践:英雄人物彩绘。

演练过程:任务布置—专业技法讲授—具体绘制步骤—辅导示范环节—多元评价—学生作品展示—文化精神传承。

一、任务布置

彩绘英雄人物造型——画出自己心中印象最深刻的英雄人物。

要求:(1)鲜明刻画主题,画面要突出英雄人物的光辉形象。

(2)构图位置均衡,人物造型及比例准确。

(3)设色自然,画面具有形式美感。

(4)画面生动,发挥自己的创造力和想象力。

二、专业技法讲授

运用案例、范作图示和视频资料、PPT课件等方式直观展示绘画形式及绘制技法（见图3）。

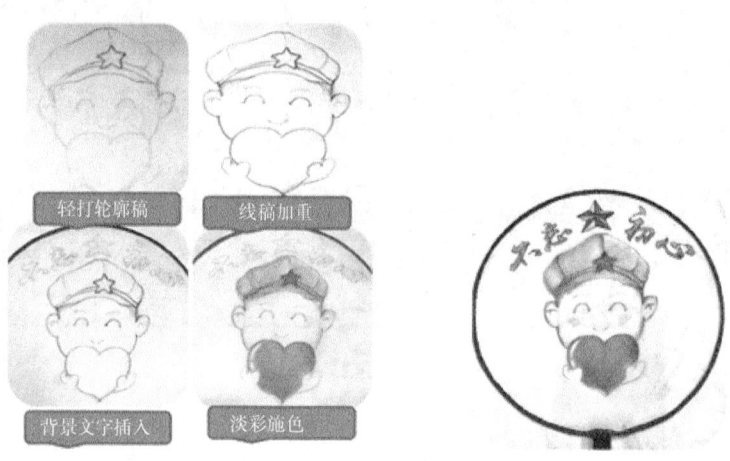

图 3

三、具体绘制步骤

绘制步骤见如图4所示。

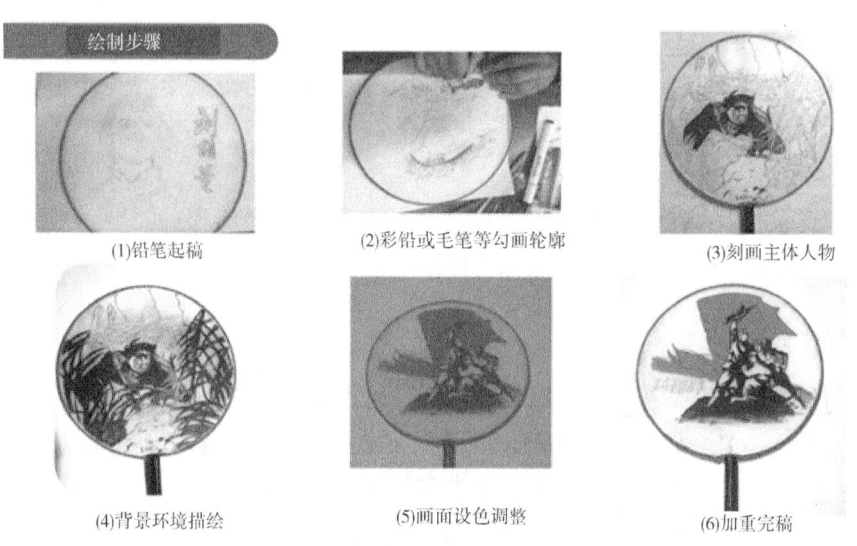

图 4

四、辅导示范环节

学生临摹绘制练习，以实践训练强化对理论知识的理解。通过理实一体教学方式，边讲边练。让学生在"练"中学、"练"中看、"练"中想、"练"中做，学有所长，达到审美主客体真、善、美的统一。

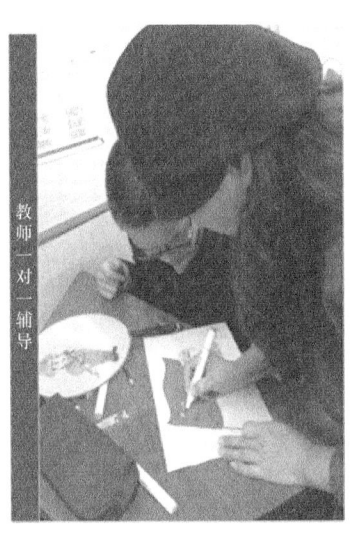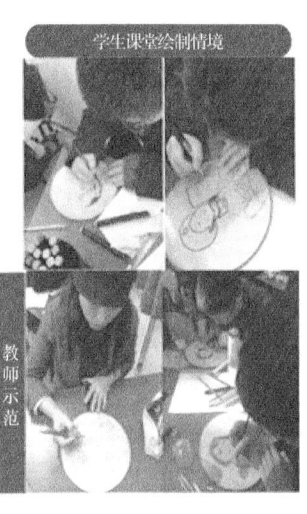

图 5

五、多元评价

学生作品展示（见图 6），在教师给出评价标准的基础上学生进行自评、互评。此环节有助于学生交流借鉴和共同提升专业水准。

图 6

六、学生作品展示

图 7 为学生的部分作用

图 7

【总结反思】

课程学习的过程既是对绘画技艺和审美的训练,也是通过彩绘表现形式加深对英雄人物形象的深刻理解,从而实现中国精神的感悟与传承,根植于"我心中的英雄",重塑师生世界观、人生观、价值观,由此达到金扣子课程的核心要义。

通风与空调工程：建筑防火排烟

教师信息：刘婷婷　**职称：**教授　**学历：**研究生
研究方向：暖通空调
授课专业：供热通风与空调工程技术
课程类别：理实一体化课程
课程性质：职业技术技能课

第一部分　设计思路

一、本次设计的课程思政目标

本次设计的课程思政目标属于"金扣子"类型。主题为"防火排烟无小事，工匠精神永传承"，本次课的思政目标如下：

（1）筑工匠精神：防火排烟设计应精益求精，独具匠心，专注（主线）。
（2）播种荣誉感：社会主义道路自信，文化自信和民族自豪感。

二、课程思政教学设计内容

1. 课前：课程思政引入

习近平总书记对我国技能选手在第45届世界技能大赛上取得佳绩做出重要指示时强调，要在全社会弘扬精益求精的工匠精神，激励广大青年走技能成才、技能报国之路。在看望参与北京大兴国际机场建设和运营的工作人员代表时，他强调，大兴国际机场体现了中国人民的雄心壮志和世界眼光、战略眼光，体现了民族精神和现代水平的大国工匠风范。

那么什么是工匠精神呢？让学生在课前进行思考和讨论，给出自己对工匠精神的理解，并且思考如何将工匠精神运用到自己的专业当中。提高学生学习专业知识以及走上工作岗位之后对如何践行工匠精神的理解。

2. 课中：课程思政贯穿授课过程

在教师讲解专业课程内容及要求的过程中，穿插讲解工匠精神的意义。实施思政教育的核心应落脚于学生人格的塑造，对生命价值的尊重。教师结合专业知识的讲解，解读工匠精神，强调"专注"二字。引导学生思考：在当代快速变化的社会，我们能否一辈子只研究专注于一件事情，不被利益、金钱所诱惑？比如，以后专注研究防火排烟设计，哪怕在别人看来微不足道，但可以自得其乐，而且因为自己的钻研设计思路可以有效避免生命被大火吞噬，这样的"专注"是否很有意义？这种专注就是工匠精神。

3. 课后：课程思政总结反思

（1）思政教学目标的提炼应因课程内容而异。本次课程主要结合"工匠精神"思政点，而在"空气的特性"内容中会融入"环境保护"思政点，空调负荷设计结合"节能教育"思政点等。

（2）思政教育巧妙渗透全过程，润物无声。不能太刻意，把课程思政变成思政课程，而应该悄然渗透。

（3）思政点要落实到学生人格的塑造，对生命价值的尊重；比如，本次课工匠精神主要解读为强调"专注"，这样的思政教育不空洞，学生易于接受，易于实践。

（4）用自主学习反转课堂，用信息技术点亮课堂。本次课主要运用的教学手段有：引导式自主学习、BIM模型教学、案例教学、云班课。

第二部分　案例描述

建筑防火排烟

【思政导入】

播放小视频："巴黎圣母院———一部活着的法兰西沧桑巨变史"。

当地时间2019年4月15日下午6点50分左右，法国巴黎圣母院发生火灾，整个教堂顶部的木质结构被全部烧毁，留下石质的残垣断壁供人唏嘘。但全世界看客在为之震惊的同时，他们早已忘记了巴黎圣母院的"光辉"历史。2019年11月6日，中法双方在北京签署合作文件，就巴黎圣母院修复开展合作，中国专家将参与巴黎圣母院修复工作。

提问：当看到这条消息时，同学们有什么感受和想法？

评析：一场大火，烧掉的不仅是一座建筑，更是人类灿烂的历史文化。文化无国界，此时此刻，中国伸出了援助之手，展现出中国包容大气的文化底蕴、大国风范；中国也在用实际行动践行着"构建人类命运共同体"的精神。

提问：这样的一场大火，是怎么发生的？如何及时扑救和疏散呢？

总结：每栋建筑都会设计防火、防烟、排烟、灭火、疏散等系统和设施，如何设计这些系统，有什么方法和技术要求呢？这是本次课要学习的内容。虽然做到了防火防烟，但是由于火灾是因为不同原因引发难以避免，据称，巴黎圣母院这次火灾是因为施工不当引起的。因此，我们在设计和施工时一定要具有工匠精神，注重细节，防火排烟无小事，工匠精神永传承。下面开始本次课内容的学习。

一、高层建筑火灾的不利因素

随着我国社会经济高速发展，各式各样的高层建筑也如雨后春笋般涌现出来。相较于发达国家，我国高层建筑起步晚但发展迅猛，在高层建筑多个领域目前已处于世界领先阶段。这正是中华民族伟大复兴的具体体现之一，我们的民族自豪感油然而生。中国共产党在我国崛起过程中起到了决定性的作用，我们一定要坚持道路自信，坚持新时代中国特色社会主义。

分组讨论：在土地资源凸显不足的当今社会，高层建筑必将成为城市的主流建筑。请同学们思考：与普通建筑相比，高层建筑发生火灾会产生哪些不利因素？

总结：点评学生回答，讲解高层建筑火灾的不利因素。

（1）建筑高，人员众多，发生火灾时人员疏散、灭火、救援均受到限制。

（2）高层建筑的火灾扩散蔓延的速度非常快。

（3）高层建筑承受风力大，热压作用明显，加剧火灾扩散、发展，且一旦发生火灾后会对下风向的其他建筑造成威胁。

（4）高层建筑往往功能繁多，设备装饰、陈设多，存在大量火源和可燃物，其中很多材料燃烧会产生大量有毒气体。

（5）高层建筑中有大量的公共厅堂，人员密度大，一旦发生火灾，就会引起恐慌，可能造成大量伤亡。

二、火灾烟气的危害和流动规律

1. 危害

播放小视频："从浓烟中出来的消防员"。

消防员在我们最需要他们的时候赴汤蹈火，哪里有灾难，哪里就会有他们的身影。哪有什么岁月静好，不过是有人为你负重前行。正是因为消防员们的付出和奉献，换来了很多人的生命安全，让我们向他们致敬！

讲解：烟气的三大危害：毒害性、遮光作用、高温危害。

2. 流动规律

播放小视频：2019 年 12 月 2 日，沈阳市浑南区 SR 国际新城 102 号楼 A 座 5 楼发生火灾，6 分钟内火势窜到 25 楼。

讲解："烟囱效应"：室内温度高于室外温度时，在热压的作用下，空气沿建筑物的竖井（如电梯井、楼梯间等）向上流动的现象。浮力作用：火灾发生后温度升高，产生向上的浮力，烟气会沿天棚向四周扩散。热膨胀：着火房间的空气受热，体积膨胀而产生压力变化。风力作用：由于风力作用，建筑物表面的压力是不同的，通常迎风面为正压。

三、火灾烟气的控制措施（重点和难点）

1. 设计防火分区和防烟分区（查阅教材，查阅规范）

小组任务一：为什么要进行防火分区？如何进行防火分区？

小组任务二：为什么要进行防烟分区，如何进行防烟分区？

评析：为了防止火灾的扩大，可对建筑物进行防火分区，分区内应该设置防火墙、防火门、防火卷帘等设施。通常规定：楼梯间、通风竖井、风道空间、电梯、自动扶梯升降通路等形成竖井的部分要作为防火分区。

防烟分区则是对防火分区的细化，防烟分区内不能防止火灾的扩大。首先要在有发生火灾危险的房间和用作疏散通路的走廊间加设防烟隔断，在楼梯间设置前室，并设自动关闭门，作为防火、防烟的分界。此外，还应注意竖井分区。

贯标：设计依据：最新规范《建筑设计防火规范》GB 50016—2014（2018 年版）。

本规范是根据住房和城乡建设部文件，由公安部天津消防研究所、四川消防研究所会同有关单位，在《建筑设计防火规范》GB 50016—2006 和《高层民用建筑设计防火规范》GB 50045—95（2005 年版）的基础上，经整合修订而成。

自主学习任务：请查找本规范，找出防火分区和防烟分区的具体条款。

引导学生理解什么是工匠精神。工匠精神包括高超的技艺和精湛的技能、严谨细致、专注负责的工作态度、精雕细琢、精益求精的工作理念，以及对职业的认同感、责任感。思政教育的核心应落脚于学生人格的塑造，对生命价值的尊重。在工匠精神解读中，教师强调"专注"二字，引导学生在专业知识学习以及未来走上工作岗位之后如何专注于某件事，真正践行工匠精神。

2. 加压送风防烟

主要用于不符合自然排烟条件的防烟楼梯间及其前室、消防电梯前室及合用前室的防烟。另外，在高层建筑的避难层也需设置机械加压送风设备。

打开 Revit 软件，在真实项目无锡苏宁广场的 BIM 模型中演示加压送风系统中管道、正压送风口的三维图形及信息，见图 1。

图 1　加压送风系统 BIM 模型

3. 疏导排烟

排除着火区的烟气和热量，不使烟气流向非着火区，以利于人员疏散和扑救。

打开 Revit 软件，在真实项目无锡苏宁广场的 BIM 模型中演示排烟系统中管道、排烟口的三维图形及信息，见图 2。

图 2　疏导排烟系统 BIM 模型

小组任务：请找出所在教学楼内部的防火、防烟、排烟、疏散、灭火等措施和设备，拍照上传云班课，进行小组评比。

同学们可以走出教室，带上手机，以小组为单位，在规定时间内尽可能找出教学楼内部的防火、防烟、排烟、疏散、灭火等措施和设备，拍照上传云班课，见图3。准确率越高、种类越多的小组获胜。

图3 防火、防烟、排烟设施

【总结反思】

1. 课堂小结

（1）知识点总结：高层建筑火灾的不利因素，火灾烟气的三大危害和流动规律，控制火灾的主要措施。

（2）学法总结：云班课上传任务，学习BIM模型，网络平台查阅规范，刷抖音查找相关视频。

（3）课堂评价：根据云班课任务分享+微演讲+课堂表现进行综合评价。

2. 布置作业

（1）根据上传的图纸划分防火分区和防烟分区，并设计烟气控制措施。

（2）制作防火防烟行动的情景剧或抖音小视频，时长3分钟左右，主题为"防火防烟，从我做起"，上传云班课，进行小组评比。

通过课后作业的完成，培养学生专注的工匠精神，并自然地教育学生应具备良好的社会公德和职业道德；火灾发生后迅速采取防火防烟、疏导排烟、正压加压送风等措施保护自己，保护他人，迅速撤离，将损失降到最低。

工业机器人应用与维护：走近工业机器人

教师信息：吕世霞　**职称**：副教授　**学历**：研究生
研究方向：工业机器人技术
授课专业：汽车制造与装配技术
课程类别：理实一体化课程
课程性质：职业技术技能课

第一部分　设计思路

一、本次设计的课程思政目标

本次课程的思政目标是激发学生在专业课程学习过程中树立正确的世界观、人生观和价值观，了解科学精神、工匠精神、职业文化，提升职业道德、劳动美德等思想政治意识。

二、课程思政教学设计内容

1. 课前：课程思政引入

通过我校学生参加全国职业院校"工业机器人技术应用"大赛的视频资料引入，大家从身边熟悉的人和事开始了解，分析我们为什么要学习机器人相关课程，激发学生树立正确的人生观、价值观，对学习机器人产生兴趣。

2. 课中：课程思政贯穿授课过程

通过国内外机器人技术发展及应用情况的案例介绍，分析工业机器人在制造业中的地位，以及我国的机器人技术发展情况。

（1）通过分析国内外的机器人技术发展情况，不断激发学生开拓创新、坚定制造强国的理想信念。

（2）通过分析机器人的三定律，帮助学生树立正确的社会公德、职业道德、个人品德。

（3）通过参观机器人实训室，切身体会机器人的安全使用注意事项。将科学精神、职业精神、工匠精神、职业文化贯穿于课堂。

3. 课后：课程思政总结反思

通过分析本门课程的考核方案、课程评价方式，学生对自己的学习过程进行反思回顾，从而认识并规划自己的职业目标，不断将职业精神、工匠精神、科学创新精神贯穿到后续学习中。

第二部分 案例描述

走近工业机器人

【思政导入】

一、课程引入

1. 视频资料

我校学生参加全国职业院校"工业机器人技术应用"大赛（见图1），引入"工业机器人"课程。

通过身边熟悉的人和事，激发学生树立正确的人生观、价值观，使学生产生学习的兴趣。

图1 我校学生参加全国职业院校"工业机器人技术应用"大赛

2. 视频讲解

人机进行乒乓球对抗赛中机器人的作用。

【思政导入】

介绍机器人正在进行我们所熟悉的乒乓球运动（见图2），对大家进行理想信念教育，激发学生的创新精神。"我们中国的乒乓球最棒！我们自己是不是也可以和机器人进行乒乓球对决"，使学生产生学习的兴趣。

图2　人机对战

3. 网络视频

2015问计中国制造——"机器换人"视频资料讲解，了解我国机器人应用情况。

【思政导入】

观看央视新闻播出的问计中国制造——"机器换人"视频（见图3），激发学生学习科学文化知识的兴趣。"中国制造2025"，是我们这一代人的奋斗目标！"机器换人"，是我们这代人应该掌握并不断创新的中国精神。

图3　2015问计中国制造——"机器换人"

二、课程目标介绍

1. 视频资料

分析工业机器人在制造业中的应用，机器人技术已经在制造业中得到广泛应用。

【思政贯穿】

通过视频资料，了解机器人在国内外制造业中的应用（见图4），激发学生的理想信念，融入中国精神教育、创新发展、制造强国，激发学生的就业创业梦。

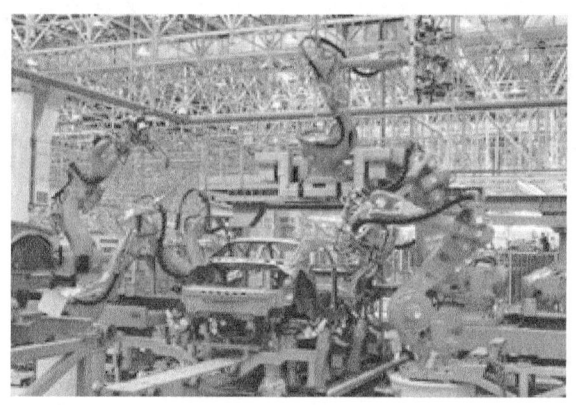

图4 汽车制造过程中的机器人应用

2. 就业需求分析

结合机器人应用情况，分析定位我们以后的就业岗位需求、岗位升迁过程，指明我们课程的学习内容和学习目标（见图5、图6）。

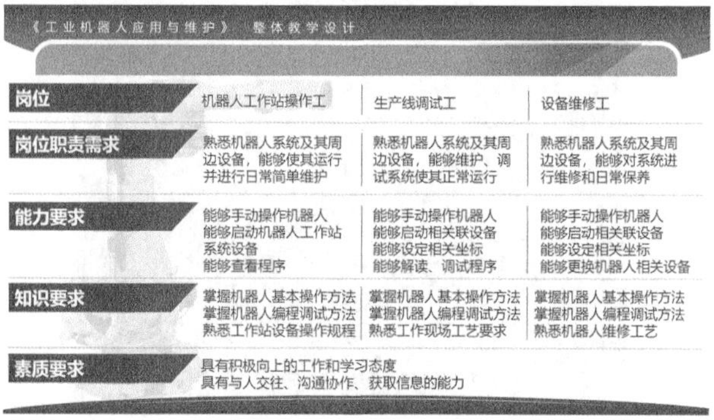

《工业机器人应用与维护》 整体教学设计

岗位	机器人工作站操作工	生产线调试工	设备维修工
岗位职责需求	熟悉机器人系统及其周边设备，能够使其运行并进行日常简单维护	熟悉机器人系统及其周边设备，能够维护、调试系统使其正常运行	熟悉机器人系统及其周边设备，能够对系统进行维修和日常保养
能力要求	能够手动操作机器人 能够启动机器人工作站系统设备 能够查看程序	能够手动操作机器人 能够启动相关联设备 能够设定相关坐标 能够解读、调试程序	能够手动操作机器人 能够启动相关联设备 能够设定相关坐标 能够更换机器人相关设备
知识要求	掌握机器人基本操作方法 掌握机器人编程调试方法 熟悉工作站设备操作规程	掌握机器人基本操作方法 掌握机器人编程调试方法 熟悉工作现场工艺要求	掌握机器人基本操作方法 掌握机器人编程调试方法 熟悉机器人维修工艺
素质要求	具有积极向上的工作和学习态度 具有与人交往、沟通协作、获取信息的能力		

图5 机器人就业岗位需求

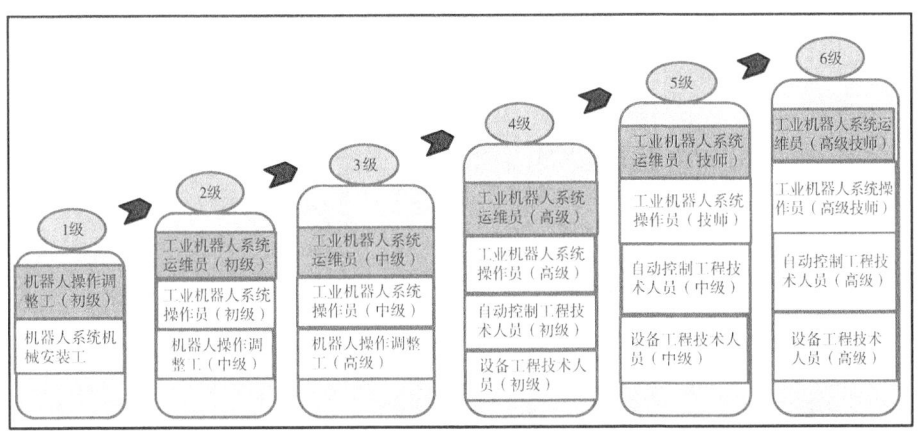

图 6　岗位升迁过程

【思政贯穿】

通过分析未来就业岗位需求，介绍职业精神、工匠精神，帮助学生明确学习目标，树立正确的人生观、价值观。

三、国内外机器人的发展情况

1. 我国机器人的发展历程

（1）西周时期，我国的能工巧匠偃师就研制出了能歌善舞的伶人，这是我国最早记载的机器人。

（2）春秋后期，我国著名的木匠鲁班，在机械方面也是一位发明家，据《墨经》记载，他曾制造过一只木鸟，能在空中飞行"三日不下"，体现了我国劳动人民的聪明智慧。

（3）1800年前的汉代，大科学家张衡不仅发明了地动仪，而且发明了计里鼓车。计里鼓车每行一里，车上木人击鼓一下，每行十里击钟一下。

（4）三国时期，蜀国丞相诸葛亮成功制造出"木牛流马"，并用其运送军粮，支援前方战争。

【思政贯穿】

通过分析我国机器人的发展历程，激发大家的爱国主义情怀，传承和发展中华优秀传统文化。

2. 机器人的应用情况

借助视频和网络材料，分析机器人的应用情况，使学生了解机器人已经在各行各业得到广泛应用（见图7）。

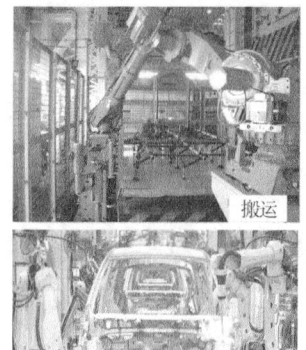

图7 机器人的典型应用

【思政贯穿】

通过视频资料中展示的机器人在各个行业的应用情况，激发学生的理想信念，不断树立科学严谨、开拓创新的精神。

3. 视频资料：介绍机器人三定律的内容。

（1）机器人不能伤害人类，或坐视人类被伤害。

（2）机器人应遵守人类的命令，与第一条违背的命令除外。

（3）机器人应能保护自己，与上述两条相抵触者除外。

【思政贯穿】

通过视频展示，分析机器人所必须遵循的三定律，帮助学生树立正确的世界观、人生观、价值观，潜移默化地进行社会公德、职业道德、职业伦理的真善美教育。

四、安全教育

1. 机器人实训室参观体验

【思政贯穿】

通过机器人实训室的参观体验（见图8），实际感受机器人的应用场合，激发学生的科学精神、职业精神，树立安全意识、工匠精神，渗入职业文化、职业伦理。

图 8　机器人实训室功能介绍

2. 讨论分析机器人使用过程中的安全注意事项
【思政贯穿】
参观机器人实训室后,大家分析讨论机器人使用过程中的安全注意事项,激发大家的安全意识、职业精神、职业伦理。

五、课程考核评价、学习方法及目标分析

教师介绍本门课程的考核方案和课程评价方式,总结分析本门课程的学习方法和学习内容,明确就业方向。

【总结反思】
通过本门课程的学习,帮助学生充分认识自己,树立正确的世界观、人生观、价值观,规划自己的职业目标,不断将职业精神、工匠精神、科学创新精神贯穿到后续学习中。

自动化生产线安装与调试：
分拣单元 PLC 侧输入输出设备接线与调试

教师信息： 马冬宝　　**职称：** 讲师　　**学历：** 本科
研究方向： 机电一体化技术
授课专业： 机电一体化技术
课程类别： 理实一体化课程
课程性质： 专业模块化课

第一部分　设计思路

一、本次设计的课程思政目标

课程思政总体目标是树立科技强国、制造强国的理想信念，为了实现中国制造而奋发图强的拼搏精神。

本次课程思政目标侧重于学生社会主义核心价值观的引领，主要内容包括"金扣子"中的四个方面：世界观、人生观和价值观教育；理想信念教育；社会主义道德教育；真善美教育。

本次课教学总长 90 分钟，内含课程思政 8 分钟。

二、课程思政教学设计内容

1. 课前：课程思政引入

通过组织学生观看劳模案例——高铁接线员姚智慧视频引入新课，用榜样的力量教育学生勤学知识、苦练技能，树立爱岗敬业的职业精神。

2. 课中：课程思政贯穿授课过程

技能培养画龙，课程思政点睛，教师言传身教，切实落实立德树人根本任务。深度挖掘教学过程中蕴含的思政元素，如讲解电子器件品牌时弘扬爱国主义，在实践操作环节强调精益求精的工匠精神，在环境整理环节培养劳动精神等，做到德技并修。

3. 课后：课程思政总结反思

课程思政设计是不间断的过程，不仅体现在课堂上，还要包括课后的有效延伸。教师通过给学生布置课后拓展作业，同时把课程思政点以问题的形式留给学生，引发学生课后的反思升华，达到锤炼品格的教育效果。

第二部分 案例描述

分拣单元 PLC 侧输入输出设备接线与调试

【思政导入】

一、课前签到（教学活动 1 分钟，课程思政 0.5 分钟左右）

教学活动：教师组织学生通过云班课完成签到。思政点融入"世界观、人生观和价值观教育"：签到守时，不能代签，让学生树立诚信意识，养成准时守纪的良好习惯。

二、引出学习任务（教学活动 4 分钟，课程思政 1 分钟）

教学活动：观看《新闻联播》五一假期·劳动者之歌：高铁接线员姚智慧视频（见图 1）引入新课——分拣单元 PLC 侧输入输出设备接线与调试。思政点融入"社会主义道德教育"：一日接线，终身负责，用榜样的力量教育学生树立爱岗敬业的职业精神。

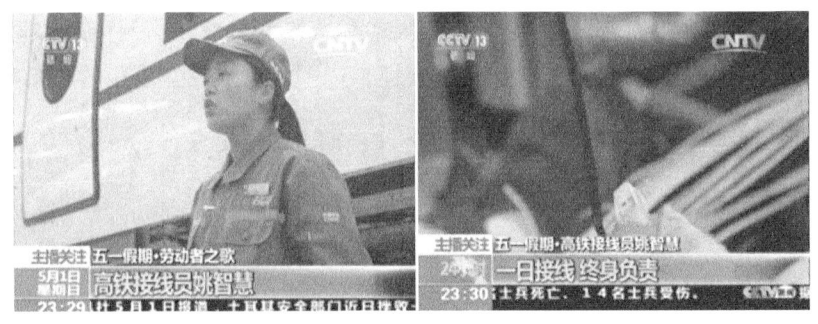

图 1 《新闻联播》劳动者之歌：高铁接线员姚智慧

【思政贯穿】

一、电气接线（教学活动 30 分钟，课程思政 3 分钟）

教学活动：学生依据活页式工作手册上绘制的电气接线图纸和专业技术规范要求完成按钮、传感器等输入设备的电气接线工作；教师组织各组学生领取导线、工具等耗材，指导学生完成小组人员分工，强调时间分数和节约成本分数获得办法。思政点融入"真善美教育"：通过在评分表中设置成本分和时间分，让学生树立耗材的成本意识、节约意识，在接线环节追求作业高效的基础上，注重接线质量，同时激发学生小组之间的竞争意识。通过小组分工完成任务，培养学生团队合作精神。通过按专业技术规范接线，培养学生规范意识等职业素养。

二、电气工艺（教学活动 8 分钟，课程思政 0.5 分钟）

教学活动：教师引导各组学生依据标准规范完成输入元件电气接线工艺的整理。思政点融入"真善美教育"：通过学生反复整理，严格遵守工艺规范要求，培养学生精益求精的工匠精神。

三、任务评价（教学活动 5 分钟，课程思政 0.5 分钟）

教学活动：教师布置评价任务，学生各小组利用 iPad 平板电脑登录 CIS 系统（世界技能大赛评价系统），依据活页式工作手册上的专业技术标准规范进行评分。思政点融入"世界观、人生观和价值观教育"：通过学生小组用 CIS 系统进行在线互评，让学生树立公平、公正的评价意识。

四、任务总结（教学活动 3 分钟，课程思政 1 分钟）

教学活动：教师分析 2019 年第 45 届世界技能大赛（见图 2）机电一体化项目中国没有获得金牌的原因。思政点融入"真善美教育"：强调标准意识、规范意识、安全意识及责任意识的重要性，进一步树立精益求精的工匠精神。

五、环境整理（教学活动 3 分钟，课程思政 0.5 分钟）

教学活动：教师引导学生依据 6S 要求完成设备整理，值日生完成实训室环境整理（见图 3）。思政点融入"真善美教育"：通过设备整理和环境整理培养学生劳动精神和良好的职业素养。

图 2　2019 年第 45 届世界技能大赛案例

图 3　学生完成设备和环境整理

【思政延伸】

课后拓展作业（教学活动 2 分钟，课程思政 1 分钟）。

教学活动：学生上网查找资料，完成拓展作业，选择国产传感器替换设备传感器。思政点融入"理想信念教育"：通过对比国产品牌与国外品牌的差异，教师提出问题：作为新时代的青年，应该怎么做？让学生思考树立爱国主义精神，奋发图强，实现中国制造的强国梦的重要意义。

汽车保险与理赔：汽车保险原则
——保险利益原则以及最大诚信原则

教师信息： 牛雅丽　**职称：** 讲师　**学历：** 本科
研究方向： 经营管理
授课专业： 汽车检测与维修
课程类别： 理实一体化课程
课程性质： 专业模块化课

第一部分　设计思路

一、本次设计的课程思政目标

本次课程设计的思政目标是树立学生诚信的生活信条和职业素养，增强社会主义法治观念，提升学生的思想政治素质。

二、课程思政教学设计内容

1. 课前：课程思政引入

提出学生在成为社会主义建设者之前，要具备优秀的职业精神和道德品质。诚信是每个公民以及职业人的基本要求，学生更应该遵纪守法，这是一个汽车保险从业人员的基本素质和职业要求，也是成为优秀社会主义建设者必需的思想政治素质。

2. 课中：课程思政贯穿授课过程

在教师讲解专业课程内容及要求的过程中，通过穿插对诚信概念的讲解以及法制观念的树立，结合专业课程的具体案例进行课堂讨论，让学生清楚意识到诚信及遵守法律的重要性，强化学生的诚信精神、职业素养和个人品德，加强学生的守法意识，提升学生的守法自觉性。

3. 课后：课程思政总结反思

通过学生喜爱的明星的事例，再次强调培养优秀品德和良好职业素养的重要性，要求学生课后根据课堂所学，总结自己有关教学知识点的收获和对于课堂思政内容的体会，深刻思考自己如何做才能诚信守法，成为优秀的保险从业人员，以及如何在以后的人生中走出一条守法、诚信的人生道路，提升自己的思想政治觉悟，成为优秀的社会主义建设者。

第二部分　案例描述

汽车保险原则——保险利益原则以及最大诚信原则

【思政导入】

某年 6 月 21 日，张强开着私家车办事途中，与另一辆车相撞。但当时他没有汽车保险，为了能给自己已经撞坏的车上保险，张强先把车修好，又通过熟人李华给车上了保险。之后，他拿出自己先前修车的票据，来到保险公司报案。虽然在时间上有个时间差，但因为张强到保险公司称，自己修车时没要发票，而后补的发票上的时间，就是开发票的时间。这样，在时间上很容易就蒙骗过关了。将所有理赔需要的"手续"都准备好后，张强通过"正规"渠道，得到了保险公司理赔 1.3 万元的答复。同年 12 月，张强从这家保险公司领走理赔款。

次年，业务员发现保险理赔中的问题，后经保险公司调查发现这是一起汽车保险诈骗案。

次年 11 月 20 日，该保险公司报了案。据公安机关走访调查发现，交警部门开出的《交通事故认定书》和上面的公章，都是张强和李华伪造的。11 月 30 日，张强和李华被刑事拘留，张强返还所有保险公司赔款。

请学生思考这个案例给自己带来了什么警示和启发，带着思考进入本次课程的学习。

一、保险利益原则

1. 保险利益的概念

保险利益是指投保人或者被保险人对保险标的具有的法律上承认的利益，

又称可保利益。有两层含义:
(1) 对保险标的有保险利益的人才具有投保人的资格。
(2) 保险利益是认定保险合同有效的依据。

2. 保险利益构成必备的条件

合法性:具备法律上承认并为法律所保护的利益。

经济上:用货币衡量,主要排除精神损失以及政治失利等。

确定性:必须是经济上已经确认或能够确认的。

【思政贯穿】

教师强调每个公民都应该有守法意识,其中违法案例如走私车辆、盗窃车辆不能够作为保险标的,非法的标的不能作为保险利益。购买走私车辆和盗抢车辆首先触犯了我国的法律,要受到法律的制裁,同时要承担一定的经济损失,甚至承担相应的刑事责任等。告知学生购买车险需要行驶证、车主身份证。走私车没有行驶证,即便买到保险也是不能获得赔偿的。告诫学生不管是作为车主还是保险从业人员都应该严格遵守国家法律,提升学生的守法意识。

3. 人身保险利益(课内扩展知识)

根据《保险法》第三十一条的规定,投保人对下列人员具有保险利益:
(1) 本人。
(2) 配偶、子女、父母。
(3) 前项以外与投保人有抚养、赡养或者扶养关系的家庭其他成员、近亲属。
(4) 与投保人有劳动关系的劳动者。

除前款规定外,被保险人同意投保人为其订立合同的,视为投保人对被保险人具有保险利益。

【思政贯穿】

列举案例如果投保人为自己不具有保险利益的人买了人身保险,即使对方出险,投保人也不能够得到赔偿,因为这种行为违反了保险法,学生要严格遵守我国各项法律规定。

教师总结,回看课堂思政导入的违法案例,车主张强违反国家法律,不仅要赔偿保险公司的经济损失,还要受到国家法律的制裁。警示学生,加强学生的守法意识,提升学生守法自觉特性。

二、最大诚信原则

1. 最大诚信原则的含义

保险合同当事人订立合同及在合同有效期内,应依法向对方提供足以影响对方做出订约与履约决定的全部实质性重要事实，同时绝对信守合同订立的约定与承诺。保险活动中对当事人诚信的要求要高于一般的民事活动。有诚意、守信用，是任何商业性契约的双方当事人所必须遵守的先决条件。

【思政贯穿】

教师带领学生再次分析课程开始时导入的案例，投保人不遵守诚信原则，对没有保险的车辆通过后买保险的方式试图欺诈保险公司，获得车辆事故损失的赔偿，最终被保险公司和公安机关侦破，需要承担相应的法律责任。学生被案例深深触动，深刻领悟做人诚信的重要性。此案例在警示学生要严守法律的同时还要诚实守信，诚信是每位车主以及保险从业人员最重要的素养，教师强化学生树立良好的职业道德和职业素养。

2. 最大诚信的内容

（1）告知。告知是指投保人把有关保险标的的主要事实如实地向保险人做口头或书面的陈述。

（2）保证。保证是指被保险人在保险期限内对某种事项的作为或不作为，即被保险人应承诺做某事或不做某事。

【思政贯穿】

教师强化学生，生活中的小事也要事事诚信，遵守社会公德。目前我国正在加强信用体系建设，每位公民都应该保证自己的行为在社会公德和社会法律准则允许的范围之内。比如，乘坐高铁时维护公共环境，路边停车及时交纳停车费。诚信守德守法不仅是个人素养的体现，更是国家法律的要求，是每个人应该尽到的个人义务。教师提醒学生，生活无小事，处处皆诚信。将教学课堂的诚信深入学生心灵，教育学生从身边小事做起，提高自身的思想品德及职业素养。

（3）说明。保险人在订立保险合同时，遵循公平原则向投保人明确说明当事人之间的权利和义务。

（4）弃权与禁止反言。弃权是指保险合同当事人放弃自己在合同中可以主张的某项权利；禁止反言是指保险人放弃某项权利后，不得再向投保人或被保险人主张这种权利。

【总结反思】

案例描述，选择学生喜爱的明星故事为例，华为更换代言人的案例，给学生先看一下两张明星图片，华为公司手机的两个代言人，询问学生喜欢谁，为什么？

华为荣耀手机的代言人原来是吴亦凡，后来换成了胡歌，这里面的原因是什么，两人的差别在哪里，让学生思考。

最后教师帮助总结：其实简单说两个人的差别就在品德，也就是我们常说的人品上，吴亦凡因为人品问题被爆出，华为公司认为他不适合华为产品的公司形象，相对而言，胡歌作为明星一直树立正面形象，比如诚信、善良等，与华为公司的品牌形象比较一致，所以更换。从这个案例中我们想到了什么？明星不光是拥有海量粉丝、优厚报酬收入、奢侈的生活，最基础的应该先有高贵的品质，树立良好的公众形象——诚信的人品。一个明星只有拥有优秀的品德才能代言，而我们作为一名普通人，同样拥有优质的德行才能在社会中有更长远的发展，走向人生更高的目标，这里面诚信的人品是功不可没的。

教师归纳总结课堂所学知识后，对学生强调守法与诚信不仅是对我们每个汽车保险职业人的要求，更是我国每个公民的义务，每位同学参与经济生活（从事保险行业工作）与社会生活（作为社会群体中的一员）时都首先要做到守法，树立诚信的人品。诚信是为人之道，是立身处事之本，教育学生重视培养自己诚信的品格，诚信是公民的第二张身份证。教师将课堂上的思政教育，升华为学生的人生品德与素养。

机床结构与控制：钻床与孔加工

教师信息：秦涵　**职称**：高级工程师　**学历**：本科
研究方向：机械工程
授课专业：数控技术
课程类别：理论课
课程性质：通用技术课

第一部分　设计思路

一、本次设计的课程思政目标

本次课的思政目标是让学生树立正确的世界观、人生观和价值观，具备良好的职业道德和个人品德。

二、课程思政教学设计内容

1. 课前：课程思政引入

提出大学生的成才目标包括树立正确的世界观、人生观和价值观，具备良好的职业道德和个人品德。要求学生在课程的学习过程中，树立正确的世界观、人生观和价值观，培养良好的职业道德和个人品德，全面提升思想政治素质。

2. 课中：课程思政贯穿授课过程

在教师讲解专业课程内容及要求的过程中，通过穿插讲解树立正确世界观、人生观和价值观的具体案例，让学生意识到树立良好职业道德和个人品德的重要性，为成为合格职业人打下良好的基础。

3. 课后：课程思政总结反思

要求学生在课后及时进行反思，想一想课上所听所学对自己的世界观、人生观和价值观有何触动，在社会主义职业道德和个人品德等方面有什么新认识。作为学生,大家除需掌握专业技能外,还应具备创新精神、科学精神、职业精神和工匠精神。

第二部分　案例描述

钻床与孔加工

【思政导入】

大学生应具备正确的世界观、人生观和价值观,成为对国家和社会有用的人。作为一名合格的职业人,还应具备良好的职业道德和个人品德。

一、学习任务布置

布置学习任务,公布第一道课堂作业题目:各种钻床的特点及加工范围是什么?

二、知识讲解与课堂练习

1. 钻床

钻床的加工方法及运动:播放视频《钻、扩、铰孔与镗孔》。

师生讨论:钻床和车床都能进行孔加工,应用场合有何不同?

(1) 台式钻床。简称台钻,结构简单、规格小、价格低,可安放在钳工台上使用。台钻的主轴一般具有五档转速,可通过安装在电机轴和钻床主轴上的带轮变换转速。台钻的钻孔直径一般在12mm以下,适宜加工单件、小批量的中小型零件,可进行钻、扩、锪、铰孔和攻螺纹等加工。

(2) 立式钻床。简称立钻,一般用来钻中型工件上的孔,其规格用最大钻孔直径表示,常用的有25mm,35mm,40mm,50mm等几种规格。

(3) 摇臂钻床。摇臂钻床有一个能绕立柱旋转的摇臂,主轴箱可在摇臂上做横向移动,并可随摇臂沿立柱上下做调整运动,操作时能很方便地调整到所需钻削孔的中心,而工件不需移动。摇臂钻床加工范围广,可用来钻削大型工件上的各种螺钉孔、螺纹底孔等。

学生完成课堂练习内容。

【思政贯穿】

内容一：习惯。

2008年暑假，我和几位老师一起去企业参加实践。走进车间，我见到正对面有一台九成新的摇臂钻。工作台上空空的，主轴箱处在摇臂的最外端。我对其他老师说："这个车间里一定没有老师傅！"

老师们惊讶地问："你怎么知道呢？"

我说："如果有老师傅，绝不会看着摇臂在这个位置过夜，这是一种习惯。我刚刚参加工作的时候，车间里有一位刘师傅，马上就要退休了。每天下班前，刘师傅都要在车间里转一大圈，把没人要的螺钉收集起来放进小木柜的抽屉里，把所有工作台上没装夹工件的摇臂钻的主轴箱摇到摇臂的最里面锁死。摇臂钻的主轴箱很重，如果整夜放在最外面，天长日久，机床摇臂会下垂变形，影响精度。虽然刘师傅马上就要退休了，但生产还要继续，机床是企业的生命线！后来，刘师傅退休了，我们都会在下班前自觉地把摇臂钻的主轴箱摇到最里面，也会随手把没用的螺钉收好，因为对于我们来说，这已经是一种习惯了。"

听了我的故事，所有在场的老师都感慨万千。

主轴箱位置摆放错误与正确的摇臂钻如图1所示。

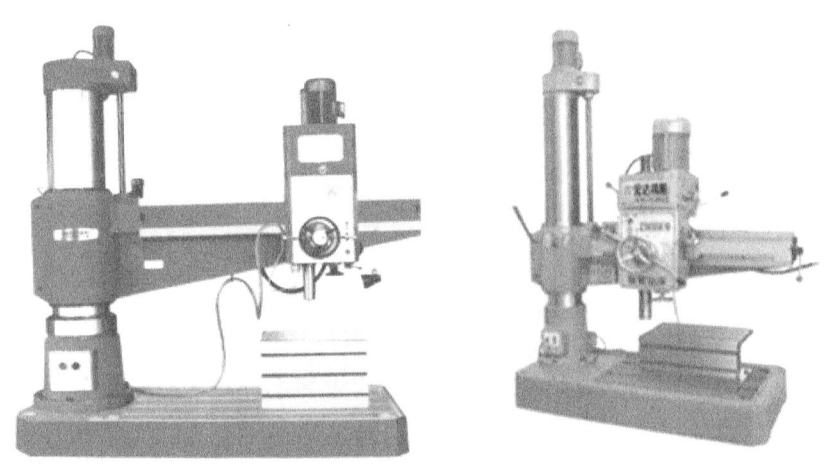

(a) 错误　　　　　　　　(b) 正确

图1　主轴箱位置摆放错误与正确的摇臂钻床

2. 钻头

（1）麻花钻。麻花钻是钻孔的主要工具，用于在实体材料上钻削直径为 0.1~80mm 的孔。麻花钻一般采用高速钢（W18Cr4V 或 W9Cr4V2）制成，淬火后硬度达 62~68HRC。麻花钻由柄部、颈部和工作部分组成。其中，柄部是钻头的夹持部分，用以定心和传递动力，有锥柄和直柄两种。一般直径小于 13mm 的钻头做成直柄；直径大于 13mm 的做成锥柄。

内容二：中华神功倪志福钻头发威。

那年，查鸿达在林仕豪当总工程师。当时，车间里的武师傅需要在厚 160 毫米的定模板中间打排孔，加工出一个 1100×700 的长方形通孔。老查催道："抓紧时间，加工中心那边在等了。"香港的吴主管道："你们这些工程师，画完图就行了，钻孔不是你想快就能快的！"边上的加拿大籍主管也说："你行吗？"老查想，不拿出本事来，你们还真以为大陆的模具工是吃素的呢！他立即磨好了一支 12×300 的加长钻头。

走到钻床边，加拿大主管看着老查磨的钻头，笑得直哆嗦，大叫道："大家快来看啊，查总工磨了一个钻木头的钻头！"老查说："现在钻一个孔要 20 分钟，我能 5 分钟钻一个！"来自加拿大和中国香港的两个主管都不相信，赌上了一千港币。老查把转速打高，把冷却液加大，手动走刀，用 3 分 17 秒直接把模板钻穿，吓得周围的人大呼小叫。他对武师傅说："模板是 45 钢的，这个钻头钻完这块板应该没问题。"

"港澳同胞和国际友人"取下钻头，像见了外星人一样翻来翻去看个不停。应林老板和工友们的要求，老查对用普通麻花钻头磨成的倪志福钻头做了简单介绍：倪志福搞发明创造出了名，当了全国总工会主席和全国人大常委会副委员长，人们把他磨出的钻头称为"倪志福钻头"。他说，这是群众发明的，就叫"群钻"吧。在同样的钻削条件下，"群钻"可提高钻头的一次刃磨寿命 3~5 倍，比普通麻花钻好用得多。

（2）群钻。群钻是利用标准麻花钻经合理刃磨而成的高生产率、高加工精度、强适应性、长寿命的新型钻头，目前已形成一整套钻型系列。主要用于钻削碳钢和各种合金钢的标准群钻具有"三尖、七刃、两种槽"。

麻花钻与群钻的头部结构比较如图 2 所示。

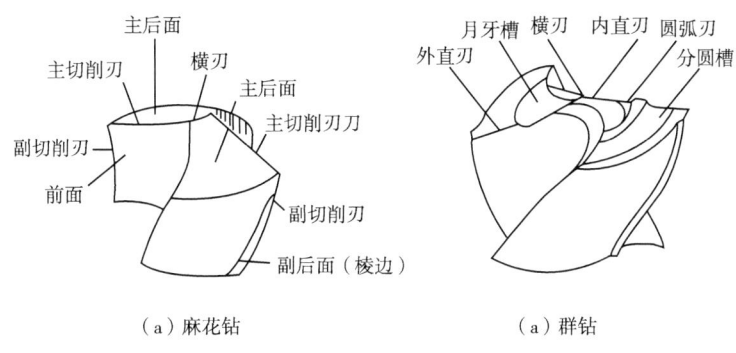

图 2　麻花钻与群钻的头部结构比较

3. 钻孔操作

（1）钻头的装夹。钻头的装夹方法因其柄部的不同形状而异。锥柄钻头可以直接装入钻床主轴孔内，较小的钻头可采用过渡套筒安装。直柄钻头一般采用钻夹头安装。钻夹头或过渡套筒的拆卸方法是将楔铁带圆弧的边向上插入钻床主轴侧边的锥形孔内，左手握住钻夹头，右手用锤子敲击楔铁，卸下钻夹头。

（2）工件的装夹。小件和薄壁零件钻孔时，要用手虎钳夹持；中等零件可采用平口钳夹紧；大型和其他不适合用虎钳夹紧的工件可直接用压板螺钉固定在钻床工作台上。在圆轴或套筒上钻孔，须将工件压在 V 形铁上，在成批和大量生产中，广泛采用钻模夹具钻孔。

三、课堂作业布置与练习

教师布置课堂作业第二题：请画出钻 45 钢用的群钻头部形状。学生进行课堂练习，在小组内完成自评、互评。

【总结反思】

回顾刘师傅爱厂如家的故事，想一想对自己的世界观、人生观和价值观有何触动，在社会主义道德教育（职业道德、个人品德）方面有什么新认识。老查使用群钻把钻孔的工作效率提高了数倍，扬了中华国威。作为当代大学生，大家都应该像他那样，不但具备扎实的基本功、高超的专业技能，还要积极培养自己的科学精神、职业精神和工匠精神。

专业英语：
公司及新产品展示、推介 PPT 的制作

教师信息：孙红梅　**职称：**副教授　**学历：**硕士
研究方向：机械电子
授课专业：数控加工与维修
课程类别：理实一体化课程
课程性质：专业基础课

第一部分　设计思路

一、本次设计的课程思政目标

本次课的思政目标是让学生能够增强职业素养、安全意识。以企业真实案例，让学生反思怎么真正做到认真规范、安全生产，避免事故。

二、课程思政教学设计内容

1. 课前：课程思政引入

提出学生不管以后从事什么行业，安全意识和责任心都是第一位的，在课程中要有意识地体会并且学习相关知识，提升自身素养。

2. 课中：课程思政贯穿授课过程

教师在讲授知识的同时，有意识地引导学生进行思考和讨论，逐步增强学生的安全意识，并且知道如何处理工作中遇到的类似问题。

3. 课后：课程思政总结反思

要求学生课后反思回顾，根据课堂所学所思，记录收获及体会，进一步总结安全事故发生的原因和如何避免或者解决。

第二部分 案例描述

公司及新产品展示、推介 PPT 的制作

【思政导入】

以一个谚语，教育引导学生，无论学习还是工作生活，都要有恒心和毅力，坚持的力量可以产生很大的效应！

一、基础知识部分

这是每节课的固定模块，目的是增强趣味性、调动学生的学习积极性，并且适时引入思政教育的元素。

Part1. 谚语 English proverb。

Constant dripping wears away a stone.

水滴石穿，绳锯木断。

Part2. 绕口令 Tongue twister

A big black bug bit a big black bear, made the big black bear bleed blood.

大黑虫咬大黑熊，大黑熊流血了！

【思政贯穿】

日常教学发现，学生的发音不太准确，尤其是形音近似的单词，但是正所谓"差之毫厘，谬以千里"，必须及时纠正，这也是传递给学生治学和工作的一种认真的态度。

Part3. 安全标识图片 Security identification picture（见图1、图2）。

图1

图 2

安全教育常抓不懈。引入企业真实案例：某世界知名企业一个生产车间，一位资深的师傅让刚入厂员工关闭一台机器开关，但是指令不是非常清楚，而且偏巧这个新员工职业素养较差，在没有问清楚得到的准确指令的情况下，就自我判断，把车间总闸关闭，造成该车间所有设备瞬间停止，所幸没有造成人员伤亡，但是直接经济损失 30 多万元。不仅使得大家受惊、影响正常生产，这名员工因此也被开除，还给自己的母校造成了不良影响。

这个真实的案例，告诉我们做事一定要认真、严谨规范，对于不清楚的事情要搞懂弄清，而不是在经验不足的情况下妄下判断，以免造成人员和经济损失。

职业素养、安全意识，不是空谈，而是要切实地体现在我们平时的学习和工作中，严格按照规章、规程、警示标志等来工作，对自己和他人负责。

二、实例展示

教师给出某产品的简短推介样例（见图 3～图 7），使学生感受什么样的 PPT 效果较好，客户的需求是什么。

图 3

图 4

图 5

图 6

图 7

三、实践应用

假设你是某公司销售经理，拟向公司客户或者代理商推荐你公司产品，在推介会上，请你准备 10 分钟左右的英文版产品介绍。

要点：

（1）PPT 中的文字言简意赅，不能太多，以纲领性、标题式文字形式出现，切忌大段文字。注意字号，大小适中，书写正确。

（2）图片醒目，对于你要表达的产品主题起到有效的支撑作用。尽量多图片少文字。

（3）介绍产品过程中，语言干练准确，发音标准，声音洪亮，且对你所推介的产品性能、参数、功用、特点等全方面地熟悉，以应对客户提问，可以做一些事前的准备工作。

（4）介绍过程中可以有提纲式的参考，但是全过程大多数时间微笑面对你的客户，眼神、手势、语言、PPT 的切换配合好，自然流畅。

四、分组讨论

自由分组，选出组长，确定下次各组 PPT 展示的主题产品，列提纲、人员分工搜集相关素材。

【总结反思】

反思和头脑风暴：通过本节课教师讲授的安全案例和知识等，让学生总结一下自己的收获和感悟，或者还有无其他的案例分享。鼓励学生：通过我们大家的共同努力，早日把中国制造变成中国创造，在更多的领域拥有我们的自主知识产权，早日实现中华民族的伟大复兴！

材料创新：蓝白之美

——蓝印花布传承与创新

教师信息：王明杰　**职称**：副教授　**学历**：研究生
研究方向：服装设计
授课专业：服装设计与工艺
课程类别：理实一体化课程
课程性质：专业基础课程

第一部分　设计思路

一、本次设计的课程思政目标

本教案属于"金扣子"类型教案，本课程是艺术类专业课程之一。在材料创新中融入传统蓝印花布的教学。在教学中既要展示印染的独特艺术魅力，又要掌握印染的特殊制作工艺，从而培养学生欣赏美、发现美、创造美的能力。作为以传承、延续、开拓、创新为目的的教学目标，与时俱进、客观清醒地认识传统文化精髓，把握时尚服饰文化，继承发展本民族传统文化资源，使之得以良好的延续与发展。

1. 知识目标

让学生通过欣赏、观察与比较，了解印染工艺的制作过程及方法。让学生在欣赏过程中感受和理解印染工艺的美感、功用及人文价值；尝试蓝印花布的设计和制作。

2. 能力目标

汲取蓝印这一民间艺术的营养，巧用身边易于寻找的材料，联系生活实际，学习民间印染工艺方法。

3. 素质目标

感受蓝印花布的深厚文化内涵和审美价值，着力培养学生耐心细致的工作态度和对传统工艺的热爱。激发学生美化生活的愿望。在集体合作中锻炼学生的协作能力，培养学生的团队精神；学会与他人分享，体验成功的喜悦。

二、课程思政教学设计内容

1. 课前：课程思政引入

要求学生调研相关服装材料的流行情况，了解传统印染在服装材料方面的应用案例，激发学生热爱非物质文化遗产的情感。

2. 课中：课程思政贯穿授课过程

在教师讲解专业课程内容及要求的过程中，通过欣赏蓝印花布的艺术特点，激起学生的创作欲望。鼓励学生自主探究。感受蓝印花布的深厚文化内涵和审美价值，培养学生爱生活的美好情操；结合创新实践，让学生清楚意识到具备实践思维及创新的重要性。

3. 课后：课程思政总结反思

要求学生课后反思回顾，根据课堂所学所思，记录收获及体会，进一步思考如何能吸收中国传统文化用于材料的创新，增强民族自豪感。

第二部分　案例描述

蓝白之美——蓝印花布传承与创新
（教学时长90分钟）

【思政导入】

教师带着一个传统的蓝印花布作品走进课堂（见图1）。提问：同学们，这件作品美不美？同学们，你们想知道这些美丽的图案是怎样制作出来的吗？

讲解：蓝印花布是一种古老的纺织染色工艺，蓝印花布源于秦汉，兴盛于唐宋时期，老百姓又称之为浇花布。蓝印花布最具典型的就是蓝底白花和白底蓝花的图案。以全手工的印染技艺、简洁而淳朴的蓝白之美闻名于世，是中国传统的刮浆防染印花布。其精湛的技艺和娴熟的刀法，在我国传统印染中独树一帜。

图 1

服装是一种文化载体,要把传统用文化融入设计,体现我们的文化自信。

一、回顾历史

欣赏教学资源库短片。介绍青出于蓝的典故,激发学生对传统文化的探究。中国人利用蓝草的色素染色,可追溯到春秋战国时期。战国后期的大思想家荀子,目睹绿色"蓝草"的色素转化过程及染出由黄变绿、由绿变蓝、再变青的过程,发出"青,取之于蓝,而青于蓝"的感叹。通过视频了解南通蓝印花布民间艺人吴元新一家的蓝白梦,了解南通蓝印花布的历史及现状。通过视频展示复杂的蓝印花布工艺流程,学生基本能体会蓝印花布工艺的复杂和艰辛,心中不由会产生对劳动人民朴实、勤劳、不怕困难精神的敬佩之情。

二、学习技艺

介绍工艺流程:介绍流程,体会传统文化的不易及工匠精神的魅力(见图2)。

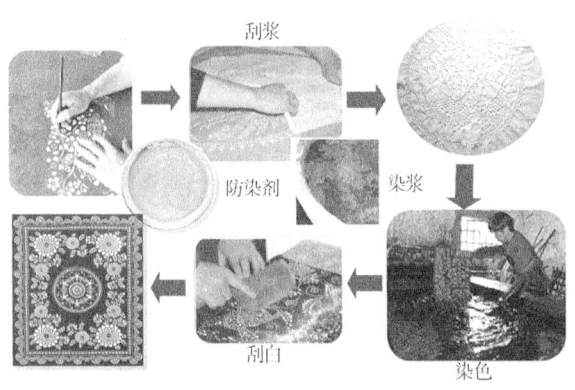

图 2

刻板技巧：蓝印花布跟其他蓝染的工艺方法不同的是，蓝印花布的花版的特点是断刀，南通蓝印花布在工艺上擅长小点的运用。主要是运用大小不同的圆点来塑造图形，这些圆点精心排列，组合成有规律、有变化，层次丰富，疏密相间的优美图案，给人以美的享受（见图3）。

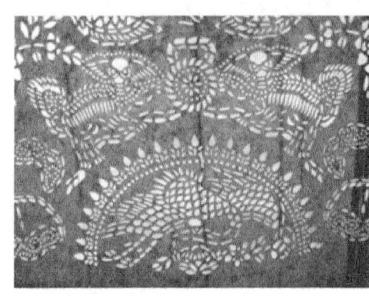

图3　学习刻花版

在教师的引导下，在刷过桐油的纸版上刻花。用专用工具刻板。强调安全使用工具。注意刻刀的技巧，使用时刻刀需竖直，力求上下层花形一致。刻刀有斜口单刀、双刀、圆口刀之分，板下垫一层不伤刀口的垫子，有助于刻画自如。

三、传承与创新

1. 了解古老工艺——画一画、刻一刻、印一印

本环节是本课的重点和难点，让学生明确我们的任务是传承创新。从画蓝印的方法步骤探讨传统蓝印花布的设计，从古老工艺了解点的构成，从图案寓意明确要画内容的吉祥寓意，从构图了解蓝印花布图案构成，通过教师示范，让学生明确如何创新。

2. 创新实践：以猪年为题材，设计生肖猪的蓝印花布

蓝印花布的图案通常取材于百姓喜闻乐见的民间故事和戏剧人物，但更多的是由动植物和花鸟组合而成的吉祥纹样，这些吉祥纹样不仅包含了普通大众对美好生活的企盼和祝福，也有其特殊的吉祥寓意。首先需要做的是图案的设计与构思。生肖是一种吉祥图案，寓意着美好。我们用蓝印花布这种形式进行生肖猪的创新设计，要求：

（1）自由设计生肖猪图案，力求美观，重在创新。

（2）设计应简洁美观，不局限于点的运用。

教师巡回辅导,实时点拨。作业展示,讲评。

图4为学生的作品。

图4 学生作品——生肖猪蓝印花布

【总结反思】

本课我们一起学习了蓝印花布在服装材料中的运用,了解了蓝印花布的制作流程,欣赏了很多优秀的蓝印花布作品,通过画蓝印认识了蓝印花布图案寓意、图案构成等基本知识。蓝印花布经历了从古典到现代,从老旧到时尚的过程,将继续美化我们的生活。我们要领悟传统印染花布所折射出的深厚的文化底蕴,在服装设计领域充当新时代的文化传承者。

大数据互联网营销：
为电商网站设置 SEO 关键词

教师信息： 王萍　　**职称：** 副教授　　**学历：** 本科
研究方向： 电子商务精准运营
授课专业： 电子商务
课程类别： 理实一体化课程
课程性质： 职业技术技能课

第一部分　设计思路

一、本次设计的课程思政目标

本次课的思政目标是通过对学生开展社会主义道德教育（职业道德）和真善美教育（科学精神），在提高学生认知和技能水平的同时，培养学生"团结拼搏、友爱协作、实事求是、尊重他人"等终身受益的优良品格和"依据科学的数据分析进行决策、精益求精追求卓越"的职业精神，将立德树人落到实处。

二、课程思政教学设计内容

1. 课前：课程思政引入

根据学生思维发散、活跃，自我意识较强，有一定的创新意识，但做事缺乏严谨和追求卓越的工匠精神不足的现状，提出：电子商务专业的学生需要具备基于数据分析进行决策的科学精神和精益求精的工匠精神。

2. 课中：课程思政贯穿授课过程

本次课的教学遵循学生主体、教师主导的教学理念，以真实任务为载体，采用任务驱动、问题引导、小组合作等方法，以"五步法的实施"作为教学主线，将课程思政与专业培养相融合，以"基于数据分析进行决策的科学精神和精益求精的工匠精神"作为课程思政教学主线，在完成学习任务的过程中培养学生"发现、分析、解决问题"的能力，培育学生终身受益的优良品格和追求卓越的职业精神，将立德树人落到实处。

课程思政的教学方法包括：讲授、分析对比和沉浸式等。为了培养学生团队协作意识而开展的"学生课前分组调研、课上小组讨论与小组共同探究式学习"等沉浸式教学贯穿于教学的全过程。思政元素与教学内容的主要融合手段有：画龙点睛、隐形渗透、专题嵌入等。

3. 课后：课程思政总结反思

教学过程把"育人"放在首位，并贯穿始终，课程思政与专业教学融合度高，"润物无声"地将立德树人落到实处。

第二部分　案例描述

为电商网站设置SEO关键词

【思政导入】

工匠精神是一种严谨认真、精益求精、追求完美、勇于创新的精神，包括高超的技艺和精湛的技能，严谨细致、专注负责的工作态度，精雕细琢、精益求精的工作理念，以及对职业的认同感、责任感。中华人民共和国成立以来，我们党在带领人民进行社会主义现代化建设的进程中，始终坚持弘扬工匠精神。党的十八大以来，习近平总书记多次强调要弘扬工匠精神。党的十九大报告提出"弘扬劳模精神和工匠精神"。党的十九届四中全会《决定》提出"弘扬科学精神和工匠精神"。在新时代大力弘扬工匠精神，对于推动经济高质量发展、实现"两个一百年"奋斗目标具有重要意义。

本次课通过把科学精神与工匠精神融入完成工作任务的每一个环节，培育学生敬畏职业、追求完美的职业精神。

（1）严谨专注。对关键词的取舍保持严谨的态度，保持科学的头脑，依据科学的数据分析进行行动决策。

（2）精益求精。始终保持对"挖掘出优化效果好的关键词"的追求，不断优化选词，尽全力提升客户电商网站的关键词搜索排名。

【思政贯穿】

本次课引入企业真实任务，以"关键词分析五步法"作为教学的核心内容，教会学生使用"想→看→选→筛→布"为电商网站设置"优化效果好"的关键词，以提升网站在百度搜索引擎中的关键词搜索结果自然排名（见图1）。

图1 教学的核心内容为"关键词分析五步法"

教学过程遵循学生主体、教师主导的教学理念，以真实任务为载体，采用任务驱动、问题引导、小组合作等方法，以"五步法的实施"作为教学主线，以"基于数据分析进行决策的科学精神和精益求精的工匠精神"作为课程思政教学主线，将课程思政与专业培养相融合，在完成任务的过程中培养学生"发现、分析、解决问题"的能力（见图2）。

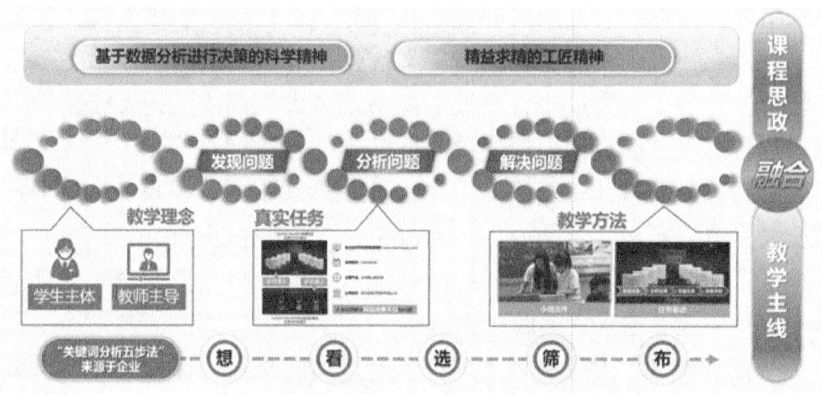

图2 将课程思政与专业培养相融合

一、布置任务

在任务布置阶段，教师播放视频，创设学习情境：安比逊电子商务有限公司是家小微企业，主营台湾高山有机乌龙茶，品牌名称是 CHACHALADY。产品网站上线后，流量一直不高，企业希望解决这个问题。

二、分析任务

要想科学地优化网站关键词，就必须搞清楚"关键词与网站搜索排名之间的关系"。为了培养学生严谨的科学精神，遇到问题时，能以理性的思维去思考，用科学的分析工具协助开展定量分析，教师引导学生使用大数据分析工具"百度统计"，查看并分析企业网站的流量来源，发现访问网站的关键词主要是品牌名称；结合课前自主学习，学生自主分析得出：网站需要实施关键词优化——确保搜索"乌龙茶"等关键词的用户，能在搜索结果靠前的位置看到企业网站的链接（见图3）。

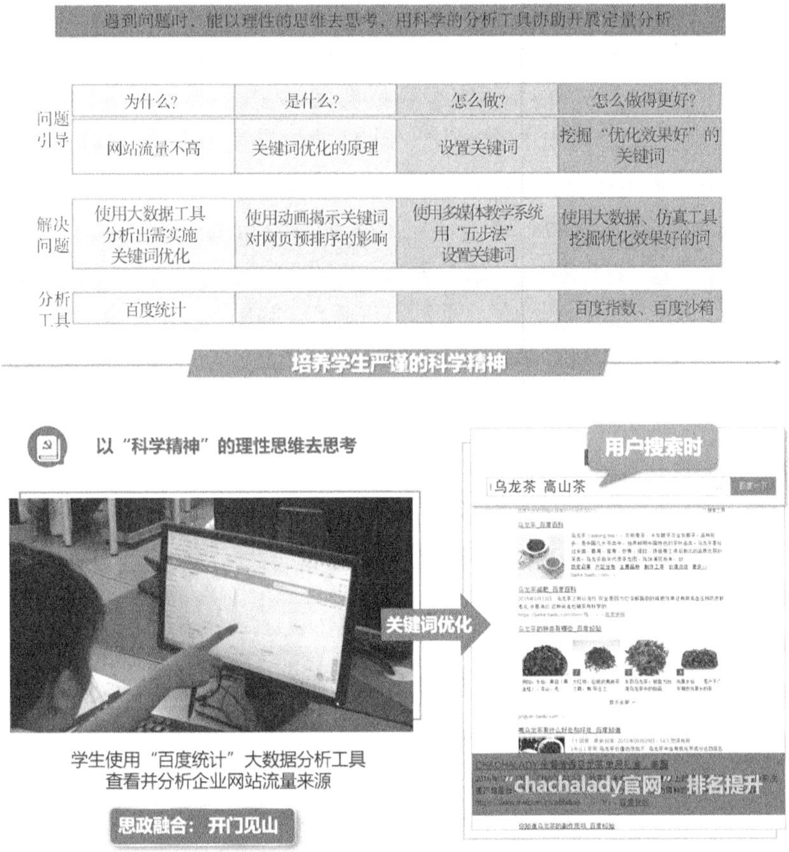

图3 培养学生严谨的科学精神

三、知识准备

为了给学生奠定"实施五步法"的理论基础，使其理解"关键词与网站搜索排名之间的关系"，教师通过问题引领，引发学生思考；利用动画揭示"搜索引擎根据关键词，对网页进行预排序的过程"，引导学生根据预排序过程绘制思维导图；经过教师分析、讲解，小组学生对排序过程相互讲解，使学生明确"关键词优化的核心就是要找到匹配度高的关键词"。

四、任务实施（为网站首页设置关键词）

理解工作原理后，教师带领学生按"关键词分析五步法"的"想"——依据行业核心词进行拓展想词；"看"——查看商业伙伴的关键词，分析关键词与网站、与产品特点之间的关系，确定优化重点；"选"——通过数据分析，找到流行度"高"的关键词；"筛"——通过数据分析，筛去竞争力"弱"的关键词；"布"——布局关键词，设置网站首页关键词。

在"想"的阶段，教师引导学生根据网站主题，以核心关键词"乌龙茶"进行思维拓展，列出8个词语。针对学生提交与网站主题无关的"热词"，教师播放动画强调要用"辩证思维"，即从整体、本质上去看待事物。尽管"热词"能暂时给网站带来一定的流量，但与网站主题无关的"热词"带来的访客，不是潜在客户，跳失率高、转化率极低，有时还可能造成访客的反感，给网站带来负面影响。通过辩证思维的教育，进一步巩固学生科学精神的建立（见图4）。

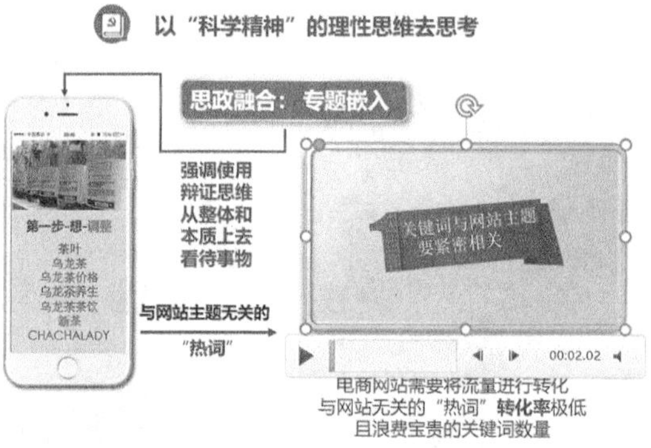

图4 巩固对学生科学精神的树立

由于用户的搜索习惯并非一成不变，且市场是动态变化的，因此关键词的设置不可能一蹴而就,需要以"精益求精"的工匠精神,使用科学的数据挖掘工具,对每个词语进行甄别。教师通过层层设问,引导学生结合课前的调研活动,分析出"优化效果"取决于"关键词流行度"与"关键词竞争力"两个因素(见图5)。

图5 "优化效果"取决于两个因素

"工匠精神"的灵魂在于执着专注和追求完美。在"选"与"筛"的阶段,教师指导学生使用大数据工具"百度指数",查看并分析海量网民在"百度"中以"乌龙茶"为核心的搜索行为,开展关键词挖掘,选出流行度高的词;再使用"百度沙箱"分析关键词竞争力,将竞争力弱的词筛掉(见图6)。

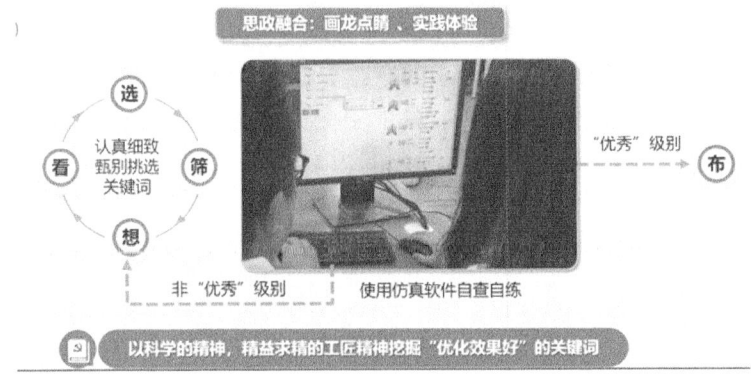

图6 学生使用大数据分析工具反复甄别

学生利用仿真软件检测词语的优化效果，在工匠精神的感召下，没有达到"优秀"级别的小组自发地重复着"想、看、选、筛"四个步骤，认真、细致地甄别和挑选关键词，最终，使挖掘出的关键词都满足"优化效果好"的条件（见图7）。

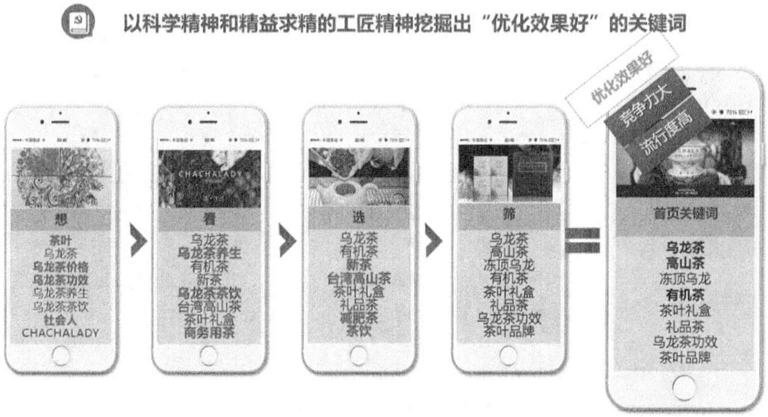

图7 "工匠精神"感召学生认真完成任务

【总结反思】

实践是马克思主义哲学首要和基本的概念，是马克思主义哲学创新与实现伟大变革的出发点和源泉。正是从人的现实生活和实践出发，马克思主义哲学才得以产生，得以超越传统哲学，实现伟大变革。只有在学习和生活中不断思考，深入体会理论和实践的相互关系，坚持做到从实践出发、以实践为基点来认识社会，才能科学把握马克思主义哲学的精神实质和现实意义，并最终提升自己的马克思主义思想理论水平。

工匠精神，既是一种做事的态度，也是一种从业追求；既是一种执着，也是一份责任。培育学生依据科学的数据分析来决策的思维方式和在做事时精益求精、追求卓越的执着精神，是电子商务专业的需要、时代的需要，更是建设社会主义强国的需要。

水环境监测：水质总硬度的测定

教师信息：谢国莉　职称：讲师　学历：硕士
研究方向：环境监测
授课专业：环境工程技术
课程类别：理实一体化课程
课程性质：专业模块化课

第一部分　设计思路

一、本次设计的课程思政目标

本次设计的课程目标以及包含的思政目标如下：

（1）掌握水质总硬度概念及其对生产生活的影响，使学生树立社会主义生态文明观，明确节能减排的重要性。

（2）能够正确地完成水样采集，培养学生以人民为中心的意识和责任担当。

（3）掌握水质总硬度的测定原理及测定过程，使学生具备良好的职业素养和工匠精神。

二、课程思政教学设计内容

1. 课前：课程思政引入

用水质总硬度过高导致的安全事故图片做引入，让学生明确自己未来所从事的工作与生产安全的重要关联，清楚自己责任重大，培养学生良好的职业素养。

2. 课中：课程思政贯穿授课过程

在讲解水质总硬度概念以及总硬度过高的危害过程中，将社会主义生态文明观、民生福祉、节能减排的内容融入其中。在讲解水样采集过程时，帮助学生树立以人民为中心的意识,培养责任担当意识。在讲解和指导学生完成测定水质总硬度项目的过程中,注重培养学生的工匠精神以及职业素养。

3. 课后:课程思政总结反思

教师引导学生课后进行反思,总结本次课的收获及体会。优秀之处继续发扬,不足之处反思原因,总结改进不足的方法。鼓励学生运用所学知识解决实际问题,做到理论指导实践、知行合一。

第二部分 案例描述

水质总硬度的测定

【思政导入】

首先用一张锅炉爆炸后的图片做引入,锅炉爆炸造成了人员伤亡和财产损失,那么锅炉为什么会爆炸?原因就在于锅炉用水的总硬度过高。由此引出本次课程内容,让学生明白自己未来所从事的工作与生产安全的重要关联,明白责任重大,培养学生良好的职业素养。

【思政贯穿】

一、水质总硬度概念及其对生产生活的影响(思政内容为社会主义生态文明观、民生福祉、节能减排)

明确给出水质总硬度定义以及分类,引导学生思考总结出日常生活中烧开水时的白色水垢就是总硬度过高的表现。现在很多老百姓家中都安装了净水器,这就体现了老百姓对美好生活的向往。习近平总书记在党的十九大报告中说过:"人民对美好生活的向往,就是我们的奋斗目标。"我们水环境监测的相关工作,不光是能防治水污染,践行"绿水青山就是金山银山"的社会主义生态文明观,同时也能让老百姓喝上放心水,为民生福祉做贡献。

结合实例讲述水质总硬度过高对人类健康的影响,如水土不服、肾胆结石等,对食品加工工业的影响——导致蛋白质沉淀。用废弃暖气管道的图片,让学生观察管道水垢,告知学生暖气管道每生成1mm水垢,就会多消耗3%~5%的能源,造成能源浪费,不利于节能减排。同时大家可以观察到水垢形成厚度不均,加热时受热不均,还会引起爆炸,这就是水质总硬度过高导致锅炉爆炸的原因。通过日常生活和生产中的实际案例，以及布置的课外小实验，激发学生学习兴趣。

二、水样采集（思政内容为以人民为中心、责任担当、劳动教育）

本次课程所选用的水样是环境技术系党支部"红色1+1"共建村庄的自来水和直饮水，村民反映村中自来水烧开后水垢很多，村民们担心饮用后对身体健康不利，希望学校能够帮忙测一下。接到村民求助后，部分学生课前跟随老师去村中现场采集水样，并在村中进行垃圾分类环保宣讲、帮助村民清理地膜，师生们把环保的理念带到农村去，为村民树立生态文明意识，让绿色的种子在农村生根发芽，共建美丽乡村。生态文明建设功在当代、利在千秋。通过志愿服务的形式号召学生结合自身所学，发挥专业优势，深入基层，用扎实细致的专业知识服务群众，提升了学生专业水平、责任感和使命感，增强了学生以人民为中心、为人民服务的意识。这些学生又将这种敬业精神、责任和担当扩散给班上其他同学，充分发挥榜样的力量，带领全班同学共同进步。

三、水质总硬度的测定原理及测定过程（思政内容为节约环保、工匠精神、职业素养）

引导学生用已有知识解决实际问题。水质总硬度是指水中钙镁离子总量，那么如何测定钙镁离子？请学生选择滴定方法、滴定剂、指示剂和所使用的缓冲溶液，然后思考为什么选择pH=10的氨缓冲液，引出指示剂铬黑T性质的知识讲授。通过提问结合学生的回答，引导学生自己归纳总结出测定水质总硬度的原理，调动学生主动思考的积极性。分析滴定前、滴定过程中及滴定终点时发生的主要反应，用所学知识解释滴定终点变色现象。归纳出计算总硬度的公式，如图1所示。

引导学生归纳总结出测定原理后，教师提出完成测定过程中需解决的问题，请学生思考并回答。解决这些问题后，请学生分组自行设计配制和标定EDTA溶液的方法，培养学生团队合作完成任务的能力。

接下来教师给出国家标准方法测定的具体步骤，播放自己录制的测定过程小视频，请学生仔细观察，培养学生观察思考能力。通过细致观察发现视频中加入了一种叫作三乙醇胺的试剂，三乙醇胺是什么？为什么要加入？引出指示剂封闭现象的知识点。

课堂上完成实验过程以及数据处理，在开始实验前认真计算，制定出合

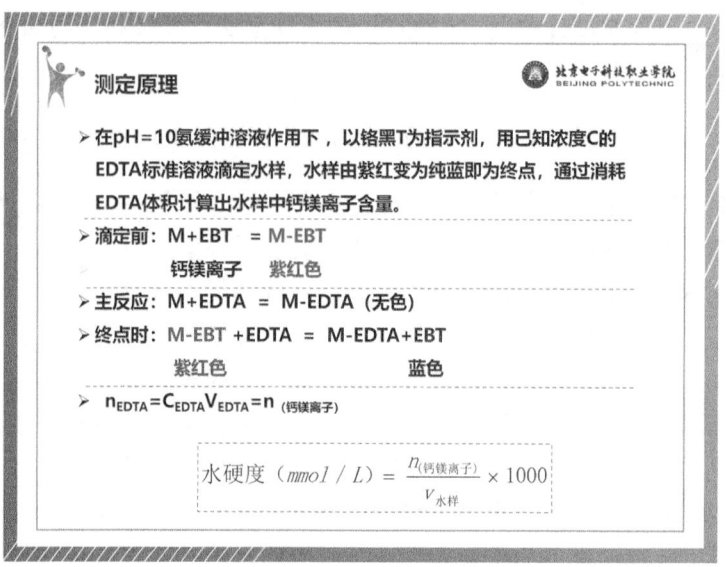

图 1 水质总硬度测定原理

理的器材和试剂用量,培养节约环保意识;实验过程中规范操作,数据处理仔细严谨,发挥精益求精的工匠精神;实验结束后,认真整理实验室卫生,帮助学生树立正确的劳动态度,自己热爱劳动并且能够尊重他人的劳动成果。

【总结反思】

教师引导学生课后进行反思,总结本次课的收获及体会。优秀之处继续发扬,不足之处反思原因,总结改进不足的方法。学生根据测定水样选择相应的国家标准进行结果评价,并将测定结果和评价反馈给村民,把理论知识和实践联系起来,在为人民服务的实践中锻炼自己,做到格物致知、知行合一。

数学：常用逻辑用语

教师信息：邢斐斐　**职称**：讲师　**学历**：研究生
研究方向：应用数学
授课专业：相关专业
课程类别：理论课
课程性质：公共基础课

第一部分　设计思路

一、本次设计的课程思政目标

本次课的思政目标是通过具体的命题实例，培养学生发现问题、提出问题、分析问题、有创造性地解决问题的能力；培养学生抽象概括能力和思维能力。通过实例、PPT展示、小故事等方式结合知识点阐述育德树人思想。

二、课程思政教学设计内容

1. 课前：课程思政引入

将马克思主义辩证思维方法引入本次课程，让学生在课程学习中体会马克思主义实践思维方式，注意提升自己的思想政治素质。

2. 课中：课程思政贯穿授课过程

在讲授本次课程内容及学生学习思考的过程中，不断渗透辩证唯物主义的价值观，让学生树立正确的人生观，在学习中提升个人修养，培养学生抽象概括能力和思维能力。

3. 课后：课程思政总结反思

要求学生课后反思，根据课堂所学所思，思考如何能具备马克思主义辩证思维方法，提高自己的政治思想觉悟。

第二部分　案例描述

常用逻辑用语

【思政导入】

故事：歌德是 18 世纪德国的一位著名文艺大师，一天，他与一位文艺批评家"狭路相逢"。这位批评家生性古怪，遇到歌德走来，不仅没有相让，反而卖弄聪明，一边高傲地往前走，一边大声说道："我从来不给傻子让路！"面对如此尴尬的局面，但见歌德笑容可掬，谦恭地闪在一旁，一边有礼貌地回答道："呵呵，我可恰恰相反。"结果自作聪明的批评家，反倒自讨了没趣。

判断语句："没有共产党就没有新中国"是不是就是说"有共产党就一定有新中国"？或者"有新中国就一定有共产党"？

【思政贯穿】

一、概念

1. 引例

（1）$2+2\sqrt{2}$ 是有理数。

（2）$1+1>2$。

（3）新型冠状病毒肺炎是怎样传染的？

（4）只有社会主义才能救中国，只有中国特色社会主义才能发展中国。只有坚持和发展中国特色社会主义才能实现中华民族伟大复兴。

融入课程思政元素，阐述中国国情，只有坚持中国特色社会主义道路才是中国的出路，引导学生树立正确的价值观。

2. 命题的定义

能判断真假的陈述句叫作命题。

3. 命题的分类

真命题：判断为真的语句。

假命题：判断为假的语句。

4. 命题的形式

在"若 p，则 q"的命题形式中，p 叫作命题的条件，q 叫作命题的结论。

二、例题讲解

例 1：判断下列语句是不是命题，如果是，请判断真假。

（1） $p(x)$： $x^2-1=0$。

（2） $q(x)$： $5x-1$ 是整数。

（3） $5×5-1$ 是整数。

（4） 对所有的整数 x， $x^2-1=0$。

（5） 对所有的整数 x， $5x-1$ 是整数。

（6） 中国特色社会主义是社会主义。

融入课程思政元素，阐述中国特色社会主义的本质。

例 2：将下列命题写成"若 p，则 q"的形式。

（1） 空集是任何集合的子集。

（2） 若整数 a 是素数，则 a 是奇数。

（3） 2 小于或等于 2。

（4） 对数函数是增函数吗？

（5） 坚持走中国特色社会主义政治发展道路，才能发展中国。

融入课程思政元素，简略阐述中国发展道路上的里程碑事件。

三、练习

将下列命题写成"若 p，则 q"的形式。

（1） $2x<15$。

（2） 若空间中两条直线不相交，则这两条直线一定平行。

（3） 明天下雪。

（4） 空间中，若两个平面相互垂直，则一个平面中的一条线垂直于另一个平面。

四、知识扩展

课程思政环节：培养学生抽象概括能力和思维能力。结合马克思主义哲学思想，坚持问题导向，依靠学习走向未来；培养学生认真踏实的探索精神，知识引领。

（1） 引导学生思考：改变上面问题的条件与结论顺序，再次判断命题的真假。

（2） 定义：我们把这样一个命题的条件和结论恰好是另一个命题的结论

的否定和条件的否定的两个命题叫作互为逆否命题。其中一个叫作原命题，另一个叫作原命题的逆否命题。

（3）四种命题定义（见图1）。

原命题：若 p，则 q。

逆命题：若 q，则 p。

否命题：若¬ p，则¬ q。

逆否命题：若¬ q，则¬ p。

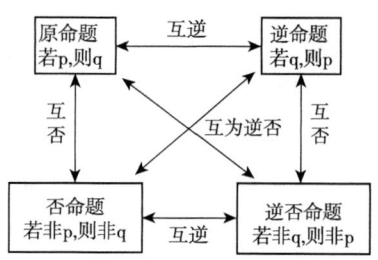

图1　命题间的逻辑关系

（4）例题讲解。写出下列命题的逆命题、否命题及逆否命题，并判断它们的真假。

①全等三角形一定是相似三角形。

②中国特色社会主义法治道路，是社会主义法治建设成就和经验的集中体现，是建设社会主义法治国家的唯一正确道路。

融入课程思政元素，指出全面推进依法治国是关于新时代坚持和发展中国特色社会主义的本质要求；国有国法，校有校规，引导学生遵纪守法，自觉遵守校规校纪，先做人后做事。

【总结反思】

通过学习命题的概念，引领学生社会主义核心价值观的建立和完善，包括马克思主义哲学信仰、中国特色社会主义、辩证唯物主义观念、中国梦、科学精神等。通过本课程的学习，让学生反思课堂中学到的思政要素。

有机分析技术：食醋总酸度的测定

教师信息：杨冬清　**职称**：讲师　**学历**：研究生
研究方向：材料化学
授课专业：环境工程技术
课程类别：理实一体化课程
课程性质：专业基础课

第一部分　设计思路

一、本次设计的课程思政目标

课程思政是指以构建全员、全程、全课程育人格局的形式将各类课程与思想政治理论课同向同行，形成协同效应，把"立德树人"作为教育的根本任务的一种综合教育理念。课程思政的指导思想是全面贯彻党的教育方针，以习近平新时代中国特色社会主义思想为指导，贯彻落实党的十九大精神和习近平在全国高校思想政治工作会议上的重要讲话精神，坚持社会主义办学方向，落实立德树人根本任务，将习近平新时代中国特色社会主义思想、社会主义核心价值观和马克思主义辩证思维方法等有机融入合适的教学细节中。

二、课程思政教学设计内容

1. 课前：课程思政引入

食醋是我们最常见的生活必需品，适合作为典型学习对象，而食醋具有明显的地域差异，通过学习思考不同区域传统文化差异的多样性和包容性。

2. 课中：课程思政贯穿授课过程

将食醋与生产、社会建立联系，特别是 2020 年是脱贫攻坚关键之年，一瓶醋的生产能否与脱贫关联在一起，升华自己的社会参与意识和责任感。

食醋是百姓的必需品，质量关是不可或缺的，建立标准的检验方法，认识数据可靠性的意义，提升对职业道德和工匠精神的认识。

3. 课后：课程思政总结反思

通过以食醋总酸度的测定为载体，认识专业内容与中国农耕文化、国家民生发展和国家检测标准的重要关系，提升对专业的认同感、使命感和职业素质。

第二部分 案例描述

食醋总酸度的测定

【思政导入】

环节一：食醋的发明（学习先辈追求未知事物的科学精神）。

食醋的发明，可以追溯到夏代的杜康酿酒，杜康之子黑塔在酿酒过程中偶然发现了一种酸溜溜的物质，但是黑塔并没有放弃对新事物的研究，偶然和必然的结合促使了早期醋的发现，古代发现事物的经验主义是非常重要的科学探究指导，我们要继承先辈们追求未知事物的科学精神（见图1）。

图1　杜康之子黑塔发明的酱醋技术

环节二：食醋的区域性（文化的多样性和包容性）——醋文化与地域的联系。

考古专家发现，在丝绸之路上有一些驿站，一些石头上刻有滤醋图，画面上有一长条案子，案上放3个陶罐，案下有两个盆，陶罐上有流孔，有液体（醋）从罐中流出，注入案下的盆中，这幅《滤醋图》真实地再现了古代酿醋的场面，食醋的区域性进一步扩大了（见图2）。

图2 古代丝绸之路与丝绸之路上发现的滤醋图

食醋的品牌有很多，当前比较知名的有四大名醋，即山西老陈醋、永春老醋、镇江香醋、保宁醋。不同区域的食醋其原料和风味也有差异。中国是农耕大国，不同区域的作物不同，加之人文的影响，逐渐形成了本地区的食醋特点，表1是四大名醋的特点。

表1 四大名醋的特点及其主要销售区域

名称	主要原料	风味特征	销售区域
山西老陈醋	高粱	酸度较重	山西、陕西等地
永春老醋	糯米、芝麻	酸度较弱、甜酸口味	广州、福建等地
镇江香醋	糯米	口味适中、微甜	江苏、浙江等地
保宁醋	小麦、大米	药曲酿醋	四川、重庆等地

【思政贯穿】

环节三：食醋的生产（创新精神、职业道德、脱贫攻坚中国梦）。

随着时代的发展，现代食醋的生产也有了很大差异，工艺也有了质变，特别是在当前追求高效的背景下，工艺创新至关重要。现在市场上主要还是以酿造醋为主，但是也有一部分是勾兑醋。提到勾兑醋很容易认为是非法并不可食用的醋，其实不然，勾兑醋是指由醋精或者其他工业醋酸、添加剂和水勾兑而成，以酿造食醋为主体，与食品添加剂等混合配制而成的调味食醋。现在小餐馆中多用的是勾兑醋，价格便宜，酸味较重。

食醋不仅仅可以在饮食上有美好的感觉，同时一瓶醋的生产关系到社会民生。2020年是脱贫攻坚关键年，山西晋中市就是用食醋脱贫致富的，带动了就业和当地的经济发展，这对于国家和老百姓来讲都是极其重要的。通过讲解，提升学生对本专业的认同感和使命感（见图3）。

图3　一瓶醋带动一方富（山西晋中市）

醋不仅是一种调味品，可以说也是一种药物，在治疗疾病上也常常使用。食醋不仅仅是口味香醇，中医认为，醋性味酸苦温，主入肝经血分，具有收敛、解毒、散瘀止痛、矫味的作用，特别是消食化积、软化血管、预防结石等，但是一定要在医生的指导下确定食用量和次数，要结合自身身体状况具体分析，比如有胃酸就要避免过度食用食醋等。教育学生世界万物，一定要有平衡适度的思想（见图4）。

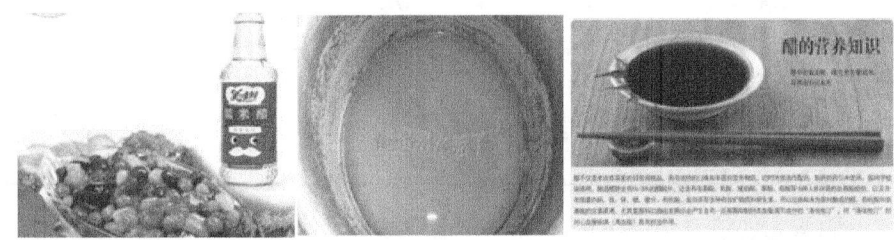

图4　一瓶醋、生活好、身体棒、幸福来（任务：周末回家与父母共做一道菜）

环节四：食醋质量的检验标准（规范化、中国标准、工匠精神）。

食醋主要是通过酿造而得，但是为了获得更大利益，不法商户铤而走险，有很多关于食醋质检不合格的负面新闻，所以食醋的质量关系到老百姓的健康，马虎不得。

食醋质量检测中有一个非常重要的指标就是总酸度，本节课的任务就是应用酸碱滴定法测量酸碱的含量（见图5）。利用本节课的原理来测定食醋总酸度是否合格，特别适合。一次检验，不仅仅是一瓶醋的问题，后面是一座工厂、一群工人，涉及老百姓的健康，检测数据的准确性、可靠性至关重要，而这又涉及检测方法的规范和标准。所以，规范化和标准化是非常重要的，要不断建立自己的检测标准，增强学生对职业道德、素质和创新专业标准的认识。

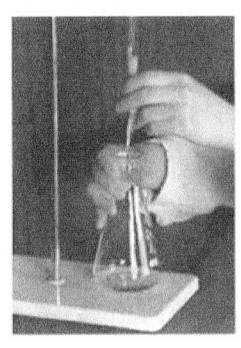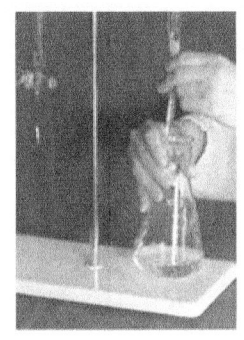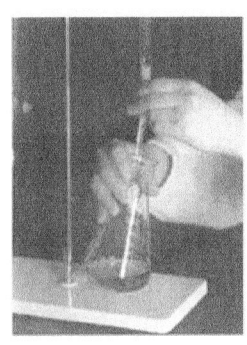

图 5　应用酸碱滴定法测定食醋总酸度

【总结反思】

（1）本节课设计主要以化学实验实操为贯穿全过程的主线，充分体现化学学科的特点，让学生成为课堂的主体，以生活情境、问题、实操等驱动学生的学习活动，使学生在已有经验的基础上积极主动地构建思维过程，体会知识的形成过程，掌握化学的学科视角、观念和方法。

（2）本节课在内容选择上体现了从生活走进化学，又从化学走进生活、社会的新课程理念。有意识地将日常生活中的实例运用到教学中，充分体现生活处处皆化学，更重要的是通过这种方式加强学生对化学与社会责任、国家经济发展关系的认识。

（3）提高学生适应接触陌生事物的能力。实操以定量为主，规范标准是否达标，数据说了算，让学生在"跌跌撞撞"后获得成功。体验"失败乃成功之母"，这正是科学探究的本质所在。获得知识与技能的过程也是学生学会学习和形成正确价值观的过程。通过本课程的学习，加强了学习内容与学生生活以及现代社会、科技发展的联系，为学生掌握终身学习所必备的思维和技能打下基础。

大学英语：
Unit 2 Conspicuous Consumption

教师信息： 叶少敏　　**职称：** 副教授　　**学历：** 本科
研究方向： 英语教育
授课专业： 计算机网络技术
课程类别： 理论课
课程性质： 公共基础课

第一部分　设计思路

一、本次设计的课程思政目标

本次课的思政目标是从价值引领着手，让学生能够了解正确的价值取向，形成正确、合理的消费观，从而提升学生思想政治素质。

二、课程思政教学设计内容

1. 课前：课程思政导入

树立科学、理性的消费观对于充满青春活力的大学生具有重要的意义。在教学中，教师从社会上一些不良的消费现象入手，结合大学生自身的消费特点，探讨树立适应时代潮流的、正确的、科学的消费观的重要意义。

2. 课中：课程思政贯穿授课过程

通过对课文的阅读和不同形式的课堂活动，让学生明白勤俭节约、艰苦奋斗的道理，从而启发学生形成正确、合理和科学的消费观。教师在传授专业知识的同时，还要注重培养学生认知能力和批判性思维的能力，教会学生用马克思主义辩证思维方法思考问题和解决问题。

3. 课后：课程思政总结反思

要求学生课后结合课堂所学，反思自己的消费行为，进一步思考如何正确、合理地进行消费，并在今后的学习生活中努力践行正确的消费观，进一步提高自己的思想政治觉悟，为推动和谐社会的经济建设和发展，实现中华民族伟大复兴的中国梦贡献自己的力量。

第二部分　案例描述

Unit 2　Conspicuous Consumption（*炫耀性消费*）

【思政导入】

随着经济的发展，人们的节俭观发生了巨大的变化，节俭不再是美德。与之相适应，人们的消费行为和消费方式发生了巨大的变化。加之受西方消费主义思潮的影响，高消费、攀比消费等现象频频出现在大学生身上。有调查表明，除了就餐卡外，78%的大学生的钱包里有校园IC卡、交通IC卡、储蓄卡、上网卡、运动健身卡等，充分享受着"嘻唰唰"的便利，他们已然成为电子商务时代巨大的消费群体。"花今天的钱圆明天的梦"是当代大学生乐于接受的消费方式。但是，对大学生来说，理想很丰满，现实很骨感。一方面，他们有着旺盛的消费需求；另一方面，他们的经济尚未独立，消费受到很大的制约。消费观念的超前和消费实力的滞后，给学生的正常消费带来了很大的影响。作为社会中的一个特殊的消费群体，大学生消费观念的塑造和培养直接地影响其世界观的形成与发展，进而影响其一生的品德行为。"十一五"规划提出"建设资源节约型和环境友好型社会"，要求在全社会形成适度消费、合理消费的理念和消费行为，用新的消费观念引领消费模式的变革。在这样的背景下，加强大学生消费观教育不仅是提高大学生素质的内在诉求，也是顺应社会的外在呼唤。

一、听歌曲

Keeping Up with the Joneses（《赶上邻居琼斯》）是一首曾经获得美国Billboard乡村音乐单曲榜TOP5的歌曲，它旋律优美，歌词诙谐有趣，巧妙地讽刺了那些喜欢与别人攀比的人。通过听歌填词的活动，引导学生走近琼斯一家，并且透过琼斯一家的消费行为明白正确、合理的消费观的重要性，同时培养学生自主发现问题和批判性思维的能力。通过听歌学英语环节，教师在引导学生学习与掌握该词语含义的同时，就其隐含的深刻社会意义进行探讨。

二、焦点访谈

借由时下热门购物活动——"双十一"节,开展访谈活动,了解学生的消费观,从而开启对学生的"Stop keeping up with the Joneses"(不要跟邻居攀比)这一主题的思政教育:These days we don't care about the Joneses, we're trying to keep up with the Kardashians. Which really gets to the core of the matter? (如今,我们已经不再关注左邻右舍,我们正试图与卡戴珊一家攀比。这个现象是如何产生的?)

Part 1　Lead in

1. Listen to a song, discuss what the song is about by asking the following questions:

(1) Who are the Joneses?

(2) What do the Joneses usually do?

(3) How do you like the Joneses' life?

(4) Is spending money like the Joneses good or bad or simply silly?

2. Have an interview on the topic: The annual double 11 activity is about to start soon.

Questions:

(1) Are there anything you are going to buy?

(2) If your friends are using a smart phone of the most popular brand, will you feel the need to buy one, too? Why?

(3) Suppose you are allowed to buy the following goods items: satellite TV, high-speed internet access, sport utility vehicles, cosmetic surgery, professional quality home gym equipment, hourly paid domestic cleaning and cooking services, second homes, trips abroad…which do you prefer?

(4) Which do you think is more important, necessities or luxuries? Why?

Follow-up questions:

①Have you bought a famous brand watch/smart phone/…just to keep up with the Joneses?

②Why are we trying to keep up with them?

【思政贯穿】

组织学生开展与主题相关的问答与辩论活动,逐步引导学生探究"炫耀性消费观"的成因。尤其是在点评阶段，教师利用古今中外的名人名言，引导学生正确理解炫耀性消费观对社会的危害，以及应该树立怎样的价值观、人生观。例如，美国经济学巨匠凡勃伦认为，个人对虚荣效用的追求总是导致社会的浪费和效率的损失。美国著名学者罗伯特·弗兰克则在他的《奢侈病》中说："无节制的奢侈挥霍已经严重影响到人类社会的可持续发展。"中国古人云："自古雄才多磨难，从来纨绔少伟男"；今天习近平总书记也叮嘱中国青少年：要"以时代楷模为榜样，实现更高的人生目标，引导学生要比就比谁更有志气、谁更勤奋学习、谁更热爱劳动、谁更爱锻炼身体、谁更有爱心"。

一、阅读与思考

引导学生在学习课文时，展开对"炫耀性消费观"成因的探究，使之逐步认识到"The trappings of success"（成功的陷阱），即人们常说的虚荣心或者面子问题是影响人们过度消费的根本原因。同时，用发散性思维激发更多相关思考。在阅读过程中，难免会存在大量的生词与长难句，教师要让学生明白知识即美德，鼓励学生为学之要贵在勤奋、贵在钻研、贵在有恒。"要勤学，下得苦功夫，求得真学问"，做一个有学识有文化修养的人。

二、辩论赛

针对"炫耀性消费观"的利与弊问题，把学生分成正和反两方进行主题辩论。通过激烈争辩，使学生学会辨是非、知对错，更加深刻地理解本课的主题思想，了解正确的价值观：①量入为出，适度消费；②避免盲从，理性消费；③勤俭节约、艰苦奋斗。

Part 2 Presentation

Reading 1: Stop Keeping Up with the Joneses—They're Broke.

1. Introduce the topic—Why should we stop keeping with the Joneses? Make a guess as to view point of the author, Lisa Smith, for that matter.

2. Skim Guide ss to skim the text before doing the task in comprehension check for reading 1.

Discuss (in pairs):

(1) What does conspicuous consumption mean? Usually who are the conspicuous consumer?

(2) According to the author, is it fit for all the people?

(3) Is it fit for Chinese people? Why?

3. Scan Reread the text, helping students comprehend difficult sentences while reading. Encourage them to point out their difficult sentences in the text, and instruct their interpretations.

(1) Discuss (in groups)

* Why did the author tell us to stop keeping up with the Joneses?

* Do you think excessive consumption a rare phenomenon?

* Why we do it according to the author?

* What causes the Joneses' broke?

* How to avoid excessive consumption?

(2) Digging into details difficult sentences' analysis: (see exercises on P56)

4. Debate

Topic: As portrayed in the social media here, some of the so–called "fuerdai", second-generation rich kids in China, often spend lavishly to define their identity. What do you think of it? Is it good for a person's character building?

Part 3 Summary and reflection

(1) So what can we learn from the two reading texts we learn today? …

(2) Conspicuous consumption, the lifestyle of celebrities and millionaires, is not fit for Chinese people.

(3) A study has already found that the more money the richest person in your community makes, and the more neighbors you have who earn more money than you, the less satisfied you will feel with your life overall. Is it because our happiness depends on how much we have relative to other people? Of course not, as the saying goes: God helps those who helps themselves.

(4) To realize our lifetime dream, we must work harder. To realize china's dream, we are sure to work harder. Hence, we should depend on ourselves and stand on our own feet.

【总结反思】

《礼记》中说:"博学之,审问之,慎思之,明辨之,笃行之。"告诉学生要笃实,扎扎实实干事,踏踏实实做人。"见贤思齐焉,见不贤而内自省也",要向时代先锋学习。面对世界的复杂变化,面对信息时代各种思潮的相互激荡，关键是要学会思考、善于分析、正确抉择，做到稳重自持、从容自信、坚定自励。实现中国梦，要依靠我们在座的每一位同学的共同努力。

通过本环节的教学，学生深刻理解坚持正确的价值观与人生观的重要意义，对价值观与人生观的认识得到升华，从而较好地完成本次课程的思政目标。

大学体育：排球的正面上手发球

教师信息： 詹莹莹　**职称：** 讲师　**学历：** 研究生
研究方向： 体育课程与教学
授课专业： 生物工程
课程类别： 理实一体化课程
课程性质： 公共基础课

第一部分　设计思路

一、本次设计的课程思政目标

本次课的思政目标是提高学生审美能力，弘扬社会主义道德，坚定理想信念，培养学生的革命传统精神，并引导学生自主探究、共同进步。

二、课程思政教学设计内容

1. 课前：课程思政引入

结合图片向学生介绍中国女排的十一连胜，引导学生学习中国女排的职业精神、工匠精神和爱国奉献、拼搏进取的精神，不断加强学生的道路自信、理论自信、制度自信和文化自信，激发学生学习兴趣。

导入排球相关视频，挖掘体育运动中的美德因素，让学生学会欣赏体育独有的力量美、速度美、毅力美等，从而增强学生的审美意识。

2. 课中：课程思政贯穿授课过程

通过活动探究先传授排球的文化、发球原理、发球种类和技术特点，再引入情景模拟和角色体验，以"辨违规"来学"规则"，对学生进行社会主义道德教育，培养学生的规则意识，增强自身的纪律观念。

学生自主探索实践正面上手发球技术必然会遇到瓶颈，教师通过系统地讲述和重复练习帮助学生解决问题，培养学生的实践思维能力。

学生熟练掌握正面上手发球技能后，组织"人民解放之战"，进行学习成果测试，将优秀的历史文化巧妙地融入教学比赛中，不仅增强课程的吸引力，还有助于革命传统教育。

3. 课后：课程思政总结反思

教师通过教学比赛过程反馈的学习状态和学习成果进行总结，从课程思政出发引导学生反思自己是否完成教学目标，积极思考弘扬社会主义道德、坚定理想信念以及革命传统精神的意义，并能逐步吸收和融入自己的日常学习与生活中。

第二部分　案例描述

排球的正面上手发球

【思政导入】

分享课前预习课件，展示中国女排图片（见图1），导入女排精神。

图1

提问引导：同学们，这些运动员都是谁呀？她们最近有什么热门新闻？大家看一看这是什么时候的照片？

教师小结：中国女排，教练是郎平，队长是朱婷，队员惠若琪、李盈莹、赵蕊蕊等。2019年9月29日，中国女排11场全胜豪取第十三届女排世界杯冠军。有一种拼搏，叫使命必达；有一种目标，是十一献礼；有一种精神，叫中国女排。

女排精神到底是什么？无私奉献精神；团结协作精神；艰苦创业精神；自强不息精神；坚持信念精神；"为国争光、无私奉献、科学求实、遵纪遵法、团结友好、坚强拼搏"的中华体育精神。

【思政贯穿】

一、讲解排球基本理论知识

播放教学课件，展示女排发球得分片段，讲解排球基本理论知识。

提问引导：得分高才能取胜。同学们，你们知道排球比赛中得分最直接最快捷的方法吗？大家知道发球都有哪些种类吗？怎么发的？怎样使球落在你想落的位置？我们带着这些问题一起看一看排球比赛中的发球集锦，看完后请大家回答我的问题（见图2）。

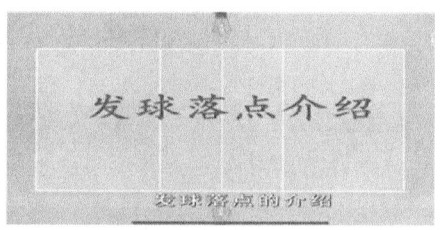

图 2

教师小结：发球直接得分。发球是比赛的开始，也是进攻的开始。稳定并有攻击性的发球，可以起到先发制人的作用。发球常用的有上手大力发球、正面下手发球、侧面下手发球、高吊球等。我们今天要学的技术是上手发球，这是最简单最准确的发球方法。

二、讲解发球规则

播放教学课件，设置情景角色体验，讲解发球规则，以"辨违规"来学"规则"。

提问引导：通过观看视频，了解发球犯规，从而了解发球规则。同学们，我们现在知道有3种发球方法，那么我们知道这个球发到哪里，怎么发才算有效球呢？我们一起来当一回奥运裁判，就都明白了（见图3）。

教师小结：发球违规主要包括：第一裁判鸣哨8秒内未发球，击球时或击球起跳时踩线，球未落入有效区，发球次序错误，场内队员站位违规，双

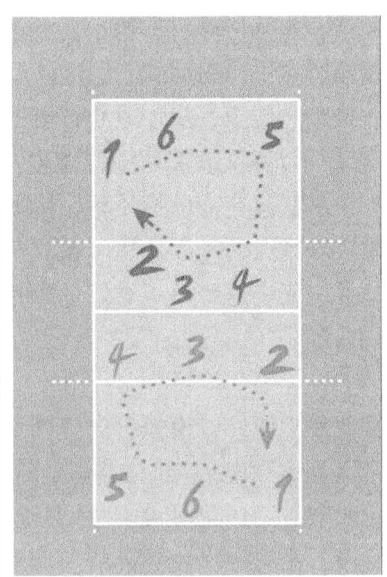

图 3

手击球或单手将球抛出、推出,球抛起未击球,球未被抛起或未使手清楚地撤离就击球等。

三、思考发球的正确技术方法

教师引导学生,结合掌握的理论知识自主探索发球,思考发球的正确技术方法,分组分享探究成果。

提问引导:同学们,现在我们从时间、高度、距离上明确了什么是有效发球,那么我们怎么把球发到想要的位置呢?很简单,我们需要用有效的方法将球击过网,到达有效区域,大家课前已经了解过上手发球,那么现在大家尝试怎样高效准确地发球。

教师小结:用手掌包住球,击打球的中下部位,在头上击球等。

四、帮助学生解决瓶颈问题

学生探究遇到瓶颈,教师讲解发球要领和原理,帮助解决瓶颈。教师带领学生练习发球技术,用辅助练习手段突破重点和难点。分组巩固练习,教师巡回纠错。

教师先介绍与示范徒手抛球引臂的动作方法:

准备姿势(以右手臂为例):两脚自然前后开立,左手或是右手托球于体前。

抛球：左手将球沿右肩前上方平稳垂直向上抛一定高度（50cm 左右）；在抛球同时右手屈肘后引，肘略高于肩，手掌自然张开，上体稍向右侧转动，抬头、挺胸、展腹，身体重心移至后脚。

击球：转体收腹带动手臂做鞭打挥臂动作，用全手掌抱住球，击球的中下部，手腕快速有力的推压动作使球上旋飞进。

解决重难点的教学过程（抛球落点，全身协调用力）：徒手抛球引臂—网前抛球—击固定球练习—对墙发球练习—完整发球练习。

五、比赛并总结

播放教学课件，模拟历史情景，讲解历史文化，科学组织学生分组比赛，组织"人民解放之战"，总结学生的学习状态和学习成果。

验收引导：1948 年 9 月 16 日至 24 日，由中央军委和毛泽东同志领导的济南战役，是第一次攻克具有坚固设防的大城市的攻坚战。这次战役由许世友指挥，歼敌 11 万多人，沉重打击了国民党军的重点防御计划，使我华北、华东解放区连成一片，为解放战争的战略决战揭开了序幕。1948 年 9 月至 1949 年 1 月，中国人民解放军先后发动了辽沈战役、淮海战役、平津战役三大战略性战役。同学们，从济南战役到三大战役，中国共产党的争分夺秒的胜利，奠定了人民解放战争在全国胜利的基础。下面我们要组织一个计时发球赛，我们用磁石来展示规则。比赛以组别为单位，一部分同学在发球区，一部分在对面捡球（见图 4）。解放军先打的济南战役，必须先发球到这个区域，解放这一部分的人民，然后打了辽沈战役、淮海战役、平津战役，学生必须按照时间顺序将球发到固定区域，以完成解放人民任务时间最短的一组为胜。

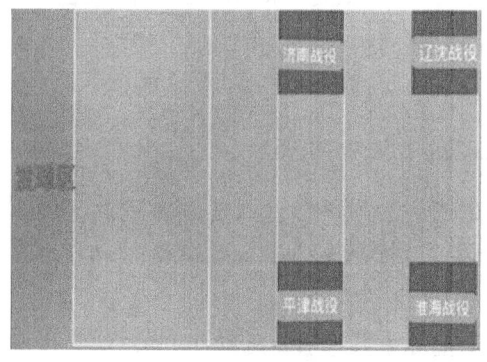

图 4

教师小结：学生应认真铭记历史文化知识，制订计划要全面果断，实施计划要敏捷勇敢。

【总结反思】

学生通过本次课的学习，是否记下这4次历史战役、规则意识是否真正理解、审美能力提升到什么层次、是否参透中国女排精神、自主探究学习能力是否得到提升、上手发球技术掌握多少、本次课程的成功和待改进之处在哪里等，这些问题都需要思考和记录，通过不断的加工与改进，提升课堂话语和知识传播的有效性，使体育教学与思政知识相结合，实现体育教学与思政同向而行。

CAD/CAM 技术应用：
三维建模软件应用基础之装配体建模

教师信息： 张冬颖　　**职称：** 讲师　　**学历：** 本科
研究方向： 机械工程
授课专业： 机械制造与自动化
课程类别： 理实一体化课程
课程性质： 职业技术技能课

第一部分　设计思路

一、本次设计的课程思政目标

本次课的思政目标是让学生了解真善美，树立工匠精神和职业精神，推动习近平新时代中国特色社会主义思想进头脑。

二、课程思政教学设计内容

1. 课前：课程思政引入

高职生是有特色的大学生。高职生是有理论基础的技术技能型人才，需具有工匠精神，能够沉下心，精益求精地熟练掌握一门技能。要求学生在课程实践学习过程中，积极体会并践行工匠精神和职业精神。同时，还要学习和实践习近平新时代中国特色社会主义思想，提升思想政治理论基础。

2. 课中：课程思政贯穿授课过程

教师讲授 CAD/CAM 课程中 SolidWorks 软件的应用，同时举出实例，并结合软件的装配操作命令，让学生更深入理解"工匠精神"和学习《习近平新时代中国特色社会主义思想三十讲》中第 26 讲"构建命运共同体"这一思想。

3. 课后：课程思政总结反思

要求学生课后搜索思政点的相关知识，并学习、体会，反思。进一步思考在工作中应本着精益求精的工作状态，践行"工匠精神"；多读书，多学习习近平新时代中国特色社会主义思想，使之入脑入心入行动。

第二部分　案例描述

三维建模 SolidWorks 软件应用基础
——万向节装配体建模

【思政导入】

讲述"榫卯之道"，巧妙结合"悬空寺"榫卯案例（5分钟）。

在山西，矗立千余年仍旧稳如泰山的悬空寺，为什么能够屹立不倒，其秘诀全在它独特的榫卯结构。这种严丝合缝、丝丝入扣的配合，充分体现了中国古老的文化和智慧。本节课我们学习对万向节装配体进行零件的配合，带着对古人的敬意，我们看用软件怎样将零件配合得丝丝入扣（见图1）。

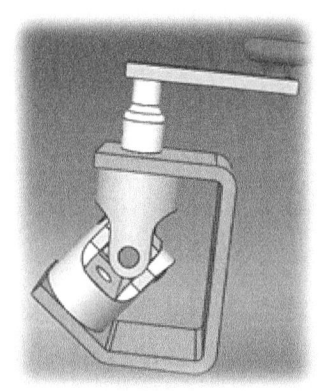

图1

【思政贯穿1】

讲授新课——万向节装配体建模，在讲授装配建模命令中贯穿课堂思政：工匠精神。需要学生做到认真分析装配零件，一步一步认真完成装配过程，一丝不苟，在学习过程中形成严谨的职业精神。

一、课程内容第一部分

（1）明确教学任务——万向节装配体底部建模（3分钟）（见图2）

图 2

（2）教师分发万向节零件（2分钟）（见图3）

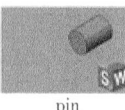

图 3

（3）教师分析装配重点与难点并演示装配体建模（5分钟，课程内容简写）。

①创建新的装配体。
②向装配体中添加第一个零部件（重点）。
③装配第一个零件。
④添加零件间配合关系（难点）。

（4）学生完成万向节底部装配建模，教师答疑并记录完成情况（20分钟）。

（5）教师排查重点"问题"学生，并利用切换屏幕功能实现同学之间的交流，操作正确的学生演示问题的解决过程，教师提醒学生记笔记（5分钟）。

二、课程内容第二部分

（1）明确教学任务——万向节装配体手柄子装配体的建模（3分钟）（见图4）。

图 4

（2）教师分发万向节零件（2分钟）（见图5）。

图 5

（3）教师分析装配重点与难点并演示装配体建模（10分钟，课程内容简写）（见图6）

①创建新的装配体。

②向装配体中添加第一个零部件（重点）。

③装配第一个零件。

④添加零件间配合关系（难点）。

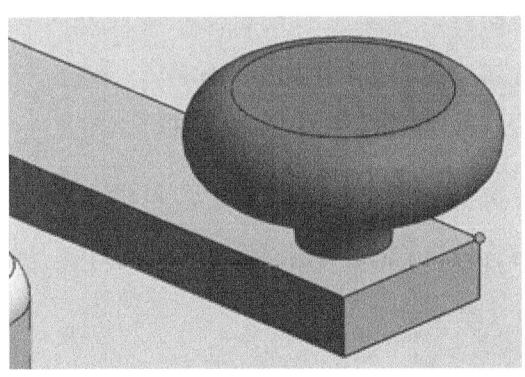

图 6

【思政贯穿 2】

零件形成装配体，国家之间构建命运共同体案例。（"金扣子"：推动习近平新时代中国特色社会主义思想进师生头脑）（5 分钟）。

本部分手柄装配建模，每个零件相互配合、相互联系，可以看出手柄和连杆部分"你中有我，我中有你"的状态。我们可以分享：2013 年 3 月 23 日，习近平总书记在莫斯科国际关系学院的演讲中提道：这个世界，各国相互联系、相互依存的程度空前加深，人类生活在同一个地球村里，生活在历史和现实交汇的同一时空里，越来越成为你中有我、我中有你的命运共同体。零件的配合如同地球上的各个国家之间的关系，你中有我、我中有你，相互依存、相互联系。课下学生可以进一步学习《习近平新时代中国特色社会主义思想三十讲》中的第 26 讲"构建命运共同体"（见图 7）。

图 7

（4）学生完成万向节手柄子装配体建模，教师答疑并记录完成情况（15 分钟）。

三、课程内容第三部分：以竞赛模式完成万向节装配体

选出第一位完成任务的学生并在教师机演示：第一部分装配体底部和手柄子装配体配合完成万向节的装配任务（5 分钟）。

四、课程内容第四部分

总结点评：在评价表上记录课堂加分项（5 分钟）。

五、课程内容第五部分：作业

（1）电子版收取。学生通过"红蜘蛛"电子教室提交本课堂任务。（5 分钟）
（2）纸质版：完成本节课习题单。

【总结反思】

（1）通过引入古人的"榫卯"结构案例，讲授榫卯之道，彰显出大道至美的东方美学，对学生进行真善美教育，帮助学生树立工匠精神、职业精神。从而讲授本节课装配体内容，用软件完成装配体建模。

（2）通过完成万向节手柄子装配体建模，分析零件配合形成装配体，与装配体结合用学生能听懂的语言讲述国家之间构建命运共同体，案例来源于《习近平新时代中国特色社会主义思想三十讲》中第26讲的相关内容，实现习近平新时代中国特色社会主义思想进课堂、进学生头脑。

军用车辆底盘构造：
膜片弹簧离合器

教师信息：张华磊　　**职称**：讲师　　**学历**：本科
研究方向：汽车技术
授课专业：汽车检测与维修（定向士官）
课程类别：理实一体化课程
课程性质：专业技术课程

第一部分　设计思路

一、课程基本信息

课程名称	军用车辆底盘构造1（传动系统）		
课程代码	2911140	学时	84
授课学期	第三学期	授课对象	高职定向培养士官（三年）
课程类型	专业技术课程		
前导课程：《机械基础》《机械制图》《汽车理论》		后续课程：《汽车保养》《汽车维修》《汽车故障诊断》	
使用教材：《汽车构造》第六版（下册）吉林大学汽车工程系编著			

1. 本课程在人才培养体系中的位置

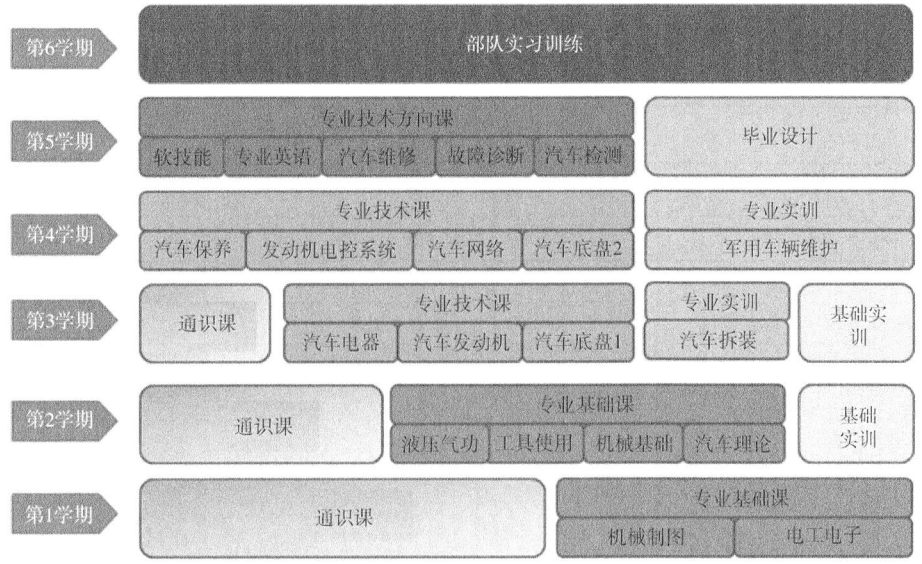

2. 学情分析

本课程是汽车检测与维修专业课程的两大基础课程之一。对学生而言，掌握汽车底盘的结构知识，具备按照规范进行汽车拆装的技能，是汽车维修专业的一门核心课程。本课程采用理实一体教学方式。本课程面向定向培养士官班，高职二年级学生具有较好的知识基础和学习习惯，懂得基本操作与规范。通过前期课程学习，学生已经具有识图能力，懂得机械基础知识和汽车理论基本知识，了解了传动系统布置，欠缺的是系统组成部件的结构、原理、功能、特点等知识。因此，在离合器学习中，通过拆装离合器加强学生对结构的认知，通过海报制作培养学生严谨的思维能力，通过分组协作培养学生踏实工作作风与良好的合作能力，通过过程把控和思维引导融入思政育人元素，进行全方位的培养。

二、教学单元信息

传动系统布置	离合器		变速器					传动装置			驱动桥		
1	2	3	4	5	6	7	8	9	10	11	12	13	14

课程进度 →

单元标题：膜片弹簧离合器		单元教学学时	6
在整体设计中的位置		第 2 次课	
授课班级	18 汽修（士官）1 18 汽修（士官）2	上课地点：汽修士官实训室	
教学目标			
思政目标	知识目标	能力目标	素质目标
1. 通过观看解放牌汽车发展史视频弘扬中国精神，激发学生的爱国热情 2. 通过离合器功能的讲解产生联想，培养学生对专业的热爱，对未来工作的热情 3. 通过实操环节的训练，培养学生的工匠精神	1. 掌握膜片弹簧离合器的结构组成 2. 掌握膜片弹簧离合器的工作原理 3. 掌握膜片弹簧离合器的工作特性 4. 了解膜片弹簧离合器的优缺点	1. 能够按要求分解组装离合器总成 2. 能够准确测量离合器参数 3. 能够辨别离合器使用磨损情况 4. 能够面向全班讲解离合器结构说明书 5. 能够按要求制作海报（编制结构原理说明书）	1. 通过言传身教培养爱岗敬业的职业精神 2. 通过小组协作活动培养团结协作的责任心 3. 自主学习和有效评价的能力 4. 在分辨废弃物种类、分类回收处理中培养良好的环保意识
重点难点分析	重点：离合器结构、工作原理，通过实操、自主学习、海报归纳、教师总结、课后作业等多种方法反复训练加深重点的理解 难点：膜片弹簧离合器的工作特性，通过视频、动画、在线查资源等信息化手段，结合教师画图，逐一详解，突破难点		

三、课程思政内容设计

本课程为汽车维修（士官）专业的专业课程，本次课教学过程共 270 分钟，结合课程教学内容融入"三金"元素，目的在于弘扬中国精神，激发学生的爱国热情，属于"金扣子"课程。

1. 课前：课程思政引入

通过观看解放牌汽车发展史视频弘扬艰苦奋斗的中国精神，激发学生的爱国热情。结合士官生的身份定位，增强学生对自己的认同感。

2. 课中：课程思政贯穿授课过程

（1）通过离合器功能的讲解产生联想，培养学生对专业的热爱、对未来工作的热情。

（2）通过实操环节的训练，培养学生的工匠精神。

3. 课后：课程思政总结反思

通过课后总结和评价，让学生进一步认识自己，培养职业精神。

第二部分　案例描述

膜片弹簧离合器

【思政导入】

通过视频故事弘扬艰苦奋斗的中国精神，同时对比中国70年的巨变，宣传爱国主义精神，鼓励大家努力学习，将来为实现中国梦、强国梦贡献力量。点出作为士官生应该苦练本领、学习知识，树立敢打必胜的信念，强军卫国，这才不辜负自己不辜负党和人民的期望。

（1）热身视频——新中国第一辆汽车诞生的视频（3分钟）。

讲述新中国第一辆国产汽车——解放牌卡车诞生过程。

（2）抛出问题：作为高职生、士官生，应该怎么做？（2分钟）

（3）学生讨论。

总结：要实现中华民族复兴的中国梦，作为士官生，更应该在将来承担起保卫祖国、保卫数代中国人的建设成果的重任。而现在的任务就是苦练本领，学习专业知识，将来才能建设祖国、保卫祖国。

一、导入专业课内容

引出课程内容"膜片弹簧离合器"（2分钟）。

提问：刚才提到了新中国的第一辆汽车，上次课也学了"传动系统"的组成,哪位同学说一下传动系统由哪些部分组成?按动力传递顺序排列,传动系统的第一个部件是什么?

二、离合器的功用和工作要求(20分钟)

总结离合器的位置和功能。离合器是承上启下的部件,是动力传输的枢纽,一旦出现故障整个汽车的动力传输都会受到影响。

【思政贯穿】

建立关键部件的概念、局部和整体系统关系的概念(可以进一步延伸拓展到在工作中合作与分工,告诉大家合作的重要性,培养学生的合作意识、团队意识、军人的纪律意识)。

三、离合器的类型和基本结构(20分钟)

采用引导文法(发资料,布置任务,按照六步法分组展开学习归纳),引导学生整理出离合器类型和基本结构。

四、膜片弹簧离合器结构(90分钟)

采用演示法、实操训练法,分组实操拆装测量离合器总成。(重点)
(1)分组拆装离合器总成(认知离合器)。
(2)分组测绘离合器部件(认知离合器)。
(3)分组绘制离合器结构(学习离合器结构组成)。

【思政贯穿】

在这个环节中严格要求学生按照规范进行操作,拆装过程教师布置任务,讲明要求,教师亲自做规范性示范,分组,每组选出监督员,监督按操作要求严格执行(职业精神),细致测量每一个细节(工匠精神),并在操作结束后整理干净工作台(5S管理、职业文化),注意有效回收管理废弃物(环保意识),后面所有涉及操作内容均按此要求,表现计入成绩,结束进行点评。

五、膜片弹簧离合器工作原理(90分钟)(重点)

分组学习、小组讨论、海报法(见图1)。
(1)阅读离合器相关材料,制作学习卡片。
(2)分组实际操作离合器教学模型。
(3)分组讨论学习离合器工作原理。

(4) 制作离合器工作原理说明书（海报）。

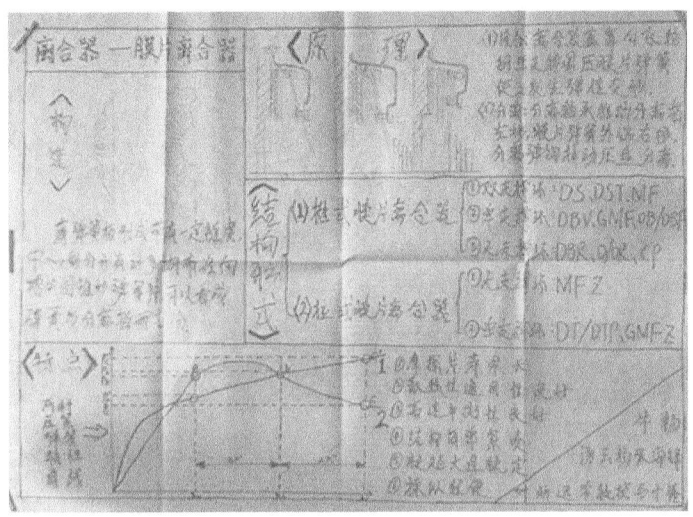

图1

(5) 教师总结梳理离合器工作原理（要点）。

六、膜片弹簧的优缺点（与螺旋弹簧对比）（35分钟）

(1) 阅读膜片弹簧相关材料。

(2) 教师引导讲解膜片弹簧工作特性曲线图（难点）。

【思政贯穿】

采用信息化手段，引入视频和动画进行更形象的讲解，同时教师利用黑板带着学生一步一步画特性曲线图，这个方法很重要，不要省略或简单用幻灯片视频等代替，因为这不仅是与学生交流的一种方式，也在给学生示范敬业精神。

(3) 制作膜片弹簧性能对比卡片。

七、板书设计

见图2。

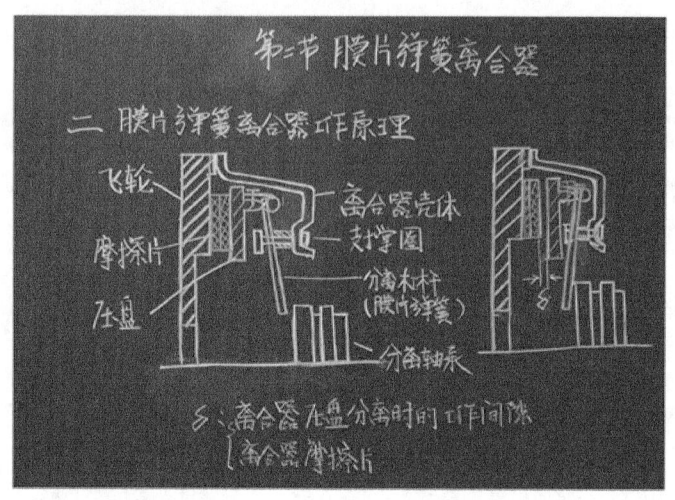

图 2

【思政贯穿】

教师一定要随时注意言传身教、身体力行，形成示范效应。比如，要求学生认真做笔记，教师就要认真做好课件，同时认真对待板书，仅简单使用电子课件会使教师和学生产生依赖。教师要认真对待上课的每一分钟、每一个细节，潜移默化地影响、引导学生，培养学生的职业精神。

八、反馈、评价：基于过程的考评（创新点）（10分钟）

引导学生填写评价表，采用 N+2 模式，注重过程评价，融入对价值观、人生观、世界观、爱国爱党、爱岗敬业等思政元素的考核评价。

九、总结、布置作业，安排下次课海报讲解讲评任务（10分钟）

略。

【总结反思】

通过过程评价记录学生在课堂上的表现，反映学生的成长过程。除一般在学习和操作过程中评价学生的能力、成长、态度等内容外，还特别引入对学生思想意识的评价，把思想因素作为考核评价点，纳入学生的整体考核范畴。

网络综合应用：学习情境 1
——PHP 开篇

教师信息：张维婷　职称：讲师　学历：研究生
研究方向：云计算
授课专业：计算机网络技术
课程类别：理实一体化课程
课程性质：专业模块化课

第一部分　设计思路

一、本次设计的课程思政目标

本节课程思政目标旨在启发和培养学生合作共赢的职业精神，通过学习互利共赢的方法论，帮助学生在学习、工作和生活中更好地实现个人发展。

本目标属于"金扣子"教学设计案例中第 6 条真善美教育（科学精神、职业精神、工匠精神、职业文化、职业伦理、艺术审美、心理健康、劳动教育）中的职业精神和职业文化。

二、课程思政教学设计内容

1. 课前：课程思政引入

作为开源编程语言 PHP 的第一次课，提出开源理念，并指出开源背后所包含的合作共赢的职业精神是互联网蓬勃发展的原动力之一。

2. 课中：课程思政贯穿授课过程

在教师讲解专业课程内容的过程中，让学生了解如何在学习和工作中实践开源精神，从方法论的角度讲解如何做到互利共赢。

3. 课后：课程思政总结反思

通过开源社区的活跃现状，再次激励学生传承开放包容、互利共赢的互联网精神，在行业发展的大潮中更好地实现个人发展。

第二部分　案例描述

学习情境 1——PHP 开篇

【思政导入】

PHP 以其方便快捷的风格、丰富的函数功能和开源迅速在 Web 系统开发中占据了重要地位，成为世界上最流行的 Web 应用编程语言之一。所谓开源即指开放源代码。开源软件以免费形式提供给各类用户使用，任何人都可以得到软件的源代码，加以修改学习，甚至重新开发。听起来似乎是新时代的活雷锋，会不会饿死开发者呢？

1.1　PHP 简介

1.1.1　PHP 概述

- 从 PHP/FI 到现在的最新版本 PHP 5.6，PHP 经过多次重新编写和改进，发展十分迅猛，一跃成为当前最流行的服务器端 Web 程序开发语言，并且与 Linux、Apache 和 MySQL 一起共同组成了一个强大的 Web 应用程序平台，简称 LAMP。

- 随着开源潮流的蓬勃发展，开放源代码的 LAMP 已经与 Java EE 和 .NET 形成三足鼎立之势，并且该平台开发的项目在软件方面的投资成本较低，因此受到整个 IT 界的关注。从网站流量上来说，70% 以上的访问流量是由 LAMP 来提供的，LAMP 是一个强大的网站解决方案。

其实开源最伟大的意义在于全世界的工程师抛弃文化等差异，协作完成共同的项目。在这种协作中，既避免了全球层面的重复造轮子导致的大量资源消耗，又因为参与者众多，一些优秀的开源项目可以实现单独企业根本无法开发完成的项目工程量。举一个众所周知的例子，大家用的安卓手机操作系统，其实就来自开源项目。它击败了当时最大的手机制造商诺基亚和操作系统垄断地位开发商微软的联盟，将智能机的普及提前了至少 3 年。

下面我们以 PHP 发展历程为例，看看开源技术是如何发展的。

一、讲解"PHP 概述"

（1）阐述 PHP 是什么，并举例说明 PHP 在互联网中的应用。

（2）展示 PPT，讲解 PHP 的特点和发展历程。

【思政贯穿】

1. 切入思政主题

依托于开源的 PHP 语言受到全球开发者的追捧，并在近 25 年的时间内热度不衰。作为学习者，这门语言值得我们投入足够的热情与努力去学习掌握、熟练应用。其实我们不仅要学习这门知识，也要了解开源这种文化背后所蕴含的职业精神：接纳、包容和发展，求同存异，互利共赢。可以说，这是互联网行业最重要的职业精神与职业文化之一。根据 2019 年 11 月发布的 GitHub 年度报告，中国的开源贡献已经位居世界第二，大家耳熟能详的阿里巴巴、百度、腾讯等企业都是开源社区的重要成员，全球排名分别是第 12、21 和 23 位。

2. 深入本节课思政中心思想

全球范围内的开源文化孕育出了中国蓬勃发展的互联网行业，互利共赢成为互联网行业最重要的职业精神与职业文化之一。在这种氛围中，从业人员依托于各种开源项目，共同实现单枪匹马甚至普通公司都无法完成的理想与事业。那么，互联网这种互利共赢的职业精神是如何实践的呢？

互利共赢本质上是一种人际交往模式。从自身的"双赢品德"着手，建立起互利的"双赢关系"，进而衍生出"双赢协议"。协议则有赖于合理的"双赢体系"（也就是制度）来支撑，并通过"双赢过程"（也就是流程规范）来最终实现互利共赢。

3. 详细阐述互利共赢方法论

（1）互利共赢的品格。品格是互利共赢观念的基础，有三种品格尤其重要：诚信、成熟及富足的心态。缺乏诚信作为基石，"互利共赢"便成了骗人的口号。成熟则是指在表达自己的理念和情感的同时又能体谅他人的想法与感受的能力。成熟更多的是一种心智上的平衡能力，在勇气和体谅之心之间达到平衡，我们既能设身处地为对方着想，又能勇敢地维护自己的立场。富足的心态也就是相信资源充足，人人有份。富足的心态源自厚实的个人价值观与安全感。由于相信世间有足够的资源，人人得以分享，所以不怕与人共名声、共财势，从而开启无限的可能性，充分发挥创造力，并提供宽广的选择空间。

（2）双赢关系。以双赢品格为基础，我们才能建立和维护双赢关系，在彼此互信互赖的环境中，个人的聪明才智可专注于解决问题，而不必浪费在猜忌设防上。因为我们彼此信任，所以才能坦诚相待，不管看法是否一致，不论哪一方阐述什么样的观点，另一方都愿意仔细聆听，力求知己知彼后共同寻找第三条路，这种合作下的解决办法会让彼此都受益。

（3）双赢协议。在双赢关系中，同样需要有协议来明确双赢的定义和方向。有些要素可以帮助人们有效地明确并协调彼此的期望，如预期结果、指导方针、可用资源、任务考核和奖惩制度。这 5 个要素赋予双赢协议重要意义，对协议的理解和认可使人们在衡量自己的贡献时有据可依。

4. 切回专业课程内容

听完了 PHP 的历史和背后的文化，大家是不是对这门课程很期待呢？接下来我们继续学习常用的语言编辑器。

二、讲解"常用编辑工具"

列举常用的编辑工具并讲解各自的特点。例如：NotePad++，EditPlus，NetBeans，Zend Studio。

三、讲解"Apache 的安装"

（1）带领学生初步认识"Apache"，并创建安装目录。将 Apache 安装在"C：\web\apache2.2"目录下。

（2）演示如何下载 Apache 软件，并找到需要的版本。选择 httpd-2.2.29-win32-VC9.zip（或更高的）版本进行下载。

（3）解压软件，配置 Apache 的安装路径。先将 Apache 解压到"C：\web\Apache2.2"目录中。然后在"C：\web\Apache2.2\conf\httpd.conf"文件中执行文本替换，将"C：\Apache2.2"全部替换为"C：\web\Apache2.2"，然后配置"ServerName"，ServerName www.example.com：80，删去"#"注释使配置生效即可。

（4）讲解 Apache 配置文件中的常用配置的作用。参考教材表 1-2 进行讲解。

（5）对 Apache 的安装进行详细介绍，并带领学生完成安装。使用管理员权限打开 Windows 的命令窗口，然后切换到此目录："C：\web\Apache2.2\bin\"。执行 Apache 的安装命令"httpd.exe-k install"。

(6) 启动 Apache 服务，并详细讲解如何管理 Apache 服务。

有两种方式可以管理 Apache 服务，一种是通过 Apache 提供的监视工具，另一种是通过"Windows 服务"进行管理。

四、讲解"PHP 的安装"

(1) 阐述关于 PHP 的两种安装方式，我们选择将 PHP 作为 Apache 的模块进行安装。在 Windows 中，PHP 有两种安装方式：一种方式是使用 CGI 应用；另一种方式是作为 Apache 模块使用。

(2) 通过访问 PHP 的官网，介绍 PHP 的下载方法。

(3) 详细介绍 PHP 的解压和配置。解压 PHP 的压缩包到目录"C：/web/php5.4"；修改 PHP 的默认配置文件"php.ini – development"为"php.ini"，然后在"php.ini"中指定 PHP 扩展目录，修改"; extension_ dir ="ext""为：extension_ dir = "C：\ web \ php5.4 \ ext"。然后配置 PHP 的时区，修改"; date.timezone = "为：date.timezone = PRC。PRC 代表中国时区。

(4) 详细介绍如何在 Apache 中引入 PHP 模块。

打开 Apache 配置文件"C：\ web \ apache2.2 \ conf \ httpd.conf"，添加对 Apache 2.x 的 PHP 模块的引入代码：

LoadModule php5_ module "C：/web/php5.4/php5apache2_ 2.dll"

添加对 PHP 文件的解析：

AddType application/x-httpd-php.php

指定 php.ini 的位置：

PHPIniDir "C：/web/php5.4"

(5) 配置完成后，重新启动 Apache 服务器，使配置生效。

(6) 测试 PHP 模块是否安装成功。

【总结反思】

开源之父二十多年前以成熟、包容、开放的态度为世界打开了开源大门，通过合理的互利共赢协议（开源版权限制与开源社区制度）保证了开源社区逐步壮大，更是为中国互联网行业爆发式发展提供了丰厚的土壤。希望各位未来的从业人员，能传承这种开放包容、互利共赢的精神，认真学习这门课程，在行业发展的大潮中更好地实现个人发展。

印刷设计：中国辉煌印刷七十年

教师信息： 张芸　**职称：** 讲师　**学历：** 研究生
研究方向： 平面设计
授课专业： 广告设计与制作
课程类别： 理实一体化课程
课程性质： 职业技术技能课

第一部分　设计思路

一、本次设计的课程思政目标

印刷设计课程的第四次课程"中国印刷史——辉煌印刷七十年"，融合了"金扣子"中的世界观、人生观和价值观教育，中华优秀传统文化与美德教育、创新教育，真善美教育、工匠精神、职业伦理等，让学生在学习中国印刷史时，为我国辉煌的印刷史感到骄傲，从而达到热爱祖国、热爱学校、热爱专业、喜爱课程的效果。

二、课程思政教学设计内容

1. 课前：课程思政引入

未来做好本职工作，最重要的是对本行业有崇敬、热爱之情，未来才能成为祖国的栋梁之材。学习中国印刷史，不但可以学古知今，更能够让学生心生佩服与骄傲。

2. 课中：课程思政贯穿授课过程

通过中国印刷史四个历史时期一个个鲜活的案例，激发学生为我国辉煌印刷史感到骄傲的情绪，从中体会到热爱祖国、爱岗敬业、喜爱课程的意义。

3. 课后：课程思政总结反思

要求学生课后反思回顾，根据课堂所学所思，寻找中国印刷史中更多令人骄傲的成就，培养自己爱国爱岗的工匠精神。

第二部分　案例描述

中国辉煌印刷七十年

【思政导入】

70年来，党中央、国务院对印刷事业非常重视，印刷事业快速发展，印刷技术的创造创新能力不断增强，这些都呈现了70年印刷业的发展历程与辉煌成就。

通过中华人民共和国成立后四个历史时期一个个鲜活的印刷品案例，我们可以感受到中国印刷业发展的历程，并为之感到骄傲。

【思政贯穿】

一、知识点1：创建与探索时期（1949—1977年）

中华人民共和国成立初期（1949—1965年）是中国印刷现代历史上的一段重要时期，这一时期随着印刷技术、印刷材料、印刷设备日新月异，出版物印刷量剧增，出版物的形式多种多样、丰富多彩，我国的印刷行业取得了显著进步。

案例1：1949年10月1日的《人民日报》。

1949年10月1日的《人民日报》。这份日报是国家一级文物。四开八版，黑白印刷，代表了当时印刷的最高水平（见图1）。

图1　1949年10月1日的《人民日报》

案例 2：1950 年 7 月 20 日的《人民画报》创刊号。

1950 年 7 月 20 日的《人民画报》创刊特大号。印刷 4 万份，48 页大八开本。为了出版彩色期刊，能图文并茂地对外展示新中国成立以来取得的成就和新中国的出版实力，国家有关部门专门做出批示，时任《人民画报》副总编辑丁聪从上海请来一批印刷技术人才到北京落户。《人民画报》从发稿到出版，即交印刷厂印刷，经过照相、制版、修版、排版到最后装订，需要两个月时间。

做一张彩色封面要一两个月，都是手工修版。比如封面上毛泽东的图像，是从一寸彩色胶片底片放大到大八开，图像放大后有的地方有点虚、有的地方有点变形，需要手工操作进行修版。由于图片全部都要手工制版、修版，因此对工人的技术要求非常高，当时国家给这批师傅开的工资也很优厚，一个月 220 元。

二、知识点 2：改革与开放时期（1978—1987 年）

告别铅火，迎来光电时代，诞生一系列见证中国改革开放历程的印刷品。

习近平总书记曾说过："上个世纪 80 年代汉字激光照排系统问世，使汉字焕发出新的生机和活力。"

案例 1：第一本汉字图书《伍豪之剑》。

《伍豪之剑》是 1980 年 9 月 15 日用汉字激光照排系统排出的第一本汉字图书的样书，共印制 100 本见图 2。

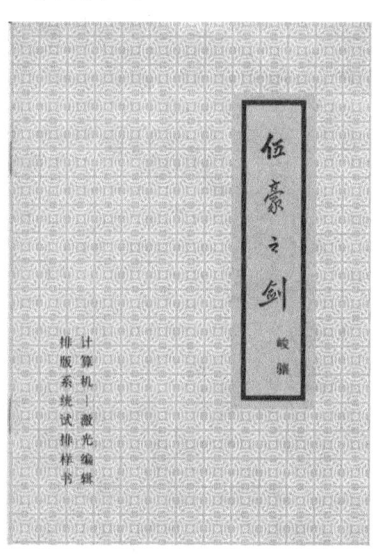

图 2　1980 年 9 月 15 日汉字激光照排系统排出的第一本汉字图书《伍豪之剑》

案例2：王选与印刷术的第二次革命。

王选出生于1937年，江苏无锡人（见图3）。他是汉字激光照排系统的创始人和技术负责人。1978年他所领导的科研集体研制出的汉字激光照排系统让印刷业告别了铅与火，迎来了光与电，并为新闻、出版全过程的计算机化奠定了基础，被誉为"汉字印刷术的第二次发明"。

图3　汉字激光照排系统的创始人——王选

- 1975年，王选投入到"748工程"，即汉字信息处理系统工程研制工作中。
- 1975年开始，王选作为技术总负责人，领导中国计算机汉字激光照排系统和后来的电子出版系统的研制工作，这一系统处于国内外领先地位，使中国沿用了上百年的铅字印刷得到了彻底改造。
- 1975年到1993年，王选几乎放弃了所有节假日，每天上、下午和晚上三段工作，身心极为紧张劳累。
- 先后研制成功以页面描述语言为基础的远程传版新技术、开放式彩色桌面出版系统、新闻采编流程计算机管理系统，引发报业和印刷业三次技术革新，使得汉字激光照排技术占领99%的国内报业市场以及80%的海外华文报业市场。

三、知识点3：繁荣与发展时期（1988—2012年）

自1988年新闻出版署成立"新闻出版署加强企业管理领导小组"及办公室至2012年的20余年间，我国印刷业经历了繁荣与发展的历程。

案例1：中国印刷博物馆。

20世纪90年代是令印刷人怀念的"黄金时代"。正是在印刷业高速发展的黄金时代，中国印刷博物馆应运而生。1996年6月1日，中国印刷博物馆正式建成并对外开放（见图4）。

图4　中国印刷博物馆

案例2：发布《关于实施绿色印刷的公告》，开展绿色印刷认证。

2011年10月新闻出版总署、环境保护部联合发布《关于实施绿色印刷的公告》（见图5），勾画出"十二五"期间实施绿色印刷的时间表和线路图。

图5　2011年10月新闻出版总署、环境保护部联合发布
《关于实施绿色印刷的公告》，开展绿色印刷认证

四、知识点4：融合与创新时期（2012—2019年）

党的十八大以来，印刷行业实现了产业总量、结构和质量的较深层次变革，并已步入融合与创新发展的快车道。

案例1：国际书展中的中国身影。

2012年以来，在法兰克福书展、美国书展、伦敦书展等国际书展以及德鲁巴国际印刷展上，出现了越来越多的"中国身影"（见图6）。中国出版印刷产品、印刷机与参展商一起越洋过海，向世界展现中国的魅力。

图 6 《爱上中国》在 2019 法兰克福书展首发

案例 2：《习近平谈治国理政》多语种印刷出版发行。

2014 年 9 月，《习近平谈治国理政》印刷出版发行，受到广泛关注和普遍欢迎（见图 7）。

图 7 《习近平谈治国理政》多语种印刷出版发行

【总结反思】

感受 70 年来中国印刷出版技术的进步，看到 70 年来中国印刷出版业取得的辉煌成就，体会我们国家从站起来、富起来到强起来的发展历程，中华儿女的爱国热情和民族自豪感必定油然而生，全国人民的创造创新激情和文化自信必将升华。

通过欣赏优秀作品，树立起民族自豪感、自信心，从而逐渐建立起职业精神、工匠精神，对于职业院校的学生尤为重要。

注：鸣谢中国印刷博物馆提供了珍贵的图文资源。

广域网互联技术：OSPF 路由协议的配置

教师信息：赵凯　**职称**：副教授　**学历**：本科
研究方向：计算机网络及云计算
授课专业：计算机网络技术
课程类别：理实一体化课程
课程性质：专业模块化课

第一部分　设计思路

一、本次设计的课程思政目标

本次课程的思政目标是通过学习路由协议的工作原理，让学生了解制定正确"目标"的重要性，并引导学生制定实现"目标"的路径，从而帮助学生树立正确的人生观、世界观和价值观。课程围绕如何实现"目标"展开。课程内容与思政内容的对照关系如图1所示。

序号	教学内容	思政内容
1	连通性测试	制定目标
2	路由协议的原理及配置	诚信与责任
3		礼貌与协作
4	COST值的作用、设置方法及带宽设置方法	积累与修正目标
5		法律与法规

图1　课程内容与思政内容的对照关系

二、课程思政教学设计内容

1. 课前：课程思政引入

"目标"是前进的方向，有"目标"才会有动力，根据本次课程的内容抛出问题：数据是如何在网络中从一个设备到达其他地方的？引出思政内容

"目标"的作用及重要性，帮助学生树立远大的理想和人生"目标"，并向着"目标"努力前行。

2. 课中：课程思政贯穿授课过程

在讲授课程内容的过程中，始终围绕着如何实现"目标"的主线展开，通过分析路由协议的原理，梳理出与课程内容紧密相关的实现"目标"所必备的要素。实施路线为：给出本次课程的学习目标及主要内容，引出第一个思政内容（确定目标）→路由协议原理及配置引出第二个思政内容（礼貌坦诚协作）→测试连通性，引出第三个思政内容（责任）→影响路由选择的因素，引出第四个思政内容（积累与修正目标）→增加防火墙，引出第五个思政内容（法律与法规）→总结（本次课程的主要内容及思政寓意）。

3. 课后：课程思政总结反思

帮助学生梳理所学知识，及时记录课程中的收获及体会，通过短期目标的实现（一次课程的学习）进一步思考自己的中长期目标，并在今后的学习生活中努力践行自己制定的目标，提高学生学习、工作的动力及自觉性。

第二部分 案例描述

OSPF 路由协议的配置

【思政导入】

爱因斯坦曾说过：人生也需要有目标，可大可小，但必须要明确。在一个崇高的目标支持下，不停地工作，即使慢，也一定会获得成功。

结合本次课程的任务及目标，即利用 OSPF 协议实现网络通信，使数据可以从一个节点到达另一个指定的节点，引申出人生（做事）的"目标"。鼓励学生要树立远大的理想和人生目标，制定好目标后，就要脚踏实地地向目标前进，要有克服困难的勇气和信心。

一、实现课程内容的理论基础

1. 连通性测试方法

常用的命令有 ping 和 tracert。

(1) ping 命令介绍。ping 命令是基于 ICMP 协议工作的，用于探测本机与网络中另一主机间是否可达。其基本格式为 ping ［参数］IP 地址或主机名。

(2) tracert 命令介绍。tracert 命令功能与 ping 命令类似，但所获得的信息要比 ping 命令详细，主要用来显示数据包到达目标主机所经过的路径，并显示到达每个节点的时间。其格式为 tracert ［参数］IP 地址或主机名。

2. OSPF 协议概述

OSPF 协议全称为开放式最短路径优先协议，是一种典型的链路状态路由协议，使用 Dijkstra 的最短路径优先算法计算和选择路由。以组播地址发送协议包，协议号 89。

3. OSPF 协议的工作原理

(1) 寻找邻居。OSPF 路由器周期性地从其启动 OSPF 协议的每一个接口以组播地址 224.0.0.5 发送 Hello 数据包，以寻找邻居。当两台路由器共享一条公共数据链路，并且相互成功协商它们各自 Hello 包中所指定的某些参数时，它们就能成为邻居。

(2) 建立邻接关系。在多路访问网络上可能存在多个路由器，为了避免路由器之间建立完全相邻关系而引起的大量开销，OSPF 要求在区域中选举一个 DR（指定路由器），DR 选举完成后，其他路由器（DRother）都只与 DR 建立相邻关系。

(3) 链路状态信息传递。建立邻接关系的 OSPF 路由器之间通过发布 LSA（链路状态通告）来交互链路状态信息。通过获得的 LSA，同步 OSPF 区域内的链路状态信息，各路由器将形成相同的 LSDB（链路状态数据库）。

(4) 路由计算，生成路由表。①评估一台路由器到另一台路由器所需要的开销（Cost）。②同步 OSPF 区域内每台路由器的 LSDB。③使用 SPF 计算出路由。

4. OSPF 协议的设置

(1) 启动 OSPF 协议进程并进入配置模式，命令格式为 router ospf。

(2) 配置 OSPF 运行的接口并指定这些接口所在的区域 ID，命令格式为 network address mask area area-id。

5. 设置 COST 值并修改带宽

(1) 设置 COST 值。命令格式为 ipospf cost interface-cost，其中，interface-cost 为具体的开销值。

(2) 修改带宽。命令格式为 auto-cost reference-bandwidth ref-bw，其中，

ref-bw 为具体的带宽值。

【思政贯穿】

根据课程特点,将课程内容分解为若干个知识点,分别找出与其对应的思政内容,加以贯通,形成一个有机的整体,实现思政内容与课程内容的无缝融合。带领学生确定目标后,结合课程内容帮助学生分析实现目标的要素,并给出实践的路线,如图 2 所示。

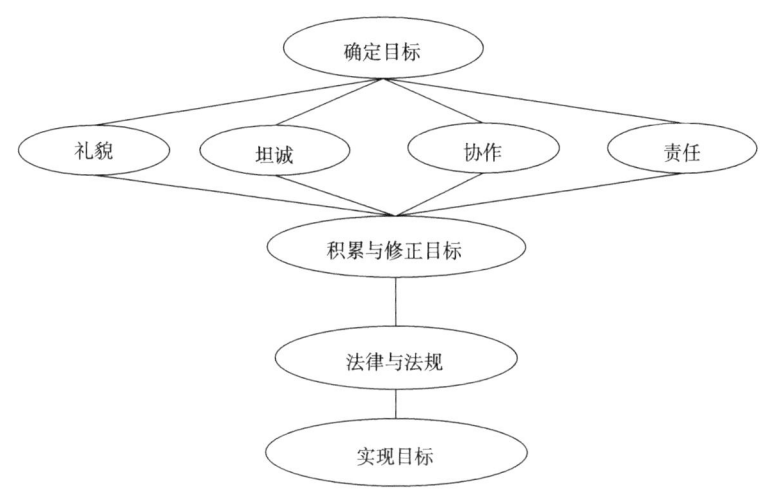

图 2　思政实施路线图

通过数据包寻址引入爱因斯坦关于目标的名言,带领学生制定自己的目标;分析路由协议的原理,梳理出"礼貌""坦诚""协作""责任"四个思政要点。引导学生分析数据从出发到达目标的过程,引出荀子《劝学篇》中的内容,即"积土成山,风雨兴焉;积水成渊,蛟龙生焉;积善成德,而神明自得,圣心备焉。故不积跬步,无以至千里;不积小流,无以成江海"。突出在实现目标的过程中积累与修正目标的重要性,同时以网络中的防火墙为例,强调在实现目标的过程中遵纪守法是前提。

二、OSPF 协议案例实现

案例实现:OSPF 协议配置

要求在路由器中配置 OSPF 协议,实现网络中数据的互通。使用拓扑技术,如图 3 所示。

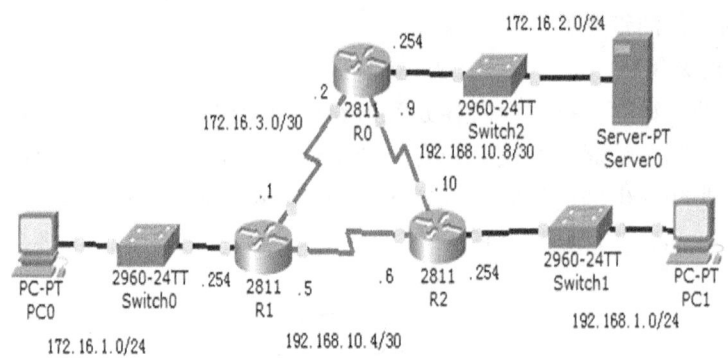

图 3　OSPF 网络拓扑

图中各设备的 IP 地址如表 1 所示。

表 1　各设备 IP 地址

设备	接口	IP 地址
PC0	以太网卡	172.16.1.1/24
PC1	以太网卡	192.168.1.1/24
Server0	以太网卡	172.16.2.1/24
R0	S1/0	172.16.3.2/30
R0	S1/1	192.168.10.9/30
R0	F0/0	172.16.2.254/24
R1	S1/0	172.16.3.1/30
R1	S1/1	192.168.10.5/30
R1	F0/0	172.16.1.254/24
R2	S1/0	192.168.10.10/30
R2	S1/1	192.168.10.6/30
R2	F0/0	192.168.1.254/24

（1）路由器配置，以 R0 为例，主要配置代码如下：

r0#sh run

……

hostname r0

……

interface FastEthernet0/0

ip address 172.16.2.254 255.255.255.0
……
interface Serial1/0
ip address 172.16.3.2 255.255.255.252
clock rate 64000
interface Serial1/1
ip address 192.168.10.9 255.255.255.252
……
router ospf 1
log-adjacency-changes
network 172.16.2.0 0.0.0.255 area 0
network 192.168.10.8 0.0.0.3 area 0
network 172.16.3.0 0.0.0.3 area 0
……
end

（2）功能测试。

方法一：在 PC0 中使用 ping 命令，测试 PC0 到 PC1 的连通性，如图 4 所示。

```
PC>ping 192.168.1.1

Pinging 192.168.1.1 with 32 bytes of data:

Reply from 192.168.1.1: bytes=32 time=1ms TTL=126
Reply from 192.168.1.1: bytes=32 time=1ms TTL=126
Reply from 192.168.1.1: bytes=32 time=1ms TTL=126
Reply from 192.168.1.1: bytes=32 time=1ms TTL=126

Ping statistics for 192.168.1.1:
    Packets: Sent = 4, Received = 4, Lost = 0 (0% loss),
Approximate round trip times in milli-seconds:
    Minimum = 1ms, Maximum = 1ms, Average = 1ms
```

图 4　ping 测试结果

方法二：在 PC0 中使用 tracert 命令，测试 PC0 到 PC1 的连通性及所经过的设备信息，如图 5 所示。

（3）结果分析。从图 3 可以看出，从 PC0 到 PC1 有两条路，使用 ping 命令和 tracert 命令测试都是成功的，说明 PC0 确实有通往 PC1 的路存在。从图 5 可以看出，数据从 PC0 出发分别经过路由器 R1 和路由器 R2，到达目标 PC1。

```
PC>tracert 192.168.1.1
Tracing route to 192.168.1.1 over a maximum of 30 hops:

 1    0 ms    0 ms    0 ms    172.16.1.254
 2    0 ms    0 ms    3 ms    192.168.10.6
 3    2 ms    0 ms    0 ms    192.168.1.1

Trace complete.
```

图 5　tracert 测试结果

(4) 修改端口的开销值。将 R1 设备 S1/1 端口的 cost 值设置为 1024，命令格式为 ip ospf cost 1024，修改后再次测试路径，如图 6 所示。

```
PC>tracert 192.168.1.1
Tracing route to 192.168.1.1 over a maximum of 30 hops:

 1    0 ms    0 ms    0 ms    172.16.1.254
 2    0 ms    0 ms    0 ms    172.16.3.2
 3    0 ms    1 ms    0 ms    192.168.10.6
 4    0 ms    0 ms    1 ms    192.168.1.1

Trace complete.
```

图 6　新的 tracert 测试结果

从图 6 可以看出，修改过 R1 设备接口的 cost 值后，从 PC0 去往 PC1 的路径发生了变化，此时数据从 PC0 出发，经过 R1-R0-R2 到达 PC1。

【总结反思】

无论做什么事，都应该有目标，要为自己设定一个正确的、远大的、符合实际情况的目标。制定好目标后就要踏踏实实地向目标推进，可以根据自身的情况将大目标拆分为多个小目标分步实施。在追求目标的过程中要与人为善，坦诚对待他人，要有责任感和协作精神，坚持不懈地学习，才能不断靠近目标。实现目标的过程就是不断努力和不断积累的过程。实现目标的途径有很多，但不能违背社会主义道德，更不能触碰法律的红线。遵纪守法是实现目标的前提。

网络基础：
严谨踏实　做社会主义的建设者和接班人

教师信息： 赵娜　**职称：** 讲师　**学历：** 本科
研究方向： 计算机网络技术
授课专业： 计算机网络技术
课程类别： 理实一体化课程
课程性质： 通用技能平台课程

第一部分　设计思路

一、本次设计的课程思政目标

本次课思政目标是设计围绕"三金"元素之"金扣子"，引导青少年扣好人生第一粒"扣子"，课程思政的设计侧重于价值观层面，注重学生社会主义核心价值观引领，主要内容包括：教育学生以社会主义核心价值观作为人生的第一世界观、人生观和价值观；教育学生坚定理想信念，认真学习习近平新时代中国特色社会主义思想；教育学生树立良好的个人品德和职业道德，渗透社会主义道德教育。培养学生"精益求精、追求卓越"的工匠精神和工作中遵守5S标准的职业精神。

课程始终把"育人"放在首位。在教学过程中，通过对学生开展社会主义核心价值观教育、习近平新时代中国特色社会主义思想教育，在提高学生动手操作技能水平的同时，要求学生按照社会主义核心价值观之敬业标准完成工作任务，培养学生严谨踏实等终身受益的优良品格和认真负责、精益求精、追求卓越的职业精神，将立德树人落到实处。

二、课程思政教学设计内容

1. 课前：课程思政引入

习近平总书记提出新时代中国特色社会主义思想，明确坚持和发展中国特色社会主义，总任务是实现社会主义现代化和中华民族伟大复兴。他非常关心青年，在座的每一位都是社会主义的建设者和接班人。教育学生坚定理想信念，认真学习习近平新时代中国特色社会主义思想。

2. 课中：课程思政贯穿授课过程

在教师讲解专业课程内容及要求的过程中，利用教案案例激发学生爱国热情，引导学生向"大国工匠"精益求精、追求卓越的精神学习，注重培养严谨的工作作风和工作态度。

3. 课后：课程思政总结反思

培养学生精益求精、严谨细致的工作态度，强调追求卓越的工作质量，提升学生5S工作标准的职业精神。通过制作网线这一个小任务，以小见大，做优秀的社会主义的建设者和接班人。

第二部分　案例描述

精益求精做网线，严谨踏实做社会主义的建设者和接班人

【思政导入】

习近平总书记提出新时代中国特色社会主义思想，明确坚持和发展中国特色社会主义，总任务是实现社会主义现代化和中华民族伟大复兴。他非常关心青年，在座的每一位都是社会主义的建设者和接班人。

通过Cisco Network Academy——思科网院在线平台发布课前任务，任务内容为认识综合布线7大子系统。学生利用智慧职教等在线平台收集资料，线上学习并完成目标测试题。教师通过平台的数据分析图表了解学生完成情况，及时选择适当的教学方案。

【课中思政贯穿】

教育学生坚定理想信念，认真学习习近平新时代中国特色社会主义思想。

一、课中流程1：课程引入，创设情境

上课开始，教师通过最近刷爆朋友圈的一篇文章——"德国布线是艺术"作为导入，学生对这样的布线效果叹为观止，十分佩服这些工程师的工匠精神。教师进一步引出另一个视频转帖，中国的布线艺术如今更加严谨唯美，比德国的做得更好更棒，引出"大国工匠"的精神——精益求精、追求卓越（见图1）。

图1　教师分享朋友圈转帖

教师进而引出网络综合布线标准化这一课程主题，要求学生对课前任务进行分享。教师对目标测试题的完成情况进行点评小结，再选取目标题出错的学生，利用网络综合布线模拟沙盘进行展示辨析。以确认学生课前任务中的问题都已经解决。

【思政贯穿】

激发学生爱国热情，引导学生向"大国工匠"学习，培育学生的工匠精神和民族自豪感，教育学生以社会主义核心价值观作为人生的第一世界观、

233

人生观和价值观。

二、课中流程2：计划和决策——完成任务1学习双绞线的制作标准

接下来布置任务1：学习双绞线的制作标准。任务1对应工作过程的"计划和决策"阶段。首先教师下发微课，要求学生自主学习，将制作双绞线的材料、工具、步骤填写在任务单。接着教师引领学生学习，将T568A\B线序记忆难点总结成顺口溜方便学生记忆。将做线的步骤总结成12个字口诀："剥线、排序、捋直、插入、压实、测试"。然后，通过模拟网线制作交互式游戏，来验证巩固学习成果。

学生在玩游戏中反复练习，大幅提高实际做线的速度，减少耗材的浪费。并利用游戏中的自动计时打分功能，实现竞速，每组中成绩最好的同学成为本次项目负责人。其间，教师通过电子教室系统，实时监控、转播学生完成情况，进行差异化个别辅导，对于学生集中出现的问题，进行集中辅导。

学生小组在完成任务1的过程中，制订工作计划，分配工位。选择需要使用的工具和材料，为下一阶段任务做好准备。

【课中思政贯穿】
教育学生要遵循行业标准，敬业诚信。
通过减少耗材渗透节约的思想，弘扬真善美。
教育学生树立良好的个人品德和职业道德，渗透社会主义道德教育。

三、课中流程3：点评与提升——做中学，做中教

任务1完成后，教师进行点评，针对学生的疑问，灵活采用不同形式进行答疑。专业问题可以直接连线企业网络工程师进行在线解答。接着，教师对任务1进行提升——实际做线和虚拟游戏是不同的。教师要求每组尝试首次制作一根直通线，学生在做中学，发现虽然掌握了线序和制作步骤，却还有一些问题，如未注意水晶头塑料弹片位置导致线序反序；水晶头没有压实导致接触不良、测试不通；还有一些如卡槽压坏，绝缘皮剥去过长等制作不规范问题。

此时，教师根据学生实际做线中的问题进行针对性演示讲解，在做中教（见图2）。

演示讲解完毕后，教师要求学生对做线中的常见故障进行总结，列出常见故障原因表，并通过模拟微观动画，洞穿水晶头内部构造和压线的细节，将网线线芯与金属触点接触的微观动作放大仿真演示，给学生更直观的认识，

图 2　教师做中教，学生做中学

从原理上掌握压线技巧，在接下来的任务中，尽量避免压线不实造成的网线故障。

【课中思政贯穿】

强调社会主义核心价值观之敬业。任务不是做完就行，需要有严谨的工作态度，线缆需要符合标准。教师做到言传身教，做线过程遵守 5S 标准，从而培养学生"精益求精、追求卓越"的工匠精神和工作中遵守 5S 标准的职业精神。

四、课中流程 4：实现和验证——完成任务 2

任务 2 是根据组网类型制作直通线和交叉线并连接设备，这是整个工作过程的实施和验证阶段，也是教学重点的实际操作。学生根据需要连接设备的类型制作正确的线缆，在双机互联中使用交叉线，PC 与交换机连接使用直通线，要求小组内每名学生制作一根直通线、一根交叉线，并完成线缆测试验证。教师针对学生初次做线时的问题对任务 2 实施进行预案，及时调整教学策略，协助学生顺利完成任务。

教师实时把控制作过程细节和进度，实时指导学生完成任务。做线完成后，进入任务验证阶段，将从三个层面进行递进验证。

根据验证结果对任务 2 进行组内自评，各组选出最稳准快的成员，参加一场趣味世界冠军 PK 赛。教师通过大屏幕播放世界技能大赛网络布线赛项选手的比赛视频，班上同学与之同场竞技，决出班内冠亚季军，给予小组加分奖励（见图 3）。

图 3　趣味冠军 PK 赛

学生在趣味冠军 PK 赛中形成组间竞争，结合任务中拍摄上传的操作过程小视频，进行组间评价。最后教师对整个任务 2 进行总结性评价，确保已经突破教学重点，化解教学难点。

【课中思政贯穿】

如果验证发现网线有故障，要立即进行故障识别和更换，杜绝有问题的网线接入实际网络中。培养学生重视工匠精神。

通过观看世界大赛冠军选手的视频，找差距，求进步，引入竞争，诱发领导欲，强化职业精神。

五、课中流程 5：评价和总结——对任务完成情况进行评价评估

一个完整的教学过程不可以没有最后的评估评价。这是在总结之后让学生了解自己这节课的收获和不足的重要环节。

1. 课堂任务评价

教师结合小组自评情况、组间 PK 情况以及巡视中发现的学生完成任务的参与度、任务报告完整度等情况，给出课堂评价。

2. 布置课后作业

教师布置课后作业——完成本次任务的任务报告，作业模板从手机优慕课平台发出，方便学生使用。

3. 课后整理实训室

下课后要求学生恢复实训室和工位，符合 5S 标准。

【总结反思】

通过课后整理实训室，要求学生在工作中遵守 5S 标准，提升学生职业素养。通过制作网线这一小任务，以小见大，做优秀的社会主义的建设者和接班人。

电力网络与能源实践：电力的传输

教师信息： 周芬　**职称：** 助教　**学历：** 研究生
研究方向： 建筑节能
授课专业： 15 贯通电气（法）
课程类别： 理论课
课程性质： 通用技术课

第一部分　设计思路

一、本次设计的课程思政目标

本次设计的课程思政目标属于"金扣子"类型，主题为："电力的传输"。本次课思政目标如下：节能环保，勤俭节约；民族自豪，报效祖国；百折不挠，吃苦耐劳。

二、课程思政教学设计内容

1. 课前：课程思政引入

播放"从一无所有到独步全球，70年电力发展让中国越来越亮堂"的小视频，使同学们了解中国电力从弱到强、从封闭到开放，再到如今独步全球的70年沧桑巨变，激发学生的民族自豪感，引出新课。

2. 课中：课程思政贯穿授课过程

教师在电能的传输知识点讲解过程中，在其中的发电环节列举一个个具体数据，使学生醒悟到原来平时离开宿舍不关灯、不关空调这些看似微乎其微的举动背后隐藏了巨大的经济损失和环境污染，用数据说话，使学生树立节能环保、勤俭节约的意识；在高压输电知识点讲解过程中，通过列举近年来中国特高压引领全球、举世瞩目的一桩桩事件，激发学生的民族自豪感，树立报效祖国的理想；中国特高压的成功离不开科研工作者和一线电力工人艰辛的付出，播放特高压工人高空作业的小视频，使学生领悟每一个成功的背后都离不开为之默默奉献和付出的人，教育学生要养成面对困难百折不挠、吃苦耐劳的职业精神。

3. 课后：课程思政总结反思

（1）思政目标要与知识目标紧密结合。本次课在"电能的传输"教学环节融入"节能环保、勤俭节约"的思政点；在"高压输电"教学环节中融入"工作严谨、实事求是""民族自豪、报效祖国""百折不挠、吃苦耐劳"思政点，实现立德与树人、育人与育才有机结合。

（2）课程思政的融入要自然而然、悄然渗透，立德潜入课，树人细无声。

（3）运用多样化的教学手段助力思政实施。充分利用雨课堂开展信息化教学，激发学生学习兴趣，提高学习效率；借用抖音视频融入思政点，增强思政点的吸引力、感染力和说服力，唤醒学生、激活课堂，让学生通过观看鲜活的事例进行自我教育、自我觉悟，胜过教师的千言万语。

第二部分　案例描述

电力的传输

【思政导入】

播放小视频："从一无所有到独步全球，70年电力发展让中国越来越亮堂。"

我们来想想这样一个场景，每天早上手机闹钟叫我们起床，打开电动牙刷刷牙，背着书包走进教室，打开空调和电脑开始上课，放学了买一瓶冰镇可乐，回到寝室用手机刷一刷抖音，这一切我们都习以为常，甚至很多人都已记得上一次停电是什么时候。从以前的蜡烛煤油灯，到今天的霓虹灯下，从一无所有到独步全球，中国电力走过了70个年头，70年沧桑巨变，中国电力工业经历了从弱到强、从封闭到开放的过程，成为举世瞩目的电力强国，跻身世界电力工业前列。

同学们，中国电力辉煌的发展史，同时也是中国人民百折不挠的艰苦奋斗史，今天就让我们走进电力的世界，一起遨游一起探索。

【思政贯穿】

一、电能的传输

教师讲解：我们用的电是从发电厂通过输电线输送过来的，产生电的地方我们叫发电厂，用电的地方如家庭、学校、企业等我们称之为用户，那么把电从发电厂输送给用户就叫输电。输送电就好比实际生活中开车从 A 地输送物品到 B 地，得有路才行，人和车走的路我们叫马路，电走的路则叫输电线路，电从发电厂经过输电线路到达用户的过程就叫电力传输。这是本节课的重点之一。

教师画出电力传输示意图，见图 1。

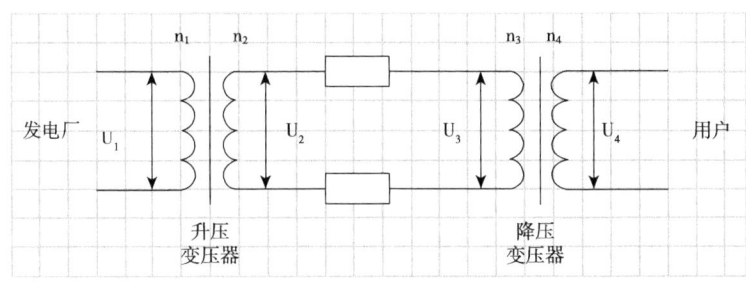

图 1

现在我们开始从源头对电力的传输进行梳理。首先说说发电那些事，截至 2018 年年底当全世界发电量增速仅为 3.7%时，中国却以 8.4%的迅猛增速领跑全球，全年发电量达到 71118 亿千瓦时，几乎是以"一己之力"生产了全球超过 1/4 的电量。但同学们可知道中国一年发这么多电，其中约 70%的电是通过燃烧煤发出的，也就是火力发电。火力发 1 度电会产生 800 克二氧化碳、10 克二氧化硫等污染物，它们正是空气污染的元凶，"温室效应"的罪魁祸首！

大家来看一组数据，如果每人每天节约 1 度电，一人一年能节约 $1\times365=365$（度），我国 14 亿人口，一年能节约 $14\times365=5110$（亿度），设一度电 0.5 元，一年能节省 $5110\times0.5=2555$（亿元），一年减少 $5110\times0.8=4088$（亿千克）$=4.088$（亿吨）二氧化碳的排放。

看到这组触目惊心的数据之后，同学们还觉得你们上完课不关灯、离开宿舍不关空调、用完插座不拔等这些习以为常的举动很微乎其微吗？你们可知道，这些不起眼的举动背后都暗藏着巨大的经济损失和环境污染。从现在起,大家应当树立节约能源、"绿水青山"就是"金山银山"的环境保护观念,传承勤俭节约的中华美德,养成节约用电的好习惯。

说完电力传输的源头,我们再往下走,你会发现输电环节经过了升压再降压才传到用户,那么为什么要升压呢?这是我们要学习的第二个知识点,也是本节课的重难点。

二、高压输电

提问:为什么要用高压输电?

自主探究:教师开启弹幕,学生自主探究,将所想到的关键词以弹幕形式发送至雨课堂。

引导启发:教师给出分析思路:输电→导线(电阻)→发热→损失电能→减少损失。

小组讨论:以小组为单位进行讨论、推理,并将推理及结论拍照上传至雨课堂。

总结评价:教师点评并给出推理过程。从焦耳定律 $Q=I^2Rt$ 出发,要想减少热能 Q 的损失,就得减少电流 I、电阻 R 或输电时间 t,根据现实因素减少电阻 R 或输电时间 t 都不现实,那么只能减少电流 I。又因为传输的电能不变或者更大,$P=U \cdot I$,因此推理下来要想减少电流就只能增大电压,所以最后就得提高输送电压。同学们在推理的过程中可以感受到任何一个事物或结论都不是靠我们的凭空猜想,其背后都有严谨的推理及科学依据。因此,在日常学习工作中遇到问题时我们绝不能盲目下结论,要严谨、实事求是,这也是你们要具备的一种科学精神和品质。

提问:什么是特高压输电?

小组讨论:学生分组讨论,并将讨论结果上传至雨课堂。

总结评价:教师点评并讲解。随着我国经济的快速发展和持续增长的电力需求,以及在能源发展战略、电网资源的优化配置"西电东送"大背景下,高压输电已远远不能满足需求,因此特高压输电应运而生。对于 95 后、00 后来说,"拉闸限电"已经成为一个历史名词。从电不够用,到敞开用,特高压是个大功臣。我们常说,要想富,先修路,小路修了还不够,还要修高速公路修高铁。同样的,想送电没有"路"不行;想大规模送电,没有"高速公路"——大容量通道,更不行。特高压就是这样一条电力高速公路。那么特高压输电好在哪里呢?很好理解,就好比车走在羊肠小道和高速上的区别,走高速省油、省时间,可以带来经济效益和时间效益等,同样地高压输电会带来经济效益和社会效益，如输电容量大了，损耗小了，距离远了还不占地方。这些优势在我国东中部经济发达、用电基数大、比重高，但一次能源资源匮乏、土地和环保空间有限的地区特别明显。

2013年9月25日，世界首条1000千伏同塔双回特高压交流工程——皖电东送的正式投运标志着中国电力成为世界电力的珠穆朗玛峰。特高压不仅在国内遍地开花，还走出了国门。"一带一路，电力先行"。特高压输电技术可以实现大型能源基地远距离外送，使全球能源互联网发展成为可能，是助推国家落实"一带一路"倡议的重要途径。特高压是我国"走出去"的亮丽"中国名片"，也是实现伟大中国梦历史进程上浓墨重彩的一笔，作为中国人我们都应该感到自豪和骄傲。

抖音小视频。

视频1：高压电力工人高空作业，在高压输电安装和运营维护各环节，都需要电力工人进行高空作业，由于身处数百米高空，机械完全用不上，更多的是靠人工操作，他们要在铁塔之间的输电线路上"行走"数百米，低头有时是悬崖，有时是峭壁，非常危险。严寒或高温时，都要靠超人的毅力和耐力完成任务。

视频2：这是一个火到了国外的视频，视频中身处数百米高空的电力工人用身体当工具旋转360度将高压线路恢复原状，外国人被这种职业精神震惊了，他们感慨这是一群伟大的人，正是有了他们的付出才成就了今天的中国电力。

在特高压工程建设与发展的历程中，科研工作者和一线电力工人不畏严寒酷暑默默辛勤的付出成就了中国电力独步全球的故事。通过播放视频，教育学生学习他们坚守中华民族自强不息、奋斗不止的民族精神和面对困难百折不挠、吃苦耐劳的职业精神。

【总结反思】

课堂小结。

（1）知识点总结：电能的传输过程、高压输电。

（2）课堂评价：根据雨课堂任务完成情况+线上讨论互动情况+课堂表现进行综合评价。

布置作业。

（1）借用大学mooc自主学习电力传输知识的视频，延伸学习范围和领域，培养学生自主学习和终身学习的习惯；借用抖音搜索中国电力相关视频，进一步了解中国电力的故事。

（2）拓展阅读：阅读《光电帝国》电子书目，了解 3 位点亮世界的电力巨人的故事，激发学生学习电学的兴趣。

通过课后作业的完成，进一步激发学生的爱国热情和民族自豪感，使学生在日常的学习、生活和工作中学习先辈们百折不挠、吃苦耐劳的职业精神，坚守并发扬中华民族自强不息、奋斗不止的民族精神。作为祖国未来的接班人和建设者，要牢记使命，坚守初心，功成不必有我，功成一定有我，做好自己的本职工作，为祖国发展添砖加瓦。

PLC 控制技术：
交通灯控制系统设计与调试

教师信息：周海君　**职称**：副教授　**学历**：硕士
研究方向：自动化控制
授课专业：机电一体化技术
课程类别：理实一体化课程
课程性质：专业群技术基础课

第一部分　设计思路

一、本次设计的课程思政目标

本次课的思政目标是让学生了解实践思维方式，具备系统设计理念和守时观念，提升学生思想政治素质和职业素养。

二、课程思政教学设计内容

1. 课前：课程思政引入

通过"每日一句"引出守时的重要性和意义，以及如何在实践中践行这一职业素养。要求学生在课程实践学习过程中，积极体会守时的实践思维方式，达到具备控制系统设计理念思维方法，提升思想政治素质和职业素养。

2. 课中：课程思政贯穿授课过程

在教师讲解专业课程内容及要求的过程中，穿插讲解当代社会对大学生知识能力和职业素养的要求，结合专业课程中交通灯控制系统设计与调试项目训练，使学生意识到具备控制系统设计理念和守时意识的重要性，注重培养自己的职业素养。

3. 课后：课程思政总结反思

通过实践项目训练，学生掌握了系统设计思维方法，深刻领悟了守时意识培养的重要性。同时，引申到在日常生活、工作、学习中如何应用系统设计实践方法和培养守时意识，进一步培养自己的职业素养。

第二部分　案例描述

交通灯控制系统设计与调试

【思政导入】

Don't drag the things of today till tomorrow.（勿将今日之事拖到明日。）
Punctuality is a kind of respect for others.（守时是对别人的一种尊重。）

通过对"每日一句"的讲解和案例分析，加强英语学习的同时培养学生按时、守时以及在学习方面的执行力，同时，对后续制订学习计划做好铺垫。

光阴是宝贵的，既然我们知道光阴是无价之宝，那么我们从现在开始就要养成守时的习惯。只要大家齐努力，守时、勤奋，社会就能进步、国家就能富强。今天我们就从交通灯控制系统设计与调试任务体会系统设计思维方法和守时意识的培养。

一、交通灯控制系统设计讲解

通过观察现实交通灯控制系统视频，提出控制要求。

交通灯（单向）控制系统运行要求：按下启动按钮，东西方向绿灯亮 3 秒后灭，黄灯亮 1 秒后灭，红灯亮 6 秒后，绿灯亮……如此循环。按下停止按钮，所有交通灯立刻停止（见图 1、图 2）。

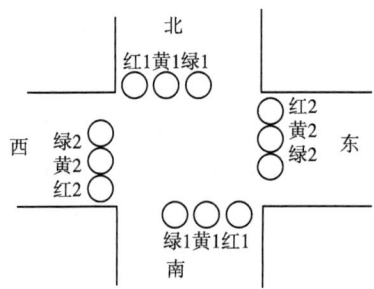

图 1　交通灯控制系统示意图

图 2　东西方向交通灯控制系统运行示意图

1. 控制要求分析

通过观看实训室交通灯控制系统调试视频，明确本次课程的学习目标。体会该控制系统设计与制作的现实意义。

2. 确定输入输出设备

输入设备：启动按钮、停止按钮。

输出设备：绿灯、黄灯、红灯。

3. I/O 设置

输入：启动按钮 I0.0、停止按钮 I0.1。

输出：绿灯 Q0.0、黄灯 Q0.1、红灯 Q0.2。

强调：I/O 设置规则（可以在 0.0~15.7 内随意设置，但从便于操作，节约成本方面考虑，尽量顺序使用 I/O 点）。

4. 电气接线及注意事项

绘制接线图。

强调：安全用电；导线颜色区分（电源正极"红"、负极"黑"，信号输入"黄"、输出"蓝"）；严格遵守"先入后出、先电源后信号"的接线原则。

5. 编写程序

提示：如何实现循环（灵活应用定时器指令）。

强调：与 I/O 设置完全对应。

6. 下载、调试及故障排除

通过列举常见故障、分析故障过程。

【思政贯穿】

在讲解分析交通灯（单向）控制系统设计 6 个步骤的过程中，通过观看实训室调试视频激发学生学习积极性，培养学生热爱专业的激情；在 I/O 设置过程中，培养规矩意识、成本意识；绘制接线图时，注重培养安全意识、标准意识、规范意识；在程序设计环节，培养学生举一反三的学习能力和严谨的学习态度；在调试排障环节，培养学生独立思考、分析问题、解决问题的能力。使学生逐步体会系统设计中所用到的各种思维方法的重要性，树立严格按照系统设计时间编写程序的守时意识。

二、交通灯（单向）控制系统设计与调试

学生独立完成交通灯控制系统设计与调试项目（注意时间的设计），要求严格按设计步骤进行。

最终完成：I/O 设置表、电气接线图、系统程序、故障现象及解决思路记录表。学生独立操作，教师巡回指导，强调安全用电及按步骤完成，及时发现问题，并做好引导。

提前完成的同学辅导其他同学或者完成拓展题——双向交通灯控制系统设计与调试（见图 3）。

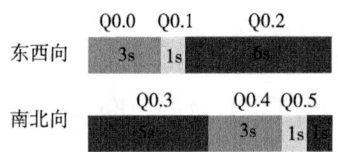

图 3　双向交通灯控制系统运行示意图

【总结反思】

自动控制系统都是关乎人类生产、生活、工作等重要活动的现实存在，控制系统设计的实践方法掌握到位程度是系统设计优劣的重要保障。唯有秉承严谨的科学态度、守时理念，在学习和生活中不断思考，在操作实践中不断总结经验，深入体会和理解实践方法的现实意义，坚持安全、标准、规范、守时、诚信等意识，逐步实现创新意识，才能更好地掌握系统设计的实践方法，真正提升自己的职业素养，从而成为能为社会做出贡献的有用之材！

语文：喜看稻菽千重浪

教师信息： 左文燕　　**职称：** 副教授　　**学历：** 硕士
研究方向： 文学、教育教学
授课专业： 贯通语文
课程类别： 理论
课程性质： 公共基础课

第一部分　设计思路

一、本次设计的课程思政目标

习近平总书记向国家勋章和国家荣誉称号获得者颁授勋章奖章时说："今天我们以最高规格褒奖英雄模范，就是要弘扬他们身上展现的忠诚、执着、朴实的鲜明品格。"本课程思政教学设计内容以此为契机和切入点，挖掘袁隆平身上的品格和情怀，引导学生弘扬袁隆平及其他英雄模范身上展现的忠诚、执着、朴实的鲜明品格，把个人梦想、家庭幸福与国家发展紧密联系在一起，以坚定的理想信念、不懈的奋斗精神脚踏实地做好每件平凡的事，为国家建设贡献力量。

二、课程思政教学设计内容

1. 课前：课程思政引入

2019年9月29日上午，中华人民共和国国家勋章和国家荣誉称号颁授仪式在北京人民大会堂隆重举行，中共中央总书记、国家主席、中央军委主席习近平向国家勋章和国家荣誉称号获得者颁授勋章奖章并发表重要讲话。颁授仪式是社会热点，课堂以国家勋章和国家荣誉称号颁授仪式引入，使学生了解袁隆平的突出贡献，充分调动学生学习兴趣和积极性。

2. 课中：课程思政贯穿授课过程

通过分组讨论，充分发挥学生课程思政的主体作用，激发学生主动思维、积极探索，自主地发现、认识、理解和学习袁隆平的优良品质，并促进学生认知、能力与思想情感的全面发展，使本课的思政教育落地生根，内化于心、外化于行，真正影响他们的世界观、人生观和价值观，使他们逐步成长为合格的社会主义建设者和接班人。

3. 课后：课程思政总结反思

"崇尚英雄才会产生英雄，争做英雄才能英雄辈出"。通过本课的学习要敬仰英雄、学习英雄，弘扬英雄模范身上展现的忠诚、执着、朴实的鲜明品格。职业学校的学生要热爱专业、认真学习、掌握技能、学好本领，用实际行动为实现"两个一百年"奋斗目标、实现中华民族伟大复兴的中国梦贡献力量。

第二部分　案例描述

喜看稻菽千重浪

【思政导入】

在国家勋章和国家荣誉称号颁授仪式上，袁隆平获得共和国勋章。他是"杂交水稻研究的开创者，50多年来致力于杂交水稻技术的研究、应用与推广，为我国粮食安全、农业科学发展和世界粮食供给做出巨大贡献"。他是"千千万万为党和人民事业做出贡献的杰出人士的代表。他的身上生动体现了中华民族精神和社会主义核心价值观，他的事迹和贡献将永远写在共和国史册上！"

一、情境引入

2019年正值中华人民共和国成立七十周年，国家举行了很多盛大活动进行庆祝。9月29日上午，北京人民大会堂隆重举行了中华人民共和国国家勋章和国家荣誉称号颁授仪式，八位同志获得了共和国勋章，袁隆平就是其中之一。观看习近平总书记给袁隆平颁授勋章的视频，并认真聆听颁奖词。

二、背景介绍

袁隆平是杂交水稻研究的开创者，50多年来致力于杂交水稻技术的研究、应用与推广，为我国粮食安全、农业科学发展和世界粮食供给做出巨大贡献，被称为"现代神农氏"（见图1）。

图1　共和国勋章获得者——袁隆平

三、通读课文

识记字词，通读课文，了解课文的主要内容，找出袁隆平的主要事迹并且画出来。

稻菽 shū　一蔸 dōu　淤泥 yū　⎰笼罩 lǒng
籼粳 xiān jīng　屏气 bǐng　⎱囚笼 lóng
分蘖 niè（泛指植物由茎的根部长出的分支。）

刻骨铭心　比喻牢记心上，永远不忘。也说镂骨铭心、铭心刻骨。
义无反顾　在道义上只有勇往直前，绝不能退缩。

四、整体把握

整体把握袁隆平的品格——工作态度、学术品格、道德操守、理想志向

（见图2）。

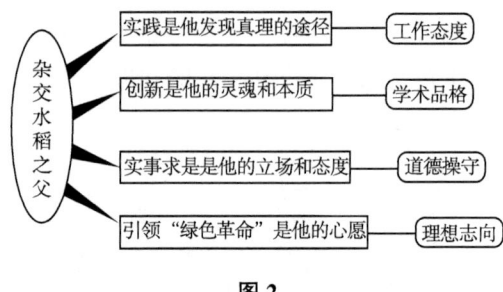

图 2

【思政贯穿】

通过分析袁隆平的事迹，学习他的优良品质：严谨认真的工作态度，从实践中发现真理的工作方法；不迷信权威、不动摇、不退却、极具韧性的学术品格；坚持真理、捍卫真理、不计个人风险得失的道德操守；心怀天下、情系世界、生命不息、追求不止的理想志向。

五、深入探究

课文写了袁隆平的哪些事迹？分别体现了袁隆平哪些方面的品质？学生分组进行讨论。讨论结束后与其他组进行分享。通过讨论，学生认识、理解和学习袁隆平的优秀品质（见图3）。

图 3

【思政贯穿】

这篇课文通过具体事例展现了科学家袁隆平重视实践、实事求是、敢于向权威宣战、大胆创新的精神，也表现了他引领"绿色革命"的宏愿，高度评价了这位杂交水稻专家研究成果的重大意义：不仅使中国率先在世界上实现了"超级稻"目标，而且对解决中国乃至全世界的粮食问题都具有重大意义。

课程思政的效果如何关键看学生。学习这篇课文，学生应该能够有所感悟，能够充分认识袁隆平的优良品格及对自己的影响，能够将其表达出来进行固化并且与大家分享，进而能够内化于心，真正影响自己的世界观、人生观和价值观。

六、拓展延伸

播放习近平总书记在中华人民共和国国家勋章和国家荣誉称号颁授仪式上讲话的视频片段。通过学习这篇文章，结合习近平总书记在颁授仪式上的讲话精神，我们可以从袁隆平这位可敬的科学家身上学习什么？应当怎样学习他？请学生将感悟写到笔记本上，写完之后与大家进行分享（见图4）。学生陈冲说："以前我喜欢的都是演艺界明星，通过观看颁授仪式和学习这篇课文，我觉得袁隆平这样胸怀天下、无私奉献的科学家才是真正值得我们追、最值得我们追的星。"学生高阳说："袁隆平为'两个一百年'的奋斗目标做出了巨大的贡献，接下来的目标需要我们青年人去努力完成。我们应该学习袁隆平的精神，在日常的学习中遇到困难要勇于克服，不要畏惧失败，不要被小挫折打倒，要为了探索真理而百折不挠地去奋斗。"

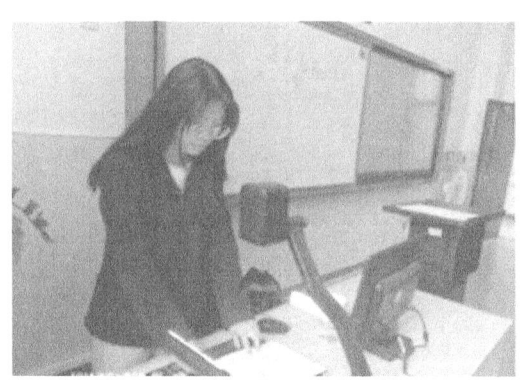

图4

七、布置作业

鲁迅在《中国人失掉自信力了吗》中有一段话："我们从古以来，就有埋头苦干的人,有拼命硬干的人,有为民请命的人,有舍身求法的人……这就是中国的脊梁。"你认为袁隆平是其中的哪一种人?为什么?你还知道哪些可以称为"中国的脊梁"的人?试举一例。

【思政贯穿】

"中国的脊梁"是指那些不求名利、埋头苦干、创造社会财富和灿烂文化、推动历史前进的人,袁隆平就是其中的一位。通过完成作业,让学生去了解、学习"中国的脊梁"的事迹和品格,树立远大志向,勤奋踏实工作,逐步成长为社会主义的建设者和接班人。

【总结反思】

习近平总书记在国家勋章和国家荣誉称号颁授仪式上的讲话中说:"伟大出自平凡,平凡造就伟大。只要有坚定的理想信念、不懈的奋斗精神,脚踏实地把每件平凡的事做好,一切平凡的人都可以获得不平凡的人生,一切平凡的工作都可以创造不平凡的成就。"袁隆平将自己的事业与国家和人民的需要紧密联系在一起,在平凡的工作岗位上忘我工作,无私奉献,不计个人得失,舍小家顾大家,具有功成不必在我、功成必定有我的崇高精神。同学们在今后的学习、生活、工作中要尊重英雄、学习英雄,在平凡中造就伟大,树立奉献国家、砥砺奋斗的志向,为中华民族的伟大复兴做出自己的贡献。

下篇

"金种子"课程思政优秀教学设计案例

雅思英语：
Reading Section 2 & Listening Section 1

教师信息： 高岩　**职称：** 讲师　**学历：** 本科
研究方向： 英语
授课专业： 2015级贯通外培德法方向各专业
课程类别： 理论课
课程性质： 公共基础课

第一部分　设计思路

一、本次设计的课程思政目标

本次课的思政目标是让学生懂得珍惜美好环境，端正对环保的态度，养成环保的习惯，充分认识"绿水青山就是金山银山"，认识到生态旅游和可再生能源利用中蕴含的生态和环境意义，树立社会主义生态观，为建设"美丽中国"贡献自己的一分力量。

二、课程思政教学设计内容

1. 课前：课程思政引入

从常见的环境问题入手，启发学生思考保护环境、建设"美丽中国"如何从自身做起，指出要实现"美丽中国"就必须深刻领会"绿水青山就是金山银山"的内在逻辑，牢固树立社会主义生态观。

2. 课中：课程思政贯穿授课过程

（1）英语课程内容：听力——生态旅游。

课程思政：引导学生将自己设想成现实中的生态旅游者，在听力练习的过程中思考生态旅游的理念、内容及优势，提高对生态保护的重视。

（2）英语课程内容：阅读——可再生能源。

课程思政：先通过提问启发学生思考可再生能源利用中出现的问题，然后在阅读练习的过程中了解各种能源对生态环境的不同影响，深切体会环境被破坏后的灾难性后果，深刻理解"美丽中国"对当代、对子孙后代的重要意义。

3. 课后：课程思政总结反思

作为全课总结的点睛之笔，引用习近平总书记讲话要点，概括社会主义生态文明新理念及建设"美丽中国"的重要意义和实现途径，号召学生从自身做起，珍爱美好环境，保护生态和谐，为建设"美丽中国"而持续奋斗。

第二部分 案例描述

Unit 5 The World in Our Hands
Reading Section 2 & Listening Section 1

【思政导入】

2003年，习近平同志指出："生态兴则文明兴，生态衰则文明衰。推进生态建设……是社会文明进步的重要标志，有利于促进人们生产方式、生活方式、消费观念的转变，增强生态保护意识，大力发展生态文化，推进生态文明建设，也有利于建设优美舒适的人居环境……实现自然资源的永续利用，从而有效改善人民群众的生活质量。"

2005年，习近平同志进一步指出："我们追求人与自然的和谐……就是既要绿水青山，又要金山银山。"

Starting off

（1）Work in pairs. Match the photos with the environmental problems.（引导学生将常见的环境问题与对应的图片连线。）

（2）Match sentence halves to form 4 ways of protecting the environment. Which do you think is the most urgent?（启发学生思考保护环境、建设"美丽中国"如何从自身做起。）

【思政贯穿】

习近平同志指出："走向生态文明新时代，建设美丽中国，是实现中华民族伟大复兴的中国梦的重要内容。中国将按照尊重自然、顺应自然、保护自然的理念，贯彻节约资源和保护环境的基本国策，更加自觉地推动绿色发展、循环发展、低碳发展,把生态文明建设融入经济建设、政治建设、文化建设、社会建设各方面和全过程,形成节约资源、保护环境的空间格局、产业结构、生产方式、生活方式,为子孙后代留下天蓝、地绿、水清的生产生活环境。"

Listening Section 1

Pre-listening

(1) Work in pairs. You are going to hear a man who is interested in protecting the environment talking to a travel agent about eco-holidays. Before you listen, discuss the following questions:(消费者如何在度假时很好地保护环境?)

①What do you think eco-holidays are?(思考生态假期的理念。)

②Can you think of examples of eco-holidays?(举出生态假期的样例。)

(2) Work in pairs. Look at questions (1)~(6) & decide what type of information you need to fill each gap. Complete the notes below. Write no more than 2 words and/or a number for each answer. (学生在练习中将自己作为真实生态旅游者。)

Customer's name: Igor Petrov

Length of holiday: (1) _____ ; Will pay up to £ (2) _____ ;

Told him about (3) _____ for advance payments;

Needs quote for (4) _____ during holiday; Requires (5) _____ on plane;

Must check if he needs a (6) _____ .

In-listening

(3) Listen & answer questions (1)~(6). Check the answers & feedback.

(4) Read questions (7)~(10) below & decide what information you might need for each gap. Complete the table below. Write 1 or 2 words for each answer. (生态旅游的目的、住宿、优势,为进一步贯彻环保理念埋下伏笔)

Eco-holidays

	Type of Holiday	Accommodation	Advantage
Dumbarton Tablelands	watching animals	house in a (7) _____	close to nature
Bago Nature Reserve	live with a (8) _____	village house	learn about way of life
San Luis Island	working in a (9) _____	hostel	holiday location without (10) _____

(5) Listen & answer questions (7)~(10). Check the answers & feedback.

Post-listening

(6) Work in pairs for discussion on the following questions:

①Would you enjoy an eco-holiday?（生态旅游的价值何在?）

②Which of the eco-holidays interest you? Why?（因何吸引人?）

【思政贯穿】

在《自然辩证法》中，恩格斯警示世人："不要过分陶醉于我们人类对自然界的胜利。对于每一次这样的胜利，自然界都对我们进行报复，我们最初的成果又消失了。"

习近平同志也指出："你善待环境，环境是友好的；你污染环境，环境总有一天会翻脸，会毫不留情地报复你。这是自然界的客观规律，不以人的意志为转移。""坚持绿色低碳，建设一个清洁美丽的世界。人与自然共生共存，伤害自然最终将伤及人类……绿水青山就是金山银山。我们应该遵循天人合一、道法自然的理念，寻求永续发展之路。"

Reading Section 2

Pre-reading

(1) Work in pairs. You are going to read an article about a form of renewable energy. Before you read, look at the title & the subheading & answer the questions:（引导学生关注可再生能源及其对环境的影响。）

①What do you think the article will be about?

②What problems do you think there are with producing electricity in this way?

In-reading

(2) Read the article quickly to find 3 problems with producing electricity in the Sahara.（学生体会环境破坏导致的灾难性后果。）

(3) Read the instructions for questions below & answer the questions:（学生持续感受撒哈拉沙漠的环境状况及不同能源生态学意义上的对比。）

①Will you need to use all the letters, A-G, in your answers?

②Can you use the same letter for more than 1 answer? Then underline the key ideas in questions (3)~(7). Which paragraph contains the following information? Write the correct letter, A-G. You may use any letter more than once.

③A mention of systems which couldn't be used.

④Estimate of the quantity of power the Sahara could produce.

⑤A suggestion for how to convince organizations about the Sahara's potential.

⑥A short description of the Sahara at present.

⑦A comparison of the costs of 2 different energy sources.

(4) Read the article & answer questions (3)~(7).

(5) Look at questions (8)~(11) & the list of organizations below. Read the passage very quickly & underline where each organization on the list is mentioned. Read the statements & underline the key ideas. Carefully read the parts of the article where each organization is mentioned & decide whether a statement matches this. (学生感受各方对环保及能源的态度及作为的差异，形成自己的观点。) Look at the following statements and the list of organizations below. Match each statement with the correct organization, A-G.

(1) They have set a time for achieving an objective.

(2) They believe that successful small-scale projects will demonstrate that larger projects are possible.

(3) They have a number of renewable energy projects under construction.

(4) They are already experimenting with solar-energy installations in other parts of the world.

List of Organizations

A. Exploration Architecture

B. DESERTEC

C. ABB Power Technologies

D. Aerospace Center

E. Abengoa

F. The European Parliament

G. e-Parliament

---

(6) Look at questions below & answer the following questions: (学生感受利用太阳能的不同方式及各种方式的优劣比较。)

①What type of information do you need to complete each gap?

②Which paragraph deals with Concentrating Solar Power? Read it aloud & complete the gaps. Choose no more than 2 words from the passage for each answer.

Concentrating Solar Power(CSP)

Unlike solar panels, CSP concentrates the sun's rays on boilers by using (14) _____. The resulting heat produces high-temperature (15) _____, which in turn moves the turbines which generate electricity. CSP plants will be situated in (16) _____ to allow sea water to run in. This, when purified, can be used to wash the equipment. The resulting dirty water will be used for (17) _____ around the power plant, and in this way oases will be formed.

Post-reading

(7) Work in small groups to discuss the following questions:(学生在讨论中明确中国当下常见的可再生能源及其对不可再生能源的优劣。)

①What renewable energy is used in China?

②Why is renewable energy better than other sources of energy?

③What disadvantage does renewable energy have?

(8) Homework (Workbook Unit 5: Pages 30 & 32~33) & Summary

【总结反思】

习近平同志指出:"建设生态文明,关系人民福祉,关乎民族未来。党的十八大把生态文明建设纳入中国特色社会主义事业五位一体总体布局,明确提出大力推进生态文明建设,努力建设美丽中国,实现中华民族永续发展。这标志着我们对中国特色社会主义规律认识的进一步深化,表明了我们加强生态文明建设的坚定意志和坚强决心。""我们追求人与自然的和谐,经济与社会的和谐,通俗地讲,就是既要绿水青山,又要金山银山。"

同学们:中华大地是咱们共同的家园,我们要随时注意保护好我们的家园,让她越来越宜居、越来越美丽、越来越富饶!

反思:根据本课所学所思,请同学反思并回答下面问题,作为课程思政作业,下次课前提交:

- 我如何让自己在思想上牢固树立社会主义生态观?
- 我如何从自身做起,为建设"美丽中国"贡献力量?

经济法：竞争法

教师信息：李红伟　**职称**：副教授　**学历**：本科
研究方向：法律、管理
授课专业：会计、国际商务、电子商务
课程类别：理实一体化课程
课程性质：专业群技术基础课

第一部分　设计思路

一、本次设计的课程思政目标

本次课的思政目标是让学生了解"全面深化改革""全面依法治国"在竞争法领域中的具体体现，加深对党中央治国理政"四个全面"战略布局的认识，提高学生的思想政治素质。

二、课程思政教学设计内容

1. 课前：课程思政引入

提出大学生应该了解当前党中央治国理政"四个全面"战略布局，要在课程学习中结合竞争法的立法与实践去体会"四个全面"中的"全面深化改革""全面依法治国"战略，注意提升自己的思想认识。

2. 课中：课程思政贯穿授课过程

在教师讲解竞争法的立法与实践过程中，结合竞争法的立法背景与内容让学生清楚意识到竞争法的相关内容与"全面深化改革""全面依法治国"的关系，注重培养自己的思想政治意识。

3. 课后：课程思政总结反思

我国反不正当竞争法和反垄断法的立法与实践是随着我国改革开放的逐步推进和不断深化而确立和逐步完善的。学生通过竞争法内容的学习，要提

高对"全面深化改革""全面依法治国"的思想认识。同时，课后要注意结合我国市场竞争中的众多经济和法律现象，思考如何用党中央治国理政"四个全面"战略布局思想去分析和解决问题。

第二部分　案例描述

竞争法

【思政导入】

"四个全面"，即全面建成小康社会、全面深化改革、全面依法治国、全面从严治党。"四个全面"战略布局是以习近平同志为核心的党中央治国理政战略思想的重要内容，"四个全面"战略布局的提出，更完整地展现出本届中央领导集体治国理政总体框架，使当前和今后一个时期，党和国家各项工作关键环节、重点领域、主攻方向更加清晰，内在逻辑更加严密，这对推动改革开放和社会主义现代化建设迈上新台阶提供了强有力的保障。

"四个全面"是党中央在不同高层会议逐步提出的。其中，2013年，中国共产党第十八届中央委员会第三次全体会议审议通过了《中共中央关于全面深化改革若干重大问题的决定》，提出"全面深化改革的总目标是完善和发展中国特色社会主义制度，推进国家治理体系和治理能力现代化"，并对经济体制改革、政治体制改革、文化体制改革、社会体制改革、生态文明体制改革和党的建设制度改革进行了全面部署。2014年10月，中国共产党第十八届中央委员会第四次全体会议通过了《中共中央关于全面推进依法治国若干重大问题的决定》，对全面推进依法治国做出全面的战略部署。

一、竞争法概述

竞争法，是指市场经济国家规范市场行为，保护和促进市场竞争的法律规范的总称。竞争法调整的社会关系是商品竞争关系。竞争是市场经济最重要的运行机制。没有竞争，市场就没有活力，经营者就没有动力。

广义上的竞争法包括反垄断法和反不正当竞争法两部分（如图1所示）；狭义上的竞争法则仅指反垄断法，而不包括反不正当竞争法。

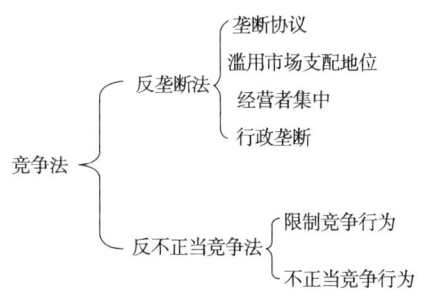

图 1　广义上的竞争法

【思政贯穿】

2013 年，中国共产党第十八届中央委员会第三次全体会议审议通过了《中共中央关于全面深化改革若干重大问题的决定》，提出了"改革市场监管体系，实行统一的市场监管，清理和废除妨碍全国统一市场和公平竞争的各种规定和做法，严禁和惩处各类违法实行优惠政策行为，反对地方保护，反对垄断和不正当竞争"。

二、我国竞争法的立法与完善

1. 反不正当竞争法

《中华人民共和国反不正当竞争法》于 1993 年 9 月 2 日第八届全国人民代表大会常务委员会第三次会议通过，于 2017 年 11 月 4 日第十二届全国人民代表大会常务委员会第三十次会议修订，又根据 2019 年 4 月 23 日第十三届全国人民代表大会常务委员会第十次会议《关于修改〈中华人民共和国建筑法〉等八部法律的决定》修正。

【思政贯穿】

立法背景："春天的故事"。1992 年 1 月 18 日~2 月 21 日，邓小平同志视察武昌、深圳、珠海、上海等地并发表重要谈话，为中国走上中国特色社会主义市场经济发展道路奠定了思想基础。1992 年 10 月 12 日中国共产党第十四次全国代表大会在北京举行，在党的历史上第一次明确提出了建立社会主义市场经济体制的目标模式。

2. 反垄断法

《中华人民共和国反垄断法》于 2007 年 8 月 30 日第十届全国人民代表大会常务委员会第二十九次会议通过，自 2008 年 8 月 1 日起施行。

三、竞争法的内容

1993 年的《中华人民共和国反不正当竞争法》列举了 11 项不正当竞争行为：①采取假冒或混淆等不正当手段从事市场交易的行为；②商业贿赂行为；③引人误解的虚假宣传行为；④侵犯商业秘密的行为；⑤不正当有奖销售行为；⑥损害他人商业信誉或商品声誉行为；⑦公用企业或具有独占地位的经营者强制交易行为；⑧滥用行政权力限制竞争行为；⑨以排挤竞争对手为目的、以低于成本的价格销售商品的行为；⑩搭售和附加不合理交易条件行为；⑪串通投标招标行为。

2017 年《中华人民共和国反不正当竞争法》修订的一个重要目的，就是与 2007 年通过的《中华人民共和国反垄断法》衔接。为此，反不正当竞争法删除了公用企业限制竞争行为、搭售行为、低于成本价销售行为、行政性垄断行为等规定。另外，还删除了串通招投标行为的规定，因为招标投标法已有规制。2017 年反不正当竞争法修订版还加重了对违法行为处罚的力度，完善了对涉嫌不正当竞争行为的调查机制。

2019 年反不正当竞争法再一次修改，主要对涉及商业秘密的 4 个条款进行修改。通过对商业秘密定义的完善，降低商业秘密的门槛，更有利于企业选择商业秘密进行保护；进一步明确侵犯商业秘密的情形，扩大侵犯商业秘密责任主体的范围，强化侵犯商业秘密行为的法律责任，提高违法成本，降低违法收益，加大法律惩戒力；对侵犯商业秘密的民事审判程序中举证责任的转移做了新的规定，减轻商业秘密权利人的举证责任，大幅降低维权成本。

【总结反思】

教师在讲解时引入"春天的故事"，插入 1992 年邓小平同志南方谈话和党的十四大召开以及建立社会主义市场经济体制的背景资料，既有利于学生理解记忆反不正当竞争法于 1993 年通过，同时也加深了对反不正当竞争法和社会主义市场经济体制关系的认识；在讲解竞争法概述时加入 2013 年《中共中央关于全面深化改革若干重大问题的决定》中"反对垄断和不正当竞争"的论述，更有助于学生理解反不正当竞争和反垄断与竞争法的关系。思政贯穿的介入，能使学生加深对竞争法的立法与实践的理解，加深对"全面深化改革""全面依法治国"的理解，进而达到提高学生对党的"四个全面"战略布局的深入理解和认识的思政教学目标。

财务会计：
固定资产加速折旧助力抗疫并稳促经济发展

教师信息： 李倚天　**职称：** 讲师　**学历：** 研究生
研究方向： 会计
授课专业： 会计
课程类别： 理实一体化课程
课程性质： 专业模块化课

第一部分　设计思路

一、本次课设计的课程思政目标

本次课旨在让学生全面理解新发展理念。本课通过两种固定资产折旧方法的具体讲解与深入对比，全面剖析加速折旧法对于减缓企业纳税、扶持企业、助力抗疫、推动经济发展的深远意义；深刻理解国家在政策上进一步放宽加速折旧法使用范围以及牢固树立并切实贯彻创新、协调、绿色、开放、共享的新发展理念。

二、课程思政教学设计内容

1. 课前：课程思政引入

教师课前将《习近平关于〈中共中央关于制定国民经济和社会发展第十三个五年规划的建议〉的说明》发布于网络平台上，督促学生通读全文，旨在引导学生初步了解新发展理念的内容。继而，教师引导学生关注国务院于2020年2月7日举行的应对新型冠状病毒感染肺炎疫情的新闻发布会，针对疫情防控，国家再推出11项支持保供的财税金融政策，鼓励学生思考两者之间的联系。

2. 课中：课程思政贯穿教学全程

本课采用"问题牵引法"贯穿教学全程。本课秉持"理论与实践相结合"的理念，旨在重点分析并解读新发展理念与政策产生的原因及作用。教师在深入讲解固定资产加速折旧助力抗疫并稳促经济发展的过程中，通过穿插讲解新发展理念的五个方面（创新发展、协调发展、绿色发展、开放发展、共享发展），并结合专业课程的具体案例实践演练，让学生理解新发展理念及立党为公、执政为民的初心与使命；明确加速折旧法助力抗疫和稳促经济的实质。

3. 课后：课程思政总结升华

教师引导学生进行课后小结，夯实基础、提高技能，并与思想政治理论课形成协同效应，深入理解新发展理念，树立高度的文化自信；同时，教师应引导学生建立会计知识体系，明确体系内部知识技能的运用及外部政策环境的宏观调控意义。在技能培养方面，教师重申复合型技能人才应该遵守《会计法》，遵循会计准则，力争做到课堂与企业零距离，与未来会计工作无缝对接；重申培养创新型人才的重要性，共同实现中华民族伟大复兴的中国梦，共创新时代的宏伟蓝图。

第二部分　案例描述

固定资产加速折旧助力抗疫并稳促经济发展

【思政导入】

课程思政与新闻报道双主线导入课程。

主线一：引导学生于课前通读《习近平关于〈中共中央关于制定国民经济和社会发展第十三个五年规划的建议〉的说明》，了解新发展理念的内容。2015年10月26日至29日在北京举行的中国共产党第十八届中央委员会第五次全体会议上提出新发展理念，全会强调：实现"十三五"时期发展目标，破解发展难题，厚植发展优势，必须牢固树立并切实贯彻创新、协调、绿色、开放、共享的新发展理念。这是关系我国发展全局的一场深刻变革，是中国共产党关于发展理论的新升华。

主线二：国务院于2020年2月7日举行应对新型冠状病毒感染肺炎疫情

的新闻发布会,针对疫情防控,再推出 11 项支持保供的财税金融政策。

思考问题一:财税政策如何助力抗击新冠肺炎疫情?

思考问题二:如何通过折旧稳促经济发展?

【思政贯穿】

一、剖析概念、掌握知识

基本概念

(1)固定资产:企业为生产产品或者经营管理而持有的、使用时间超过 12 个月的有形资产。

(2)固定资产折旧:将固定资产的原始价值向其受益对象逐渐转移的过程。

(3)折旧与利润的关系:此消彼长。

二、掌握方法、培养技能

介绍 4 种固定资产折旧方法。其中,平均折旧法有两种,分别是年限平均法和工作量法;加速折旧法有两种,分别是双倍余额递减法和年数总和法。本课我们学习的是年限平均法及双倍余额递减法。

三、课程脉络、逻辑推演

1. 年限平均法

实例一:乳品公司价值 100 万元的灌装机,预计可使用 5 年,假设该灌装机均衡使用,每年的年折旧额是多少?

$$\frac{100}{5}=20 \text{(万元)}$$

实例二:进一步考虑,如果灌装机在使用寿命到期时,进行变卖,尚可回收 1 万元,这 1 万元在会计中叫作预计净残值。年折旧额:$\frac{100-1}{5}=$ 19.8(万元)

含义：将固定资产的折旧平均分摊到各期的一种方法。
思考：年限平均法有什么特点？

年限平均法易于理解、计算简便，特点是年折旧额相等。
内涵：每年固定资产的损耗均等；由固定资产转移到产品的价值相等；固定资产每年创造相同的经济效益。

思考：灌装机在新购入时和要报废时工作效率一样吗？为企业创收相同吗？

显然，固定资产在不同使用年限提供的经济效益是不相同的。
新购入的灌装机工作效率高，损耗较大，发生的价值转移多，计提折旧额多；快报废的灌装机，工作效率低，发生的价值转移少，计提折旧额少。这时机器的年折旧额不再相等，年限平均法无法准确描述这类机器设备的运营规律，存在局限性。

加速折旧法应运而生。加速折旧法主要有两种，本次课学习双倍余额递减法。

2. 双倍余额递减法
（1）什么是"双倍"？
"双倍"是针对年折旧率而言的，指的是双倍余额递减法的年折旧率是年限平均法年折旧率的两倍。

(2) 为什么是"双倍"？

国际财务报告准则（IFRS）中运用公式来计算不同固定资产的折旧率，这个"双倍"的折旧率是我国的规定。

设置认知偏差、调动学生思维

(3) 什么是"余额"？

折旧率既然是"双倍"的关系，那么折旧额也是"双倍"吗？如果年折旧额是 40 万元，很显然，进行到第三年已经出现错误。

原因：灌装机的原值为 100 万元，第三年的累计折旧是 120 万元，与客观事实不符，那么问题出在哪里呢？

问题出在"余额"上，什么是"余额"呢？

第一年折旧额：100×40% = 40（万元）

折旧 40 万元意味着：固定资产在第一年损耗 40 万元，自身价值降低了 40 万元，发生了 40 万元的价值转移。第一年年末，固定资产的剩余价值：100-40 = 60（万元）。因此，在计算第二年的折旧额时，应以 60×40% = 24（万元），并以此类推。

实景教学、分组合作

教师以"切苹果"的方式形象演绎折旧方法。一个完整的苹果相当于固定资产的原始价值，"苹果核"是预计净残值，切几刀则代表了折旧年限是几年。每次平均切分就是年限平均法；前面切得多，后面切得少，就是加速折旧法，加速折旧法中每次切掉的苹果不再参与下一次的切分，这也就回答了"余额"是什么（问题一）；为什么"余额"是逐年递减的（问题二）。随后，教师将学生分组，以小组为单位，演示"切苹果"的全过程，旨在形象生动地逐步化解难点。

特殊处理

对于双倍余额递减法而言，在其使用年限到期的最后两年内，有一个特殊处理，即：在计算最后两年折旧额时，不再用年折旧率计算，而是用固定资产的余额（21.6万元）减去预计净残值（1万元）之后的余额，平均分摊。

$$\frac{21.6-1}{2} = 10.3（万元）$$

10.3万元即最后两年（第四年、第五年）的年折旧额。

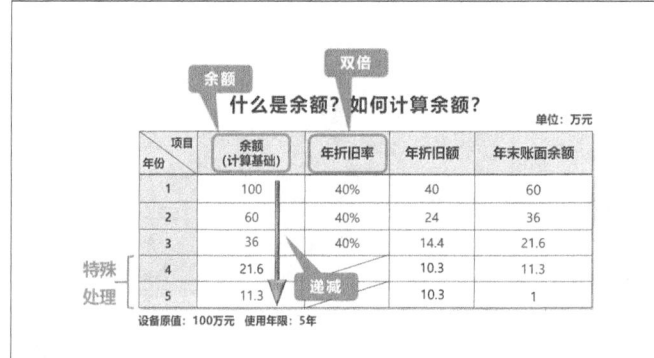

观察表格，归纳总结

"双倍"指的是年折旧率是年限平均法的两倍；"余额"指的是计算每年折旧额的基础不再是原值，而是一个扣掉累计折旧额后的余额，并且这个余额是递减的。

余额是递减的，折旧率不变，年折旧额也是递减的；即前期折旧额多，后期折旧额少。

表格右下角的数字是固定资产的预计净残值。

企业生产实践中，灌装机这类设备运用双倍余额递减法来计提折旧额，更符合机器设备的运营规律。

深挖概念、凝练模型

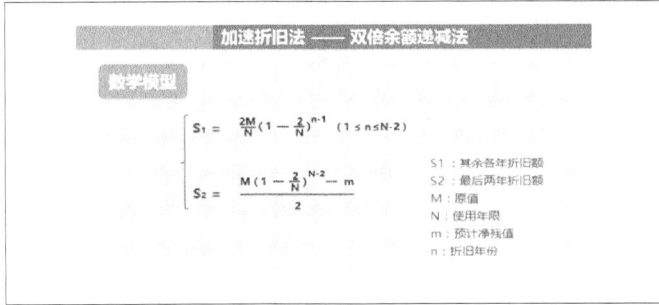

双倍余额递减法的合理性
（1）符合机器设备的运营规律，即前期效能高。
（2）适应科技进步，加速固定资产的更新换代。
总之，促进经济转型，助力国民经济发展。

国际视野：加速折旧法在发达国家的应用（英、美、日），加速折旧法早已成为发达国家减轻税负、刺激经济的一种手段。

【思政贯穿一——新发展理念之绿色发展】通过了解加速折旧法在发达国家的使用情况，融入新发展理念，强调绿色发展的意义。我国现阶段着力加快改善生态环境，以提高环境质量为核心，以解决生态环境领域突出问题为重点，提高资源利用效率，协同推进人民富裕、国家富强、中国美丽。

了解加速折旧法在中国的应用

我国为实现提质增效和经济转型,持续推动实体经济发展,于 2014 年颁布财税〔2014〕64 号文件(见图 1),继而又下发财税〔2015〕106 号文件、财税〔2018〕54 号文件(见图 2)、财税〔2019〕66 号文件等一系列文件,进一步扩大了加速折旧的使用范围。这些政策的颁布,持续推动创新驱动型经济的发展,是实现宏观调控向精准调控的一步妙棋。

特别是在抗击新冠肺炎疫情期间,我国为进一步做好疫情防控工作,及时颁布了财税〔2020〕8 号文件(见图 3),针对疫情防控重点保障物资的生产企业为扩大产能新购置的相关设备,允许一次性计入当期成本费用在企业所得税前扣除。该政策对防控物资保障的重点企业加大了扶持力度,鼓励企业购置设备,支持恢复产能、扩大产能,全力保障物资供给,对全面抗击疫情起到了不容小觑的作用。

【思政贯穿二——新发展理念之共享发展】通过加速折旧在近几年的广泛应用,引导学生了解新发展理念的背景。我国贯彻实施共享发展,着力增进人民福祉,按照人人参与、人人尽力、人人享有的要求,注重机会公平,保障基本民生,实现全体人民共同迈入全面小康社会的目标。

图 1　财税〔2014〕64 号文件

国家税务总局
State Taxation Administration

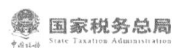

财政部 税务总局
关于设备 器具扣除有关企业所得税政策的通知
财税〔2018〕54号

【字体：大 中 小】 打印本页

各省、自治区、直辖市、计划单列市财政厅（局）、国家税务局、地方税务局，新疆生产建设兵团财政局：

为引导企业加大设备、器具投资力度，现就有关企业所得税政策通知如下：

一、企业在2018年1月1日至2020年12月31日期间新购进的设备、器具，单位价值不超过500万元的，允许一次性计入当期成本费用在计算应纳税所得额时扣除，不再分年度计算折旧；单位价值超过500万元的，仍按企业所得税法实施条例、《财政部 国家税务总局关于完善固定资产加速折旧企业所得税政策的通知》（财税〔2014〕75号）、《财政部 国家税务总局关于进一步完善固定资产加速折旧企业所得税政策的通知》（财税〔2015〕106号）等相关规定执行。

二、本通知所称设备、器具，是指除房屋、建筑物以外的固定资产。

财政部 税务总局
2018年5月7日

图 2　财税〔2018〕54 号文件

关于支持新型冠状病毒感染的肺炎疫情防控有关税收政策的公告

财政部 税务总局公告2020年第8号

为进一步做好新型冠状病毒感染的肺炎疫情防控工作，支持相关企业发展，现就有关税收政策公告如下：

一、对疫情防控重点保障物资生产企业为扩大产能新购置的相关设备，允许一次性计入当期成本费用在企业所得税税前扣除。

二、疫情防控重点保障物资生产企业可以按月向主管税务机关申请全额退还增值税增量留抵税额。

本公告所称增量留抵税额，是指与2019年12月底相比新增加的期末留抵税额。

本公告第一条、第二条所称疫情防控重点保障物资生产企业名单，由省级及以上发展改革部门、工业和信息化部门确定。

三、对纳税人运输疫情防控重点保障物资取得的收入，免征增值税。

疫情防控重点保障物资的具体范围，由国家发展改革委、工业和信息化部确定。

四、受疫情影响较大的困难行业企业2020年度发生的亏损，最长结转年限由5年延长至8年。

图 3　财税〔2020〕8 号文件

创新一	摒弃传统教学顺序即由定义指导计算。本课从实际出发，由实例入手，通过师生合作、生生合作归纳出会计定义及计算公式。
创新二	在讲解双倍余额递减法时，在归纳出计算公式的基础上，继续深挖概念，凝练出双倍余额递减法下年折旧额的数学模型，使得该知识点更严谨精确。
创新三	通过“绘制表格”以及“实景教学”，清晰、完整地呈现出“双倍”“余额”及“递减”，小跨度、多台阶地逐步化解了难点，小目标设置合理，属于“跳一跳，摘桃子”。
【思政贯穿三——新发展理念之创新发展】	将新发展理念的背景知识有机贯穿于课程讲解中。我国贯彻实施创新驱动战略，着力提高经济质量效益，把发展基点放在创新上，以科技创新为核心，以人才发展为支撑，推动科技创新与大众创业、万众创新有机结合，从而塑造更多依靠创新驱动、更多发挥先发优势的引领型发展。

四、通过两个量化分析深入对比两种折旧方法与企业所得税的钩稽关系

量化分析一：折旧与利润的联系（此消彼长）

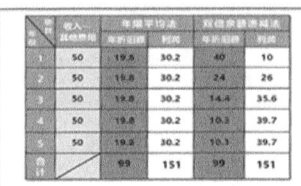 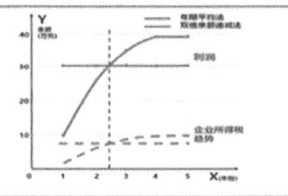

总结：两种折旧方法核算利润总额相等。前期（交点左侧），双倍余额递减法的折旧额高于年限平均法的折旧额；因此，双倍余额递减法的利润低于年限平均法的利润（此消彼长）。

量化分析二：利润与企业所得税的联系（趋势相同）

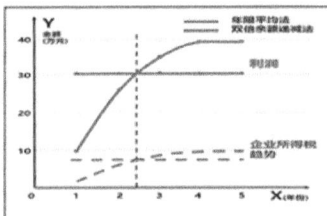 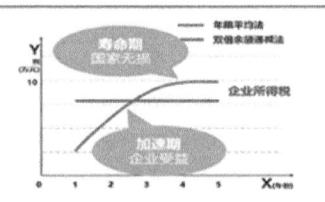

总结：两种折旧方法的利润总额相等，企业所缴纳的所得税总额相等，国家财政无损。前期使用双倍余额递减法可以减缓纳税，在时间上给了企业缓冲。使得前期有更多资金用于科技创新、设备升级，是国家给企业减负、扶持企业的一种手段。

明确：固定资产加速折旧的税盾作用，其实质上是"时间上减缓纳税，而非数量上减少纳税"。加速折旧法恰当地平衡了国家与企业的关系，在国家财政无损的前提下，使企业获益。

至此，完美解决了课初的问题。

课初提问一：财税政策如何助力抗击新冠肺炎疫情？

我国为进一步做好新冠肺炎的疫情防控工作，及时颁布了财税〔2020〕8号文件，针对疫情防控重点保障物资的生产企业为扩大产能新购置的相关设备，允许一次性计入当期成本费用在企业所得税税前扣除。该政策对防控物资保障的重点企业加大扶持力度，鼓励企业购置设备，支持恢复产能、扩大产能，全力保障物资供给。

课初提问二：如何通过折旧稳促经济发展？

李克强总理多次强调，推动中国制造、中国装备走出去——实现"中国制造2025"，我们必须不断提高技术水平，提高企业的核心竞争力，这是中国经济提质增效的关键。

加速折旧完美契合了该需求，正是前期这个"缓冲"，使得前期有更多资金留存于企业，用于技术研发、设备升级，这是国家在政策上支持企业发挥创新主体作用的重要举措，正是这种支持使得中国走在了世界的前列，成为世界第二大经济体。

我们要更多地依靠改革、转型、创新"三大发动机"，提升全要素增长率，培育新的增长点，形成新的增长动力，助力供给侧改革，稳促经济的发展、腾飞。

【思政贯穿四——新发展理念之开放发展】通过解决课初的提问，深入了解新发展理念，特别是贯彻实施开放发展，着力全面构建对外开放新格局。以"一带一路"建设为统领，丰富对外开放内涵，提高对外开放水平，协同推进战略互信、投资经贸合作、人文交流，努力形成深度融合的互利合作格局，从而开创对外开放新局面。

五、两种不同折旧方法的选择

不同折旧方法反映着不同的折旧规律。两种折旧方法各有千秋，应根据企业的经营特点和固定资产的特性，选择合适的方法。

结论：加速折旧法利好企业、鼓励创新、推动供给侧改革，稳促经济发展。

【思政贯穿五——新发展理念之协调发展】将新发展理念的背景知识融入课程，贯彻实施协调发展，着力形成平衡发展结构。增强发展协调性，必须坚持区域协同、城乡一体、物质文明与精神文明并重、经济建设与国防建设融合，在协调发展中拓宽发展空间，在加强薄弱领域中增强发展后劲。

【总结反思】

理解新发展理念的内涵，可从5个方面着手。

（1）就创新发展而言，供给侧结构性改革是实施创新驱动战略的实践主线。

（2）就协调发展而言，其实践要求的实质在于补短板。

（3）就绿色发展而言，其实践的关键在于节约资源保护环境，实施可持续发展。

（4）就开放发展而言，其实践的主要问题在于提升开放水平和优化开放格局。

（5）就共享发展而言，其核心是注重机会平等和保障基本民生，关键是制度安排。

摄影摄像基础：镜头的运动

教师信息： 孙磊　**职称：** 副教授　**学历：** 本科
研究方向： 戏剧与影视
授课专业： 广播影视节目制作
课程类别： 理实一体化课程
课程性质： 职业技术技能课

第一部分　设计思路

一、本次设计的课程思政目标

本次课主要讲解摄像镜头的运用，了解镜头运动的概念，掌握镜头运动的方法和运用领域，所运用的教学案例为中央电视台庆祝中华人民共和国成立70周年阅兵式及联欢活动转播视频，通过对镜头运动的分析和临摹掌握知识和能力，以真实的项目展开教学，通过中华人民共和国成立70周年阅兵式案例的运用进一步培养学生的中国特色社会主义道路自信、理论自信、制度自信、文化自信。

二、课程思政教学设计内容

1. 课前：课程思政引入

从中华人民共和国成立70周年阅兵式及联欢活动选取3个典型镜头让学生回答运用了什么景别，从而达到复习上一次课"景别与镜头"相关内容的目标，结合学生的回答进行讲解和分析，复习上一次课程内容；选取两个镜头让学生思考如何实现镜头拍摄，使用了哪些辅助手段及设备，在镜头运动方面有什么特点。

2. 课中：课程思政贯穿授课过程

（1）固定镜与运动镜。针对70周年阅兵式固定镜头进行分析，从固定镜时长的角度分析镜头的运用目的，体现了人民解放军的整齐划一和雄健军魂。

在拍摄的过程中绝大多数的镜头采用的是固定镜头。根据拍摄内容的差别，固定镜头的长度也有所差别。

(2) 镜头的时长。针对70周年阅兵式镜头时长进行分析，体现庆祝活动热烈气氛和中华儿女对祖国的热切情感。

全景可以采用5~7s，特写镜头采用2~3秒等。

(3) 运动镜头。针对70周年阅兵式运动镜头进行分析，多角度、全方位、多维度展示武器装备行进过程，体现祖国国防建设的伟大成就。

随着技术的发展，运动镜头可以实现更加丰富和更有冲击力的效果，例如，利用GOPRO运动摄像机，以及使用斯坦尼康陀螺仪稳定器以及航拍飞行器等。

3. 课后：课程思政总结反思

中华人民共和国成立70周年阅兵式及联欢活动运用了大量的运动镜头，通过镜头的运动能够实现更多的画面节奏和视觉效果。但是运动镜头的运用要有所设计和考虑，运动镜头作为现场感很强的镜头调度方式有着强烈的视觉冲击力。通过镜头的变化展现了阅兵仪式的宏大、祖国的繁荣昌盛和社会主义制度的优越性。

第二部分　案例描述

镜头的运动

【思政导入】

将中华人民共和国成立70周年阅兵式及庆祝仪式转播作为教学案例，在学习知识和掌握能力的同时感受祖国的建设成就和繁荣昌盛，培养学生的中国特色社会主义道路自信、理论自信、制度自信、文化自信。

【思政贯穿】

一、固定镜与运动镜

针对70周年阅兵式固定镜头进行分析，从固定镜时长的角度分析镜头的运用目的，体现了人民解放军的整齐划一和雄健军魂。在分析的同时强化学生对于镜头语言的理解和运用。

二、镜头的时长

针对 70 周年阅兵式镜头时长进行分析，体现庆祝活动热烈气氛和中华儿女对祖国的热切情感。具体分析不同镜头组的运用，理解镜头时长的作用以及应用领域。

三、运动镜头

针对 70 周年阅兵式运动镜头进行分析，多角度、全方位、多维度展示武器装备行进过程，体现祖国国防建设的伟大成就，通过镜头的反复分析和对比让学生强化对于知识的理解和镜头的运用。

【总结反思】

运动镜头分析与运用，时长 10 分钟，通过运动镜头范例让学生来理解和分析拍摄方法、运用的技术手段，并思考需要克服哪些问题和困难。

重点是启发学生思考，如何解决问题，在中华人民共和国成立 70 周年阅兵式中这些镜头的运用是如何设计和实现的，体现了什么样的设计思路，表达了什么样的效果和情感，进一步掌握相应的知识和技能。

通过中华人民共和国成立 70 周年阅兵式及庆祝活动转播视频来加强学生对于镜头运动的理解和运用，有针对性地让学生理解运动镜头的应用目的。通过具体的案例和镜头分析运动镜头所体现的人民解放军整齐划一的队列；通过广角镜头展示武器装备的雄壮和威势，体现了中华人民共和国成立以来国家国防建设的巨大成就；通过移动镜头的运用体现了中国人民对于祖国的深切情感和欢乐的心情。学生在理解和掌握镜头运动的基础上受到心灵的震撼和思想上的洗礼，立志学好本领，做社会主义的建设者和接班人。

食品营养与卫生：
青少年及大学生一周食谱设计

教师信息： 田维娜　**职称：** 讲师　**学历：** 研究生（博士）
研究方向： 食品科学
授课专业： 食品质量与安全
课程类别： 理实一体化课程
课程性质： 专业模块化课

第一部分　设计思路

一、本次设计的课程思政目标

本次课的思政目标是将"以人民为中心"思想融入课程和实践活动，在"理论联系实际"方法论的指导下提升教与学的实效性，在"全面发展"的认知逻辑及其方法论的指导下践行健康中国的建设任务。

二、课程思政教学设计内容

1. 课前：课程思政引入

课前准备阶段，为了激发学生的积极性，将"以学生为中心"思想融入校园文化氛围建设和实践活动中，以文化育人，以实践育人。

2. 课中：课程思政贯穿授课过程

在课程导入阶段，引导学生从实践中发现问题、分析问题，发挥学生的主体性，激发学生探求知识的兴趣。在原理剖析阶段，培养学生分析和解决问题的能力及职业服务意识，引出并阐明青少年及大学生的生理特点与相应的营养需要。在基础配餐阶段，让学生清楚意识到具备实践思维的重要性，坚持"以人民为中心"，在理论联系实际方法论的基础上提升教与学的实效性。在配餐评价阶段，启发学生从实践中总结归纳问题，以学生的主体性发展为出发点和落脚点,激发学生学习成长。在配餐优化阶段,激发学生兴趣,提升学生在知识与行动之间的价值认同。在考核评价阶段,帮助学生树立全面发展的健康观。

3. 课后:课程思政深化

课后拓展阶段,学生在掌握理论的基础上,走出课堂,深入大学生群体之中,帮助学生实现拓展和提高。

第二部分　案例描述

青少年及大学生一周食谱设计

【思政导入】

在课前准备阶段,为了激发学生的积极性,我们将课堂教学与学生社团实践相结合,让学生在课余时间调研记录自己一周的饮食情况。将"以学生为中心"思想融入校园文化氛围建设和实践活动中,以文化育人,以实践育人。

【思政贯穿】

在课程导入阶段,通过展示课前学生社团的调研结果,得出一个结论:营养不良与营养过剩在青少年及大学生中较为普遍;同时提出一个疑惑:饮食对青少年及大学生有影响,但到底是怎么影响的呢?引导学生从实践中发现问题、分析问题,发挥学生的主体性,激发学生探求知识的兴趣。

一、饮食对健康的影响

为了解决学生的疑惑,首先必须理解"饮食是如何对青少年及大学生产生影响的?"从此问题出发,我们设计了一系列环环相扣的问题,培养学生分析和解决问题的能力及职业服务意识,引出并阐明青少年及大学生的生理特点与相应的营养需要。该原理涉及体内的代谢过程,学生无法直接观测,为了帮助学生理解掌握,我们借助营养监测软件来模拟医院、社区营养科生理检测,形成生理检测数值的动态变化趋势。从而将抽象知识形象化,方便学生记忆,化解教学难点,引出合理膳食对青少年及大学生至关重要。

二、合理膳食

在此基础上,我们提出第二个问题:"如何为青少年及大学生提供合理膳食?"引出本次课的教学重点。为了解决在教学环境中无法使用生鲜食物进行现场配餐的问题,我们利用实际岗位中普遍使用的营养配餐软件模拟生鲜食材:①首先采集并输入患者的身高、体重、年龄、性别、劳动强度、患病程度等信息;②依据学生已掌握的"称重法"原理,借助软件的后台计算功能定量选取食材;③利用软件的自动配餐模式生成青少年及大学生一周食谱的搭配。让学生清楚意识到具备实践思维的重要性,坚持"以人民为中心",在理论联系实际方法论的基础上提升教与学的实效性。

三、配餐是否合理

在熟悉配餐流程之后,"如何判定提供的配餐是否合理?"借助学生课前记录的自己一周饮食与配餐软件生成的一周饮食进行分析比较,找出目前饮食搭配的优缺点,启发学生从实践中总结归纳问题,以学生的主体性发展为出发点和落脚点,激发学生学习成长,从而引导学生总结出青少年及大学生膳食评价原则,学生根据该原则对配餐进行评价。

四、个性化配餐的优化

针对个体差异及饮食偏好,青少年及大学生需要更加个性化、多元化、精准化的营养膳食,那么我们"如何对基础配餐进行优化呢"?这就需要采用营养膳食软件中的"营养食谱数据库",结合学生本人喜好,形成个性化、多元化、精准化的自建数据库,激发学生兴趣,提升学生在知识与行动之间的价值认同;为了让学生直观地看到优化后的膳食营养变化情况,我们还借助于自主设计的情景模拟软件,依托该软件中嵌入的营养食谱数据库,帮助学生在有限的课时内完成青少年及大学生一周食谱优化。

五、考核与评价

考核评价贯穿教学过程始终,借助营养配餐软件和膳食评价分析软件给出评分成绩,结合云班课的调研成绩、自建"营养配餐数据库"评分成绩、膳食评价报告成绩以及学生课堂表现进行综合评价。蜘蛛图可以直观反映出班级学生的总体水平和每个学生的具体情况之间的差异,帮助学生找差距的同时,教师有针对性地对学生的薄弱点进行后续教学方法的改进。课程完成后,学生将优化配餐结果上传至云班课的同时,结合课前记录的一周饮食,进行分析比较,以方便教师调整后期教学策略,帮助学生树立全面发展的健康观。

六、拓展与提高

在课后拓展阶段，学生通过问卷星对其他专业的大学生进行营养咨询和膳食调查，结合学习强国 APP 慕课和专业网站的文献，做到在掌握理论的基础上，走出课堂，深入大学生群体之中，帮助学生实现拓展和提高。

【总结反思】

课堂教学完成以后，教师对本次课的教学进行了总结和反思：本次课的特点是将人民生活中所关注的问题引入课堂，实现教学与实际生活零对接；将教学与实际工作岗位相结合，实现学校和医院、社区工作零对接；将"以人民为中心"思想融入课程和实践活动，在"理论联系实际"方法论的指导下提升教与学的实效性，在"全面发展"的认知逻辑及其方法论的指导下践行健康中国的建设任务。

附 录

中共北京电子科技职业学院委员会关于印发《北京电子科技职业学院"课程思政"建设实施方案》的通知

北科院党〔2019〕60号

各职能处室、教学单位、教辅单位：

《北京电子科技职业学院"课程思政"建设实施方案》已经学校2019年第二十四次党委常委会通过，现印发给你们，请结合实际，认真贯彻执行。

中共北京电子科技职业学院委员会
2019年12月19日

北京电子科技职业学院"课程思政"建设实施方案

为贯彻落实全国和北京市高校思想政治工作会议精神，进一步加强和改进学校思想政治工作，落实立德树人根本任务，全面推进学校课程思政改革，充分发挥课堂主渠道在学校思想政治工作中的作用，使各类课程与思想政治理论课同向同行，将知识传授与价值引领有机贯穿教育教学全过程，提升课程思政育人实效，结合学校实际，特制定本方案。

一、指导思想

全面贯彻党的教育方针，以习近平新时代中国特色社会主义思想为指导，贯彻落实党的十九大精神和习近平在全国高校思想政治工作会议上的重要讲话精神，坚持社会主义办学方向，落实立德树人根本任务，紧紧围绕"培养什么人、怎样培养人、为谁培养人"这个根本问题，按照价值引领、能力达成、知识传授的总体要求，深化学校课程思政教育教学改革，发挥各类课程育人作用，构建全员、全过程、全方位育人新局面，培养德智体美劳全面发展的社会主义建设者和接班人。

二、总体目标

强化立德树人，坚持社会主义办学方向，着力推动全面加强课程思政建设。根据不同专业人才培养特点和职业能力素质要求，科学合理设计思想政治教育内容，将习近平新时代中国特色社会主义思想、社会主义核心价值观和马克思主义辩证思维方法等有机融入整个教育体系，全面渗透到学校教育教学全过程，以"金扣子""金种子""金点子""三金"教学设计为引领，以"最美课堂"为抓手，形成学校课程思政工作总体架构。紧密结合高职课程改革和高校思想政治理论课程建设要求，充分发挥第一课堂的主渠道作用，不断加强第二课堂的文化育人、实践育人作用，构建思想政治理论课程、公共基础课程、专业课程三位一体的思想政治教育课程体系，突出显性教育（思政课程）和隐性教育（课程思政）相融通，实现各门课程与思政课程同向同行。

三、基本原则

坚持顶层设计。根据学校课程思政教学改革工作总体目标，遵循思想政治工作规律、教书育人规律和学生成长规律，进一步提高全校对课程思政工作的认识，明确课程育人目标、优化教学方案、健全评价体系，实现红专并进。

坚持教师主体。加强教师课程思政意识培养，充分发挥教师在课程教学中的主体作用，最大限度激发教师教育教学热情，提高教师将思想政治教育融入各类课程的教学能力，保障教师有效开展课程思政建设工作。

坚持改革创新。积极将思想政治教育工作融入各类课程教学，推进现代教育技术在课程教学过程及教学资源建设中的应用，改革教学方法和手段为课程思政目标服务，努力实现思政元素全面融入人才培养全过程。

四、主要内容

深入挖掘课程所蕴含的思想政治教育元素，全面融入课程教学中，结合人才培养要求，主要包括以下内容：

（一）理想信念教育

牢牢抓住学习贯彻习近平新时代中国特色社会主义思想这条主线，扎实推进"三进"工作，在学生内心深处播下习近平新时代中国特色社会主义思想的"种子"。教育学生坚定共产主义理想和中国特色社会主义信念，增强"四个意识"、坚定"四个自信"、做到"两个维护"，把马克思主义基本原理和中国特色社会主义理论体系学习教育融入课程内容，要深入生动进课堂、刻骨铭心进头脑，立志肩负起民族复兴的时代重任。

（二）社会主义核心价值观教育

进一步落实习近平总书记要求抓住青少年价值观形成和确定的关键时期，引导青少年扣好人生第一粒"扣子"。教育学生珍惜学习时光、求知问学、增长见识、丰富学识，沿着求真理、悟道理、明事理的方向前进成长。把培育和践行社会主义核心价值观融入课程教学全过程，弘扬主旋律，传播正能量，从国家意识、法治意识、社会责任意识和个人诚信意识等多个层面，加强社会公德、职业道德、家庭美德、个人品德教育，在潜移默化中引导学生树立正确的世界观、人生观、价值观。

（三）马克思主义辩证思维方法

加强对学生马克思主义辩证思维方法的提升，深度挖掘方法论层面培养学生马克思主义思维方法的"点子"，培养学生坚持解放思想、实事求是、与时俱进、求真务实，坚持辩证唯物主义和历史唯物主义，紧密结合新的时代条件和实践要求，以全新的视野深化对共产党执政规律、社会主义建设规律、人类社会发展规律的认识，对习近平新时代中国特色社会主义思想有更加深入的领会。

（四）社会主义道德、红色文化及中华优秀传统教育

遵循学生认知规律和教育教学规律，按照一体化、分年级、有序推进的原则，把社会主义道德、红色文化和中华优秀传统文化全方位融入思想道德教育中。以爱祖国、爱人民、爱劳动、爱科学、爱社会主义为基本要求，强化社会主义道德教育，加强先进文化教育及弘扬传承，引导学生厚植爱国主义情怀，传承中国优秀传统文化，弘扬以爱国主义为核心的民族精神和以改革创新为核心的时代精神。

（五）工匠精神及产业文化教育

结合学校专业特点和课程特色，把习近平总书记关于大国工匠精神、"中

国制造2025"和"一带一路"建设等重要论述与授课内容有机融合，聚焦时代发展和国家战略，紧密围绕首都"四个中心"建设和高精尖经济结构构建，将大国工匠精神融入人才培养过程，引导学生树立崇尚劳动、尊重职业的理念，打造新时代首都特色产业文化，切实增强学生投身"四个中心"建设的责任感和使命感。

（六）创新创业及职业素养教育

围绕双创精神、职业道德、职业伦理等方面，培养创新精神和创业意识，把创新创业教育及职业素养有机融合到日常教学中，在教育过程中强调价值观的同频共振，使课程教学的过程不仅是引导学生学习知识，培养发现问题、解决问题能力的过程，更是锤炼心志和养成品行的过程。

五、主要任务

（一）体系建设阶段

到2019年年底，在全校范围内完成课程思政宣传动员和广泛讨论工作，建立课程思政建设工作体系，评选首批"三金"教学设计案例和"最美课堂"。

1. 加强课程思政顶层设计。将课程思政融入人才培养全过程，充分结合课程思政要求，适应课程思政建设需求，开展对院系人才培养方案和课程教学中思政教育的指导和督促；统筹推进专业教育与课程思政工作，促进二者有机结合。

牵头单位：教务处

配合单位：宣传部、质量管理办公室、思想政治理论教研部、教师工作部、学生工作部、团委、各二级学院

2. 提高课程思政育人意识。结合教职工思想政治理论学习，开展"课程门门有德育，教师人人讲育人"研讨活动；开展"课程思政、党员先行"为主题的党支部创新教育活动。

牵头单位：组织部、宣传部

配合单位：教务处、教师工作部、思想政治理论教研部、学生工作部、团委、各二级学院

3. 设计"三金"课程思政体系。围绕课程思政建设要求，结合不同的课程特点，根据所承载思想政治教育功能的不同，在各二级学院推荐的基础上评选第一批"金扣子""金种子""金点子"案例50项；在"三金"案例的

基础上进一步评选校级"最美课堂"20个。

牵头单位：教务处

配合单位：质量管理办公室、教师工作部、思想政治理论教研部、学生工作部、团委、各二级学院

4. 完善教师育人评价体系，开展常态化评价。修改和完善学校教学质量评价体系，培养和引导学生开展教师育人行为评价，在各项教师评选活动中，引导学生重视师德师风评价。

牵头单位：质量管理办公室

配合单位：教师工作部、教务处、学生工作部、团委、各二级学院

（二）示范引领阶段

到2020年年底，完成约50门课程思政示范课程立项和建设工作，实现二级学院全覆盖；评选第二批"三金"案例和"最美课堂"。

1. 建设课程思政示范课程。联合思想政治理论教研部，就课程思政示范课程建设开展深入研究，制定管理办法，保证科学性、系统性、教育性，建设一批示范课程，同时做好示范课程建设经验交流、观摩、示范、推广工作，总结课程思政建设初步效果。

牵头单位：教务处、思想政治理论教研部

配合单位：宣传部、质量管理办公室、教师工作部、各二级学院

2. 开展专题培训工作。组织骨干教师到国内课程思政建设示范高校进行现场观摩和演练；组织教学培训团队开展课程思政教学案例研讨，深入学院开展培训、指导。

牵头单位：教师工作部

配合单位：组织部、宣传部、教务处、思想政治理论教研部、各二级学院

3. 做好示范课程经验推广。抓好示范课程教学实施，形成示范课程建设典型经验，做好学校专业示范课程教学的观摩，以示范课程为典型，逐步推广好的做法、好的经验到其他课程，开展教师课程思政教学设计大检查活动，检查课程思政育人设计内容。

牵头单位：质量管理办公室、教师工作部

配合单位：宣传部、教务处、学生工作部、团委、思想政治理论教研部、各二级学院

4. 评选第二批"三金"案例和"最美课堂"，营造良好课程思政建设氛

围。挖掘课程思政示范课典型案例，评选第二批"三金"案例50项、"最美课堂"20个，充分利用网络、广播、微视频、新媒体开展宣传活动，营造良好课程思政建设氛围。

牵头单位：宣传部、教务处

配合单位：质量管理办公室、学生工作部、团委、思想政治理论教研部、信息中心、各二级学院

（三）深度融合阶段

到2021年年底，完成约100门课程示范建设，实现专业全覆盖，完成第三批"三金"案例和"最美课堂"评选。

1. 巩固示范课程建设成效，完善课程思政教育体系。开展示范课程实施效果的全面检查，做好全校示范课程的教学示范观摩，根据学校办学定位、办学传统和育人优势资源，总结形成具有电科特色的课程思政教育体系。

牵头单位：教务处

配合单位：质量管理办公室、宣传部、教师工作部、学生工作部、团委、思想政治理论教研部、各二级学院

2. 深入推进院系课程思政建设。制定二级学院课程思政建设推进方案，部署二级学院课程思政建设任务；检查课程思政实施效果，巩固课程建设成果。

牵头单位：各二级学院

配合单位：教务处、质量管理办公室、教师工作部、学生工作部、团委、思想政治理论教研部

3. 建立课程思政资源共享平台。分批将优秀课程思政教学案例制作成电子资源和微课并在校园网进行展示学习，建立课程思政交流研讨、资源共享的网络平台。

牵头单位：教务处、教师工作部

配合单位：宣传部、质量管理办公室、信息中心、思想政治理论教研部、各二级学院

4. 实现课程思政育人全覆盖。将思政教育融入教育教学全过程，将思想政治教育贯穿于培养方案、课程标准、教学计划、课程教案、授课过程、教学评价等教育教学全过程，开发在线课程，录制微课视频，推广课程改革经验。充分运用专业研讨、集体备课等手段，就课程思政教学的改革与实施加强互动交流，把知识传授、能力培养和思想引领融入每一门课程中。

牵头单位：教务处

配合单位：组织部、宣传部、教师工作部、质量管理办公室、信息中心、思想政治理论教研部、学生工作部、团委、各二级学院

六、保障措施

（一）加强组织领导

在学校党委的统一领导下，教务处负责组织和协调课程思政建设实施方案的整体推进，统筹开展全校课程思政教育教学改革工作，各单位成立课程思政建设任务工作专班，具体落实各项工作；不断加强制度设计与完善，把思想政治工作制度建设作为学校治理体系现代化的重要政策基点，把全员育人理念纳入学校事业发展的规划和发展战略之中，强化顶层设计，重点研究制定挖掘用好各门课程思政元素的政策措施。

（二）加强协同联动

建立组织部、宣传部、教务处、教师工作部、质量管理办公室、学工部、团委、思想政治理论教研部等相关职能部门和二级学院各负其责，互相协同配合的课程思政教育教学改革工作机制，构建各专业间任课教师的交流沟通与联动机制，定期开展调研和专项研讨，研究提出具体政策和措施，确保课程思政教育教学改革落到实处。

（三）强化工作考核

定期对课程思政工作实施情况进行评价，建立动态化、常态化、滚动式评价模式，使各门课程思想政治教育功能融入全流程、全要素可查可督，及时宣传表彰、督促整改。把教师参与课程思政教学改革情况和课程思政效果作为教师考核评价、岗位聘用、评优奖励、选拔培训的重要依据；改革学生的课程学习评价方式，把价值引领、知识传授、能力培养的教学目标纳入学生的课程学习评价；各二级学院要根据本学院实际情况，依据学校工作方案制订细化后的工作措施，将二级学院推进课程思政教育教学改革成效纳入绩效考核评价。

本实施方案自颁布之日起施行，由教务处负责解释。

中共北京电子科技职业学院委员会关于印发《北京电子科技职业学院加强思想政治理论课建设实施方案》的通知

北科院党〔2019〕47号

各职能处室、教学单位、教辅单位：

《北京电子科技职业学院加强思想政治理论课建设实施方案》已经学校2019年第十九次党委常委会讨论通过，现印发给你们，请遵照执行。

中共北京电子科技职业学院委员会
2019年10月18日

北京电子科技职业学院
加强思想政治理论课建设实施方案

为深入贯彻落实习近平总书记在全国高校思想政治工作会议、全国教育大会以及在学校思政课教师座谈会上的重要讲话精神，切实加强思想政治理论课建设，进一步发挥思想政治理论课主阵地、主渠道作用，依据中共中央办公厅、国务院办公厅印发的《关于深化新时代学校思想政治理论课改革创新的若干意见》，结合我校实际，特制定本实施方案。

一、指导思想

高举中国特色社会主义伟大旗帜，坚持以习近平新时代中国特色社会主义思想为指导，全面贯彻党的教育方针，落实立德树人根本任务，始终把思想政治理论课摆在全校课程体系建设的最突出位置，把思想政治理论课教学改革摆在全校教育教学改革的最突出位置，把思想政治理论课效果摆在教学质量评价的最突出位置，立足青年学生思想实际和成长成才需求，充分利用首都办学优势、职教办学特色，充分调动思政课专职教师及广大干部教师的积极性，围绕培养德智体美劳全面发展的中国特色社会主义合格建设者和可靠接班人总标准和培养担当民族复兴大任的时代新人的总要求，勠力同心、群策群力、真抓实干，做强思政课程、做大思政体系、做厚思政基础、做硬思政制度，厚植全面加强思想政治理论课建设的文化环境，努力使习近平新时代中国特色社会主义思想的种子在教材、课堂和学生头脑中扎根，在推进首善标准、中国特色、世界一流职业教育建设中形成生动实践，开创我校"大思政"建设和"三全育人"工作新局面。

二、具体指标

到 2022 年，形成更加完善的思想政治理论课领导体制和制度体系，系统构建符合中央要求、体现高职特色的思政课标准体系、教材体系、理论与实践教学体系、考核评价体系和条件保障体系。全面修订并实施新版专业人才培养方案，课堂教学与实践教学相结合、思政课程与课程思政相结合、思政课主渠道与思政教育大体系相结合，将思想政治教育贯穿人才培养全过程，提升思政课质量和实效。加强条件资源建设，现代化课堂教学环境、信息化网络教学平台、线上线下混合式教学、校内校外实践性教学覆盖全部课程，网络学习空间覆盖全体师生。全面深化课程改革，利用先进的信息化手段教学的课程占全部思想政治理论课的比例达到100%；到 2020 年，"三结合"课程（与专业课教学结合、与第二课堂结合、与社会实践结合）占全部思想政治理论课的比例达到100%，达到课程思政要求的课程开设率占全校性公共基础课、通用技术课的比例达到90%以上、占全校专业课的比例达到80%以上，逐步实现全覆盖。加强教师队伍建设，按照在校生 1∶350 足额配备思政课专职教师，不断提升教师综合素质和教学能力，双师型教师（同时具有理论教学能力和指导学生开展社会实践教学能力）占全部思想政治理论课的比例达到 100%，着力打造教师团队。加强教学研究、鼓励改革创新，积极培育一批思政名师、金牌课程、在线课程、魅力课堂、学生社团等，形成若干在国内有影响的标志性成果。

三、主要任务

（一）健全完善领导体制和工作机制

1. 完善学校党委直接领导思想政治理论课建设的工作体制。坚持学校党委常委会定期专题研究思政课建设制度,将思政课建设纳入学校发展规划和年度工作计划重点内容,超前研究、超前部署、超前建设,下好先手棋,发挥思政课在立德树人中的重要作用。成立思想政治理论课建设工作领导小组,由党委书记、院长担任组长,分管思政工作的党委副书记、分管教学工作的副院长担任副组长,党政相关部门和二级学院负责同志参加,领导小组定期召开会议研究深化"三教"(教师、教材、教法)改革、课程建设规划、教学条件建设等重大问题,形成推进思政课改革创新的工作合力。

2. 健全完善领导班子深入思政课一线工作制度。学校党委书记、院长每学年主持召开思政课专题研讨会或现场办公会,解决思政课建设重点问题,每学期讲授思政课不少于两次。领导班子其他成员每学期讲授思政课不少于一次。学校领导班子成员对思政部开展经常性工作指导,每人联系一至两名思政课教师,每学期与所联系教师谈心交流,了解其思想和工作实际。二级学院总支书记和院长主动进课堂,讲授思政课,每学期不少于一次。校院两级领导干部重视抓思政课的工作成效列入当年干部述职内容,并作为考核的依据。

3. 加大保障力度。结合学校实际落实好中央和北京市委关于思政课建设的各项决策、部署和要求,始终坚持思政课在学校教学体系中的重点建设地位不动摇。在经费投入使用中优先保障思想政治理论课建设需要,在思政课教师参加培训、科研立项、评优表彰、岗位设置等方面予以重点支持,在公共资源配备中优先满足思政课教学科研需要,配齐配足各类软硬件条件。为推进思政课实践教学,从2020年起,按生均不低于100元预算安排大学生思政课校内实践教学和校外社会实践经费,使思政课实践教学与理论教学相配合,提升实践育人质量和成效。

(二) 大力加强教师队伍建设

1. 制定思政课教师队伍建设规划。按照"六个要"的要求建设一支专职为主、专兼结合、数量充足、结构优良的思想政治理论课教师队伍,形成有进有出的动态建设机制。按照师生比不低于1∶350标准配备专职教师的基础上,到2020年专职思政课教师达到20人以上。建立校级思政课特聘教授、特聘讲师制度,带动马克思主义理论学科建设,指导思政课教学。建立兼职教师储备制度,在本校干部教师中遴选适合思政课教学的兼职教师,纳入"思政课兼职教师库",通过听课、助教、培训等提升兼职思政课教师教学能力,安排适当教学任务,连续两个学期完成思政课教学任务并考核合格的,可以根据工作需要及本人意愿正式聘为专职思政课教师，享受思政课岗位补贴等待遇。建立思政课教师退出机制。对不能进行有效教学、评估成绩差、学生反映大的思政课教师，经过培训仍不能达到要求的，要调离思政课教师岗位；对自身主动性、积极性不够的教师进行谈话提醒，对已经进行过两次谈话仍不能改正的将调离思政课教师岗位。

2. 着力提升教师教学能力与科研能力。按照国家规定课程设置思政课教学创新团队，按照习近平新时代中国特色社会主义思想专题设置跨课程柔性教研团队，在校内研究项目单设思政类项目用于支持教师开展教学创新、研究创新活动。加强思政课研究和成果交流，促进教学改进和教师职业成长。支持思政课教师将研究成果作为重要教学资源，有机融入课堂教学。进一步完善思政课教师科研评价机制，支持和鼓励教师将科研成果在思政课教学中的转化应用。

3. 推动形成全员育人的大思政格局。强化每位教职工的育人意识和育人能力。实行首问负责制，做到岗位育人。建立基层党支部联系班级制度，每个基层党支部至少联系一个班级，配合班主任、辅导员做好学生思想政治工作。党支部参与班级学生思想政治工作情况和成效纳入党组织抓党建述职评议考核指标体系。

（三）调整创新思政课程体系

1. 建好思政课理论教学体系。加强以习近平新时代中国特色社会主义思想为核心内容的思政课课程群建设。落实教育部规定，三年制高职开设"思想道德修养与法律基础""毛泽东思想和中国特色社会主义理论体系概论""形势与政策"三门课程。贯通培养项目高职段开设"思想道德修养与法律基础""中国近现代史纲要""马克思主义基本原理概论""毛泽东思想和中国特色社会主义理论体系概论""形势与政策"五门课程。2020年面向全校学生开设"习近平新时代中国特色社会主义思想概论"。在已开设的"中国共产党基本知识""法律与生活"两门选修课基础上，增设党史、国史、军史等选修课程，构建思政课"必修课+选修课"的课程体系。严格落实学分与学时，落实《新时代高校思想政治理论课教学工作基本要求》。

2. 创新思政课实践教学。加强理论教学与实践教学相结合，实践教学突出学生主体、行动导向，实践活动体现思想性和实践性，巩固理论学习效果，深化对理论教学内容的理解和掌握。充分利用课堂外部的学校资源，学校外部的社会资源，师生共同走向实践，实现校内校外实践性教学覆盖全部课程，逐步实现实践教学课时占比50%左右。加强思政课实践基地建设，不断丰富社会实践的内容和形式，利用好红色教育资源和企业文化资源。2019年年底建设3个校内思政课实践教育基地。2020年年底，建立15家校外学生社会实践教育基地。加强思政部、团委、学工部的合作，开展"行走的课堂"暑期大学生社会实践活动，打造特色实践活动品牌。实行学生社团"双导师制"，在社团原有指导教师基础上，增加一名思政课教师，两名指导教师共同指导社团活动。加大思政课教师社会实践的力度，提升教师指导学生开展社会实践的能力。每名思政课专职教师至少联系1家红色教育基地担任志愿讲解员，每学期至少开展2次现场实践教学活动。每年举行1次学生社会实践能力大赛及社会实践成果展示交流活动。

3. 推动形成全方位育人的大思政格局。构建以思政课程为核心、以人文课程为主干、以专业课程为协同的育人课程体系，将思想政治教育覆盖到立德树人的各个方面。推动形成教书育人、管理育人、服务育人、环境育人的全方位育人的生动局面，培养德智体美劳全面发展的社会主义建设者和接班人。所有课程都应以"课程思政"的理念为指导，在实现课程的知识传授、能力培养等基本功能基础上，挖掘并凸显其价值引领功能。对每门课的教学评价，要将体现价值引领作为重要指标。建立思政课教师联系专业课教师制度。2019年秋季开始，每个二级学院选择一至两门课，由二级学院和思政部共同派员组建"课程思政备课团队"，共同挖掘专业课程中蕴含的思想政治教育元素，按课程思政要求完善课程标准、教案、课件等教学文件。到2022年，达到课程思政要求的课程开设率占全校性公共基础课、通用技术课的比例达到90%以上、占全校专业课的比例达到80%以上，逐步实现全覆盖。从本学期开始，每年组织一次全校的"课程思政"成果评比。

（四）全力打造思政魅力课堂

1. 深化思政课教学改革创新。坚持"八个相统一"，积极探索行之有效的教学改革创新，打造"三有"（有效、有用、有趣）课堂。一是深耕教材。2020年完成四门思政课程的专题教学体系，通过对教材内容的专题化教学设计，力求把问题讲深、讲透、讲精彩。二是改进教学方法。探索翻转课堂、混合式教学等教学模式，通过体验式、探究式、互动式等以学生为主体的教学方法，加强师生互动，调动学生学习思政课的积极性、主动性。三是与专业相结合。充分挖掘专业课程中蕴含的思想政治教育资源作为案例，从社会热点和学生关切中发掘案例，提升教学内容与专业课程和学生需求的契合度，提高教学的针对性，增强学生学习思政课的获得感。

2. 加强思政课教学资源建设。充分利用信息化手段，推进信息技术与思政课教学有机融合。到 2022 年，建设完成 3 间思政课实践教室或智慧教室，营造现代化课堂教学环境。确保 100% 思政课实现线上线下混合式教学。思政课教师要具备个人网络空间建设能力，通过完善专题化教学设计，精心构建在线课程和丰富的教学资源，每学期课程资源的更新率不低于 20%。

3. 加强和改进课堂教学管理。严格规范教学秩序，强化任课教师课堂责任，严格考勤，严肃课堂纪律，养成学生良好的学习、行为习惯。对违纪学生及时进行批评教育。对任课教师反映突出的影响正常课堂教学的情况，二级学院领导和相关部门到课堂现场办公，合力整治课堂，解决问题，做到"课堂有情况、各方来报到"。有效扭转课堂风气，使思政课堂发生根本转变。

4. 打造思政金课。通过"课程思政备课团队"共同备课，实现思政课与专业课的结合；通过指导学生课外活动，参与社会实践，实现思政课与第二课堂的结合、与社会实践的结合，实现思政课教学的"三结合"。加强集体备课，定期开展说课、教学基本功比赛、教学能力比赛、微课比赛、公开课等活动，以赛促教。每年开展一次"精彩一课"思政课观摩评比活动；每名思政课专职教师每学期完成一个专题教学案例设计；开展一次与劳模、杰出校友"同上一堂课"等教学活动，不断提升思政课课堂魅力。

5. 推进思政课"学习量"改革。强化以教师为主导，学生为主体的教学理念。每门课程学生的学习总量中课内学习与课外学习各占 50% 左右。学生利用网络教学平台自主完成教师布置的课外学习量，包括在线观看视频、阅读资料、理论探究、在线讨论、作业、测试、评价等一系列教学环节，提高课前、课中、课后的学习效率，把网络学习作为课堂教学的有效补充。通过"线上线下"混合式教学、翻转课堂等方式，激发学生内在学习动力，培养学生自主学习能力。学生到校外实践基地参观、调查，参加公益活动、进行社会服务、完成思政类选修课学习等都纳入课外学习量。基于学分学习量的课程考核可依据学生学习笔记、过程作业、课堂测试、社会实践活动参与度、"线上"学习量监控数据和学习成果等进行多元考核评价，并逐步加强过程性评价比重，使教师对学生的评价更加客观、公正、科学。

6. 推动形成全过程育人的大思政格局，加强学生思想政治工作的力度。学生在校学习的每学年都安排思政课，思想政治教育贯穿于学生入学至毕业的整个受教育过程，从学习、生活到日常教育的各个环节，形成全过程育人的格局。重视对思政课考核结果的运用。对于思政课学习量达不到要求、成绩不合格的学生,不得被推荐为入党积极分子;不得被推荐专升本。

四、推动落实

(一)加强谋划,营造教育氛围

将思想政治理论课建设纳入学校"特高"和"双高"建设计划之中,作为新时代文明实践中心的重点工作,集聚多方合力,统筹推进实施。加大思想政治理论课建设重大意义的宣传工作力度,形成全校努力办好思政课、教师认真讲好思政课、学生积极学好思政课的良好氛围。

(二)落实责任,加强督导考核

思政部、各二级学院及宣传、教务等学校有关部门切实担负起建设好思政课和课程思政的重要责任,努力使各类课程与思政课相互协调,同向同行,形成协同效应。发挥好督导评价的作用,将重视和支持思想政治理论课建设纳入处级单位考核体系,按年度考核相关部门情况;对责任落实不到位的,将对部门负责人追责问责。将思政课程和课程思政实施情况纳入教师考核评价体系,督促教师认真落实教育教学责任。

北京电子科技职业学院
关于征集课程思政教学设计案例的通知

北科院院〔2019〕63号

各职能处室、教学单位、教辅单位：

为落实学校党委关于贯彻全国和北京市高校思想政治工作会议精神要求，根据党委关于加强党的政治建设的总体安排，进一步落实立德树人根本任务，全面推进课程思政改革，提升课程思政育人实效，经党委同意批准，现在全校各类课程中征集课程思政教学设计案例。

一、目的意义

为全面贯彻党的教育方针，落实党的十九大精神和习近平在全国高校思想政治工作会议上的重要讲话精神，扎实推进习近平新时代中国特色社会主义思想进教材进课堂进学生头脑，按照价值引领、能力达成、知识传授的总体要求，深化学校课程思政教学改革，发挥各类课程育人作用，构建全员、全过程、全方位育人新局面，培养德智体美劳全面发展的高素质技术技能型人才。

根据学校课程思政教学改革工作总体目标，遵循思想政治工作规律、教书育人规律和学生成长规律，进一步提高全校对课程思政工作的认识，明确课程育人目标、优化教学方案、健全评价体系，实现红专并进；全面加强教师课程思政意识培养，充分发挥教师在课程教学中的主体作用，最大限度地激发教师课程教学改革热情，提高教师将思想政治教育融入各类课程教学的能力，保障教师有效开展课程思政建设工作。

二、主要内容

进一步落实习近平总书记要求抓住青少年价值观形成和确定的关键时期，引导青少年扣好人生第一粒"扣子"；全面加强习近平新时代中国特色社会主义思想教育，扎实推进"三进"工作，在学生内心深处播下习近平新时代中国特色社会主义思想的"种子";在学校各类课程中深度挖掘注重培养学生马克思主义思维方法的"点子";实现各门课程与思政课程同向同行,形成协同效应,整体打造全课程、全过程、全方位育人格局。根据所承载思想政治教育功能的不同,将教学设计案例分为"金扣子""金种子""金点子",简称"三金"。

1. "金扣子"教学设计案例

侧重于价值观层面,注重学生社会主义核心价值观的引领,主要内容包括:

(1) 世界观、人生观和价值观教育;

(2) 理想信念教育(马克思主义信仰、中国特色社会主义、中国梦);

(3) 中国精神教育(中华优秀传统文化与美德教育、革命传统教育、创新教育);

(4) 社会主义道德教育(社会公德、职业道德、家庭美德、个人品德);

(5) 中国特色社会主义法律;

(6) 真善美教育(科学精神、职业精神、工匠精神、职业文化、职业伦理、艺术审美、心理健康、劳动教育)。

2. "金种子"教学设计案例

侧重于认识观层面,推动习近平新时代中国特色社会主义思想进教材、进教案、进课堂、进师生头脑,主要内容包括:

(1) "以人民为中心"的价值观;

(2) 治国理政的世界观和方法论;

(3) 社会主义现代化和中华民族伟大复兴的总任务;

(4) 中国社会主要矛盾的转化与新发展理念;

(5) 中国特色社会主义道路自信、理论自信、制度自信、文化自信("五位一体"总体布局与"四个全面"战略布局);

(6) 全面深化改革;

(7) 全面依法治国;

(8) 美丽中国;

(9) 新时代的强军国防教育;

(10) 新时代中国外交教育;

(11) 新时代党的建设教育;

(12) 党对一切工作的领导。

3. "金点子"教学设计案例

侧重于方法论层面,在课程教学过程中加强对学生马克思主义辩证思维方法的提升，主要内容包括：

(1) 战略思维；

(2) 历史思维；

(3) 辩证思维；

(4) 系统思维；

(5) 创新思维；

(6) 法治思维；

(7) 底线思维；

(8) 实践思维。

三、工作要求

各二级学院要高度重视此项工作，将其与本单位全面加强党的政治建设和深入推进主题教育工作相结合，与专业和课程建设工作相结合、与师资队伍建设工作相结合，使本单位课程思政建设工作落地并取得实效。

1. 工作流程

各二级学院依据本通知在内部进行认真学习和领会具体要求，并制订具体实施细则和工作办法，以专业为单位进行初步推选，二级学院在各专业推选的基础上遴选本单位课程思政教学设计案例不少于20项报教务处进行评选，最终确定校级课程思政教学设计案例并进行表彰。

2. 时间要求

二级学院内部推选和遴选时间截至2019年11月10日；二级学院于2019年11月11日上报本单位课程思政教学设计案例，教务处将组织校级评选。

3. 工作人员

管小清　87220098　　　张　强　87220758

附件：北京电子科技职业学院课程思政教学设计案例申报表

北京电子科技职业学院

2019年10月15日

附件

北京电子科技职业学院课程思政教学设计案例申报表

二级学院		课程名称		授课专业	
主讲教师		周学时		第几次课	
申报类别	A 类（金扣子） B 类（金种子） C 类（金点子）				
课程类别	A 类（理论课） B 类（理实一体） C 类（实践课）				
课程性质	A 公共基础课　　　B 通用技术课　　C 专业群技术基础课 D 职业技术技能课　E 专业模块化课　F 集中实践课				
本次设计的课程思政目标	说明：重点说明属于"三金"元素中的哪种类型，尽量具体描述				
课程思政教学设计内容	标题 课程教学内容设计 结合课程教学内容融入【"三金"元素】（教学时长　分钟） 【案例描述】 …… 说明：1. "三金"元素要写出名称和类别序号（参考前面三类的大致序号）； 2. 要同步设计课程教学内容（可以简写）； 3. 课程设计中融入的"三金"元素的时间段和所用时间，按实际情况来确定（教学时间原则上不超过 10 分钟）； 4. 重点要通过案例表述课程内容与"三金"元素是怎么结合来达到育人的目的。				

（注：此表格可以扩充）

中共北京电子科技职业学院委员会关于公布 2019 年课程思政教学设计优秀案例评选结果的通知

北科院党〔2020〕2 号

各职能处室、教学单位、教辅单位：

为全面贯彻党的教育方针，落实党的十九大精神和习近平在全国高校思想政治工作会议上的重要讲话精神，扎实推进习近平新时代中国特色社会主义思想进教材进课堂进学生头脑，按照价值引领、能力达成、知识传授的总体要求，深化学校课程思政教学改革，发挥各类课程育人作用，构建全员、全过程、全方位育人新局面，进一步凝聚健全立德树人任务机制，全面推进课程思政改革，提升课程思政育人实效，根据学校《关于征集课程思政教学设计案例的通知》（北科院〔2019〕63号）的通知要求，学校组织开展了课程思政教学设计案例评选，即"金扣子""金种子""金点子"，简称"三金"的评选活动。

各二级学院高度重视此项工作，将此次评选活动与本学院全面加强党的政治建设和深入推进主题教育工作相结合、与专业和课程建设工作相结合、与师资队伍建设工作相结合，经各专业系（部）推选、二级学院遴选，上报学校 155 项课程思政教学设计案例。学校聘请校内外专家，经过公平、公正评选，共评选出 2019 年课程思政教学设计优秀案例 50 个。现将评选结果公布如下：

2019 年课程思政教学设计优秀案例名单

序号	"三金"类别	二级学院	专业名称	课程名称	教学单元内容名称	授课教师
1	金扣子	汽车工程学院	机械制造与自动化	互换性与公差配合实践	零部件配合尺寸精度设计	龚雯
2	金扣子	汽车工程学院	机械制造与自动化	CAD/CAM 技术应用	三维建模软件应用基础	贾俊良

续表

序号	"三金"类别	二级学院	专业名称	课程名称	教学单元内容名称	授课教师
3	金扣子	汽车工程学院	汽车制造与装配技术	工业机器人应用与维护	工业机器人基础认知	吕世霞
4	金扣子	艺术设计学院	贯通美术通识	彩绘英雄人物	彩绘英雄	栗军
5	金扣子	汽车工程学院	汽车检测与维修	军用车辆底盘构造1	离合器	张华磊
6	金扣子	汽车工程学院	汽车检测与维修	汽车保险	汽车保险合同与原则	牛雅丽
7	金扣子	艺术设计学院	广告设计与制作	印刷设计	辉煌印刷七十年	张芸
8	金扣子	艺术设计学院	服装与服饰设计	材料创新	蓝白之美——蓝印花布传承与创新	王明杰
9	金扣子	经济管理学院	电子商务	商务网站建设	设置电商网站SEO关键词	王萍
10	金扣子	生物工程学院	环境工程技术	水环境监测	水质硬度的危害及测定	谢国莉
11	金扣子	机电工程学院	机电一体化技术	自动化生产线安装与调试	分拣单元安装与调试	马冬宝
12	金扣子	经济管理学院	会计	中国会计文化	丝绸之路上汉代简牍的会计印迹	董丽丽
13	金扣子	汽车工程学院	数控技术	机床结构与控制	钻床与孔加工	秦涵
14	金扣子	艺术设计学院	服装与服饰设计	影视服装设计	电影人物造型设计	李宙
15	金扣子	生物工程学院	环境工程技术	无机分析技术	酸碱滴定	杨冬清
16	金扣子	基础学院	贯通培养	基础语文	喜看稻菽千重浪	左文燕
17	金扣子	机电工程学院	供热通风与空调技术	通风与空气调节	建筑防火排烟	刘婷婷
18	金扣子	基础学院	18贯通	基础体育	蹲踞式跳远	董华丽
19	金扣子	汽车工程学院	数控技术	生产工艺实施与检验	机械加工工艺过程卡的制定	郝继红

续表

序号	"三金"类别	二级学院	专业名称	课程名称	教学单元内容名称	授课教师
20	金扣子	汽车工程学院	汽车制造与装配技术	奔驰车模制作与装配	车模铭牌制作	苟维杰
21	金扣子	电信工程学院	计算机网络	广域网互联技术	OSPF协议配置	赵凯
22	金扣子	艺术设计学院	广告设计与制作	时尚媒体与趋势	时尚媒体——新媒体	陈金梅
23	金扣子	机电工程学院	机电一体化技术	程序设计概要	循环嵌套的使用	季君
24	金扣子	汽车工程学院	数控技术	工程图学实践	万向节装配体建模	张冬颖
25	金扣子	基础学院	贯通培养	基础语文	登高	杜鹃
26	金扣子	基础学院	高职各专业	大学体育	激情排球	詹莹莹
27	金扣子	基础学院	电信、计算机技术	大学英语3	Unit 2 Conspicuous Consumption	叶少敏
28	金扣子	汽车工程学院	汽车检测与维修	汽车发动机构造与维修	检测发动机冷却系统	陈俊杰
29	金扣子	机电工程学院	机电一体化技术	PLC控制技术	定时器、计数器指令应用	周海君
30	金扣子	经济管理学院	电子商务	跨境电子商务运营	产品listing诊断	耿慧慧
31	金扣子	艺术设计学院	广告设计与制作	传统装饰艺术	传统装饰艺术	胡明强
32	金扣子	基础学院	贯通培养	基础语文	诗歌欣赏	李春竹
33	金扣子	电信工程学院	计算机网络	网络基础	双绞线的制作	赵娜
34	金扣子	电信工程学院	电子信息工程技术	电子产品设计与制作	数控电源设计制作	裴春梅
35	金扣子	汽车工程学院	数控技术	专业英语	基础知识	孙红梅
36	金扣子	机电工程学院	15贯通电气（法）	电力网络与能源实践	电力的传输	周芬
37	金扣子	基础学院	贯通培养	基础语文	小说欣赏	高倩茹

续表

序号	"三金"类别	二级学院	专业名称	课程名称	教学单元内容名称	授课教师
38	金扣子	电信工程学院	通信技术	移动通信网络建设与维护	TD-LTE基站开通调测	陈海燕
39	金扣子	电信工程学院	计算机网络	网络综合应用	PHP概述	张维婷
40	金扣子	基础学院	贯通机械	基础数学	常用逻辑用语	邢斐斐
41	金种子	经济管理学院	会计	财务会计	固定资产	李倚天
42	金种子	生物工程学院	食品质量与安全（内培）	食品营养与卫生	各类人群营养	田维娜
43	金种子	经济管理学院	会计	经济法	市场管理法	李红伟
44	金种子	基础学院	贯通（外培）	雅思英语3	The world in our hands	高岩
45	金种子	艺术设计学院	广播影视节目制作	摄影摄像基础	镜头的运动	孙磊
46	金点子	经济管理学院	电子商务	移动电子商务运营	网店详情页描述策划	李志刚
47	金点子	电信工程学院	通信技术	信号与系统	信号的频谱	王雪
48	金点子	生物工程学院	生物技术	生物药物分析	药物的鉴别试验与鉴别方法	范海涛
49	金点子	电信工程学院	计算机网络	网络应用程序开发	ListBox列表框控件使用	赵婉芳
50	金点子	经济管理学院	国际金融	期货业务	期货投资认知	贾敏

希望全体教师向本次评选出的优秀案例教师学习，深入挖掘课程蕴含的思想政治教育元素和所承载的思想政治教育功能，使各专业课程与思想政治理论课程同向同行，形成协同效应，实现"知识传授"和"价值引领"有机统一，推进职业教育内涵建设和科学发展，为推动学校教育教学和人才培养质量稳步提升发挥积极作用。

中共北京电子科技职业学院委员会
2020年1月13日